Lola

Carmen de Antúnez

Angelina Beloff

Rosario Cabrera

Celia Calderón

Leonora Carrington

Rosa Castillo Santiago

Elizabeth Catlett

Olga Costa

Lola Cueto

Andrea Gómez

Kati Horna

Elena Huerta Múzquiz

María Izquierdo

Sarah Jiménez Vernis

Frida Kahlo

Rina Lazo

Tina Modotti

Nahui Olin

Fanny Rabel

Alice Rahon

Aurora Reyes

Rosa Rolanda

Cordelia Urueta

Remedios Varo

Isabel Villaseñor

Mariana Yampolsky

National Museum of Mexican Art 1852 W. 19th Street, Chicago, IL 60608
www.nationalmuseumofmexicanart.org

Catalogue Coordinated by
Dolores Mercado

Assisted by
Marilyn Lara Corral and Samantha Castro

Catalogue Art Direction / Design by
Angelina Villanueva

Catalogue printed by
Sheffield Press

Translated by
Argelia Morales, Linda Aurora Keller and Rosinda Morales

Edited by
Rita Arias-Jirasek, Alejandro G. Nelo, Christina Carlos and Verónica Mercado

Photos by José Ignacio González Manterola: 2, 7, 8, 11, 25-27, 39, 40, 49, 50-53, 74, 83, 88-95, 99, 100, 104-107
Photos by Michael Tropea: 1, 5, 10, 20, 21, 23, 29-32, 35-38, 42-48, 56-58, 64-66, 72, 76, 85, 86, 108, 111, 112
Photos by Humberto Tachiquin Benito: 16
Photos by Ricardo Garibay: 6, 9, 19, 60, 84
Photos by Camilo Garza: 54, 55
Photos by Rina García Lazo: 73, 75
Photos by Gilberto Chen: 33
Photos by Ophelia Espallargas: 63

Photo Courtesy Galería de Arte Mexicano 3, 4, 22, 77, 87; Photo Courtesy Banco Nacional de México Collection 12, 15, 103; Photo Courtesy Andrés Blaisten 13, 14, 18, 34, 59, 96; Photo Courtesy Museo Casa Estudio Diego Rivera y Frida Kahlo 17, 81, 82; Photo Courtesy Private Collection 24, 61, 62, 69, 102; Photo Courtesy June Kelly Gallery 28; Photo Courtesy Lance Aaron 41; Photo Courtesy Private Collection 67; Photo Courtesy Enrique Guerrero Gallery 68; Photo Courtesy Private Collection 78; Photo Courtesy Richard Norton Gallery 79, 80; Photo Courtesy The Mexican Museum in San Francisco 97, 98; Photo Courtesy Frey Norris Gallery 101; Photo Courtesy LaSalle Bank Photography Collection 109, 110; Photo Courtesy Museo Mural Diego Rivera 6, 9, 19, 33, 54, 55, 60, 84; Photo Courtesy Cristina Kahlo 6(a); Photo Courtesy Editorial RM, S.A. de C.V. 70, 71.

Cover images clockwise: 109, 59, 101, 48, 67, 7, 1, 20, 41, 49, 28, 35, 89, 91, 11
Back cover images left to right: 97, 72, 100, 77, 22, 63, 104, 25, 81, 15, 8, 84, 54

ISBN 978-1-889410-05-0

Women Artists of Modern Mexico:
Mujeres artistas en el México de la modernidad:

Frida's Contemporaries
Las contemporáneas de Frida

NATIONAL MUSEUM OF MEXICAN ART
June *Junio* 28 – September *Septiembre* 2, 2007

MUSEO MURAL DIEGO RIVERA
July *Julio* 16 – October *Octubre* 13, 2008

CONTENTS

Acknowledgments

Women Artists of Modern Mexico: Frida's Contemporaries spotlights twenty-seven artists who despite having created great works of art have either been forgotten or have never received their deserved acclaim. This exhibition is a testament to the magnificent cultural legacy that they have given to Mexico.

The National Museum of Mexican Art (NMMA) has a long commitment to women artists. Probably no other museum in the U.S., with the obvious exception of the National Museum of Women in the Arts, has focused more on the artistic accomplishments of women. In addition, the NMMA presents an annual Sor Juana Festival that celebrates Mexican women artists, writers, performers, filmmakers, and women who have made a difference in our society. After making its historical debut in 2007 to record audiences in Houston, the Sor Juana Festival expanded to include Austin and San Antonio, Texas in 2008.

In recognition of the Museum's 20th anniversary in 2007, the Mexican Fine Arts Center Museum changed its name to the National Museum of Mexican Art. To celebrate this special year, the NMMA presented a very noteworthy exhibition, *Women Artists of Modern Mexico: Frida's Contemporaries*.

This event would not have been possible without the zealous efforts of Dolores Mercado, the curator of *Women Artists of Modern Mexico: Frida's Contemporaries*, who worked tirelessly to make this exhibition such a successful production. Additional staff support came from Argelia Morales, Marilyn Lara Corral, Claudia Herrera, Raquel Aguiñaga-Martinez, Angelina Villanueva, Oscar Sánchez, Cesáreo Moreno, Andy Rebatta and Rebecca D. Meyers.

It truly is an honor to bring *Women Artists of Modern Mexico: Frida's Contemporaries* to the Museo Mural Diego Rivera. This will be the 7th exhibition that the National Museum of Mexican Art has organized and brought to Mexico. Prior exhibitions brought to Mexico include: *ADIVINA! Latino Chicago Expressions*, *Fifteen Contemporary Artists of Mexico*, *The Art of the Other Mexico*, *María Izquierdo*, *La Patria Portátil* (co-organized with the Museo Soumaya), and *The African Presence in Mexico: From Yanga to the Present*.

It is a marvelous opportunity to bring *Women Artists of Modern Mexico: Frida's Contemporaries* to the wonderful Museo Mural Diego Rivera and I would like to thank my gracious colleague Carmen Gaitán Rojo, the Director of the Museo Mural Diego Rivera, for her enthusiastic suggestion of bringing the exhibition to Mexico. I would also like to thank Carmen and her staff for their dedication and hard work.

One of the highest honors that I have had as the Director of the Museum for the past 20 years has been getting to personally know Elena Poniatowska. This marvelously charming and witty woman should be officially proclaimed as Mexico's Cultural Ambassador. She is a remarkable woman. It is a privilege to have Elena Poniatowska contribute the wonderful essay included in this catalog.

We would also like to thank Tomás Zurián and María del Refugio Cárdenas Ruelas (Patrimonio Artístico Banamex) for their invaluable support.

In addition of our gratitude to Elena Poniatowska, we would like to thank Magdalena Zavala Bonachea (Museo Casa Estudio Diego Rivera y Frida Kahlo), Mariana Pérez Amor (Galería de Arte Mexicano), Tomás Ybarra-Frausto, and Rina Lazo for their interesting and wonderful comments at the NMMA's symposium on this exhibition.

Rita Arias-Jirasek, Samantha Castro, Alejandro García Nelo, Christina Carlos and Veronica Mercado provided additional support.

Exhibitions rely on the generosity of lenders and the following institutions and individuals were very supportive: Banco Nacional de México; Center for Creative Photography, Arizona; Centro Cultural Universitario Tlatelolco; Frey Norris Gallery, San Francisco; Fundación Andrés Blaisten; Fundación Kati Horna; Fundación Cultural Mariana Yampolsky; Galería de Arte Mexicano; Galería Casa Colorada; Galería Enrique Guerrero; Galería Windsor; Galería José María Velasco; June Kelly Gallery, New York; LaSalle Bank Photography Collection; Mexic Art Museum; Museo de Arte Moderno [INBA]; Museo de El Carmen [INAH]; Museo Casa Estudio Diego Rivera y Frida Kahlo [INBA]; Museo Nacional de Arte [INBA]; Secretaría de Hacienda y Crédito Público; National Museum of Women in the Arts; Richard Norton Gallery, Chicago; The MacNay Art Museum and The Mexican Museum in San Francisco.

We would also like to thank Andrea Gómez, Rina Lazo, Elizabeth Catlett, Sarah Jiménez Vernis, Fanny Rabel, Leonora Carrington, Alicia Ahumada, Alfredo Matus, Andrés Blaisten, Andrés Albo Marques, Ana Alexandra and Walter Gruen, Ángel Suárez, Ana Mallet, Arturo García Bustos, Aurora Posadas Izquierdo, Claudia Vela Martínez, Claudia Barragán, Carla Isadora Zurián, Carlos C. Pearl, Carola Torres, Carlos Gonzáles Jiménez, Carol Ehelers, Charles-Gene McDaniel, Chie Curley, Cynthia González, Cristina Kahlo, Dafne Cruz, Daniela Oliver, Denise Gose, Edith Fey, Edze Kieft, Gabriel Ruiz Burgos, Gretha Hansen, Evelyn Flores, Emma Cecilia García Krinsky, Enrique Guerrero, Ernesto Godoy Lagunes, Tala Budziszewski and Federico F. Pearl, Fernanda Rangel, Frank Fernández, Gary and Kathie Heidenreich, Héctor Godoy Lagunes, Isobel Neal, José Ortiz Izquierdo, José Ramón San Cristóbal Larrea, Josefina Ramírez, Jody Schwartz, Julieta Susana Ruíz, Katy Polgovsky, Lance Aaron and family, Langdon Neal, Margarita Arnal, Marcela Ramírez, Maren Jones, María de los Ángeles Sobrino Figueroa, María de Lourdes

Castillo, Miguel Ángel Antúnez Baza, Miguel Fernández Félix, Mark Rogovin, Mireya Cueto, Miriam Valenzuela, Naixieli Castillo, Norah Horna, Olinca Fernández Ledesma, Ómar Álvarez Fernández, Ophelia Espallargas, Oswaldo Sánchez, Paloma Woolrich, Rosendo Gonzáles, Rina García Lazo, Ricardo Cardona, Salomón Grimberg, Sandra Maldonado Arenal, Tely Duarte, Teresa Arcq, Tere Romo, Vanesa Enriquez, Whitney Bradshaw, Raman Frey, Wendy Norris, Aba Vargas, Enrique García Formentí, Isabel Garcés and Ramón Reverté.

LaSalle Bank (now Bank of America), Boeing, the Illinois Arts Council (Governor's International Art Exchange Program), Albert Pick, Jr. Fund, Institute of Museum and Library Services, Chicago Park District, and the Chicago Department of Cultural Affairs generously provided funding for this exhibition.

¡Muchísimas gracias a todos!

Carlos Tortolero
Founder and President
National Museum of Mexican Art

Agradecimientos

Traducido por Alejandro García Nelo

Mujeres artistas en el México de la modernidad: Las contemporáneas de Frida, muestra la obra de veintisiete artistas que crearon grandes obras de arte pero que desafortunadamente algunas de ellas no han recibido el reconocimiento que merecen, o han sido relegadas al olvido. Esta exhibición es un testimonio del espléndido legado cultural que ellas han dado a México.

El National Museum of Mexican Art (NMMA) tiene un compromiso desde hace tiempo con las artistas mujeres. Probablemente ningún otro museo en los Estados Unidos -con excepción obvia del National Museum of Women in the Arts-, se ha enfocado en mostrar los logros de las mujeres como el NMMA. El NMMA presenta anualmente -desde hace quince años-, el Festival Sor Juana. Este festival honra a mujeres mexicanas: artistas visuales, escritoras, intérpretes, directoras y mujeres que han marcado una diferencia en nuestra sociedad. Con un histórico inicio en Houston, en el año 2007 rompiendo records de audiencia, el Festival Sor Juana se extiende a otras ciudades de los Estados Unidos y en este año de 2008, incluyó a las ciudades de Austin y San Antonio, Texas.

En reconocimiento al vigésimo aniversario del museo, en el 2007, el Mexican Fine Arts Center Museum cambió su nombre al National Museum of Mexican Art. Para celebrar tan importante evento el NMMA presentó una exhibición digna de destacar, *Mujeres artistas en el México de la modernidad: Las contemporáneas de Frida.*

Este evento no hubiera sido posible sin el trabajo entusiasta de Dolores Mercado, curadora de *Mujeres artistas en el México de la modernidad: Las contemporáneas de Frida,* quien trabajó sin descanso para que esta exhibición fuera exitosa. Como parte del personal del museo ayudaron también: Argelia Morales, Marilyn Lara Corral, Claudia Herrera, Raquel Aguiñaga-Martínez, Angelina Villanueva, Oscar Sánchez, Cesáreo Moreno, Andy Rebatta y Rebecca D. Meyers.

Es un honor que *Mujeres artistas en el México de la modernidad: Las contemporáneas de Frida* se presente en el Museo Mural Diego Rivera. Esta es la séptima exhibición que el National Museum of Mexican Art organiza y trae

a México. Las exhibiciones pasadas fueron: *ADIVINA! Latino Chicago Expressions*, *Fifteen Contemporary Artists of Mexico*, *The Art of the Other Mexico*, *María Izquierdo*, *La Patria Portátil* (organizada conjuntamente con el Museo Soumaya), y *The African Presence in Mexico: From Yanga to the Present*.

Es una gran oportunidad traer *Mujeres artistas en el México de la modernidad: Las contemporáneas de Frida* al maravilloso Museo Mural Diego Rivera. Quiero agradecer a mi colega Carmen Gaitán Rojo, Directora del Museo Mural Diego Rivera por su gran entusiasmo en traer esta exhibición a México. Quiero agradecer además de Carmen, a todo su equipo por su dedicación y trabajo arduo.

Uno de los mayores placeres que he tenido como Director del museo en los pasados veinte años, ha sido el conocer personalmente a Elena Poniatowska. Esta mujer encantadora e ingeniosa debería de ser proclamada oficialmente Embajadora Cultural de México, como mujer extraordinaria que es. Es un privilegio que Elena Poniatowska haya contribuido a enriquecer este catálogo con su increíble ensayo.

Queremos agradecer también a Tomás Zurián y a María del Refugio Cárdenas Ruelas (Patrimonio Artístico Banamex) por su apoyo invaluable.

Además de nuestra gratitud a Elena Poniatowska, agradecemos a Magdalena Zavala Bonachea (Museo Casa Estudio Diego Rivera y Frida Kahlo), Mariana Pérez Amor (Galería de Arte Mexicano), Tomás Ybarra-Frausto, y Rina Lazo por su participación y fascinantes comentarios al simposio que el NMMA organizó para esta exhibición.

Así como también a Rita Arias-Jirasek, Samantha Castro, Alejandro García Nelo, Christina Carlos y Verónica Mercado quienes proporcionaron ayuda adicional.

Las exhibiciones son posibles gracias al apoyo y generosidad de los coleccionistas. Las siguientes instituciones e individuos nos dieron su ayuda: Banco Nacional de México; Center for Creative Photography, Arizona; Centro Cultural Universitario Tlatelolco; Frey Norris Gallery, San Francisco; Fundación Andrés Blaisten; Fundación Kati Horna; Fundación Cultural Mariana Yampolsky; Galería de Arte Mexicano; Galería Casa Colorada; Galería Enrique Guerrero; Galería Windsor; Galería José María Velasco; June Kelly Gallery, New York; LaSalle Bank Photography Collection; Mexic Art Museum; Museo de Arte Moderno [INBA]; Museo de El Carmen [INAH]; Museo Casa Estudio Diego Rivera y Frida Kahlo [INBA]; Museo Nacional de Arte [INBA]; Secretaría de Hacienda y Crédito Público; National Museum of Women in the Arts; Richard Norton Gallery, Chicago; The MacNay Art Museum y The Mexican Museum in San Francisco.

Queremos agradecer también a Andrea Gómez, Rina Lazo, Elizabeth Catlett, Sarah Jiménez Vernis, Fanny Rabel, Leonora Carrington, Alicia Ahumada, Alfredo Matus, Andrés Blaisten, Andrés Albo Marques, Ana Alexandra y Walter Gruen, Ángel Suárez, Ana Mallet, Arturo García Bustos, Aurora Posadas Izquierdo, Claudia Vela Martínez, Claudia Barragán, Carla Isadora Zurián, Carlos C. Pearl, Carola Torres, Carlos Gonzáles Jiménez, Carol Ehelers, Charles-Gene McDaniel, Chie Curley, Cynthia González, Cristina Kahlo, Dafne Cruz, Daniela Oliver, Denise Gose, Edith Fey, Edze Kieft, Gabriel Ruiz Burgos, Gretha Hansen, Evelyn Flores, Emma Cecilia García Krinsky, Enrique

Guerrero, Ernesto Godoy Lagunes, Tala Budziszewski y Federico F. Pearl, Fernanda Rangel, Frank Fernández, Gary y Kathie Heidenreich, Héctor Godoy Lagunes, Isobel Neal, José Ortiz Izquierdo, José Ramón San Cristóbal Larrea, Josefina Ramírez, Jody Schwartz, Julieta Susana Ruíz, Katy Polgovsky, Lance Aaron y familia, Langdon Neal, Margarita Arnal, Marcela Ramírez, Maren Jones, María de los Ángeles Sobrino Figueroa, María de Lourdes Castillo, Miguel Ángel Antúnez Baza, Miguel Fernández Félix, Mark Rogovin, Mireya Cueto, Miriam Valenzuela, Naixieli Castillo, Norah Horna, Olinca Fernández Ledesma, Ómar Álvarez Fernández, Ophelia Espallargas, Oswaldo Sánchez, Paloma Woolrich, Rosendo Gonzáles, Rina García Lazo, Ricardo Cardona, Salomón Grimberg, Sandra Maldonado Arenal, Tely Duarte, Teresa Arcq, Tere Romo, Vanesa Enriquez, Whitney Bradshaw, Raman Frey, Wendy Norris, Aba Vargas, Enrique García Formentí, Isabel Garcés y Ramón Reverté.

LaSalle Bank (ahora Bank of America), Boeing, the Illinois Arts Council (Governor's International Art Exchange Program), Albert Pick, Jr. Fund, Institute of Museum and Library Services, Chicago Park District, y the Chicago Department of Cultural Affairs generosamente proporcionaron fondos para esta exhibición.

¡Muchísimas gracias a todos!

Carlos Tortolero
Fundador y Presidente
National Museum of Mexican Art

Foreword

Introducción

Translated by Linda Aurora Keller

In the second decade of the twentieth century, the armed conflict of its Revolution barely over, Mexico became a privileged spot for creative genesis by welcoming a generation of national and foreign artists which focused the eyes of the world on this land.

Most of the artists in this group were men. However, the women artists of that same time compared favorably in their talent, political conviction, social commitment and, above all, in their aesthetic offering, even while lacking comparable conditions for their professional development.

To this period of artistic flourishing we owe the work of creators like Remedios Varo, María Izquierdo, Leonora Carrington, Nahui Olin, Tina Modotti, and, certainly, Frida Kahlo, among many others. Their art, over time, captured national and international attention.

In addition to being a source of pride for Mexico, this pleiad of extraordinary women is worthy of the most thorough review and the greatest recognition. Therein lies the relevance of *Women Artists of Modern Mexico: Frida's Contemporaries*. The project includes this catalogue and the exhibit shown at the National Museum of Mexican Art in 2007, which we will enjoy in Mexico City's *Museo Mural Diego Rivera* in 2008.

Today, Frida Kahlo is known the world over. This is due to her highly-valued works, her staunch political convictions, her boundless passion for Mexico, her love affair with painter Diego Rivera, but above all else, to her controversial personality and the pain-stricken life that gave birth to her legend.

This is the reason why the ideological, creative, historic, temporal, and affective similarities with Kahlo's work serve as the *leitmotivs* of the exhibit put together by curator Dolores Mercado, although the merits and trajectory of every one of the more than twenty-five artists gathered here are worthy of the most detailed review.

In just over fifty works including paintings, drawings, prints and sculptures of diverse materials and techniques, the exhibit will offer the viewer a balanced, representative overview of the artistic achievements of these women during the course of one of the greatest periods of Mexican art history. This exhibit catalogue offers the reader re-encounters with Kahlo's disquieting drawings and oil paintings. It includes the works of her exceptional like-minded colleagues, Fanny Rabel, Rina Lazo, Olga Costa, and Nahui Olin. It certainly reintroduces our greatest representatives of surrealism: Leonora Carrington, Remedios Varo, María Izquierdo and Alice Rahon, and the penetrating social portraits of photographers Tina Modotti, Lola Álvarez Bravo, Kati Horna, Mariana Yampolsky, and Rosa Rolando.

This catalogue also introduces the graphic art, admired by colleagues such as Leopoldo Méndez, of Andrea Gómez, Isabel Villaseñor and Sarah Jiménez, the oil paintings of Cordelia Urueta, Celia Calderón, Rosario Cabrera, Aurora Reyes, and Elena "Nena" Huerta, some of whom ventured into mural painting. Finally, the assortment is completed with the colors of Lola Cuetos' textiles and the sculptural work of Carmen de Antúnez, Elizabeth Catlett, and Rosa Castillo. Beyond their stylistic differences and in spite of the fact that many of the artists assembled here were not born in Mexico, all of them are unequivocally Mexican. In her own way, each one fell in love with this country and its roots while kindling a quest for identity and a brighter future for Mexico.

It is the hope of the *Instituto Nacional de Bellas Artes* that the reader delights in this work. It rescues a group of artists from the past, artists who helped build the history of Mexican modern art. Muses, partners, teachers, multi-faceted creators and spokeswomen of a social conscience. These exceptional women received a home and inspiration from Mexico. In turn, they reciprocated with work, ideals, effort and, above all, art of the highest quality.

María Teresa Franco
General Director, INBA
May, 2008

Apenas terminada la fase armada de la Revolución, en la segunda década del siglo XX, México se convirtió en un sitio privilegiado para la creación al acoger a una generación de artistas nacionales y extranjeros que hizo volver los ojos del mundo hacia lo que sucedía en estas tierras.

La mayoría de quienes integraron ese conjunto fueron varones; sin embargo, las mujeres artistas que compartieron la época no desmerecieron en talento, convicción política, compromiso social y, sobre todo, propuesta estética, aunque no gozaron de las mismas condiciones para su desarrollo profesional.

A este período de ebullición plástica debemos el trabajo de creadoras como Remedios Varo, María Izquierdo, Leonora Carrington, Nahui Olin, Tina Modotti y, desde luego, Frida Kahlo, entre muchas otras cuyo arte, con el paso del tiempo, cautivó a propios y extraños.

Esta pléyade de mujeres extraordinarias, además de ser motivo de orgullo para México, merece el más profundo de los estudios y el mayor de los reconocimientos. Es ahí donde encuentra relevancia el proyecto *Mujeres artistas en el México de la modernidad: Las contemporáneas de Frida*, que integra el presente catálogo, así como la exposición presentada en el National Museum of Mexican Art de Chicago, en 2007, y que disfrutaremos, este 2008, en el Museo Mural Diego Rivera de la ciudad de México.

Hoy día, en todo el mundo se conoce a Frida Kahlo, ya sea por su cotizada obra, por sus férreas convicciones políticas, por su ilimitada pasión por México, por su relación amorosa con el pintor Diego Rivera, pero sobre todo, por su personalidad controvertida y la dolorosa vida que dio origen a su leyenda.

Esta es la razón por la cual las coincidencias ideológicas, creativas, históricas, temporales y afectivas con Kahlo funcionan como hilo conductor de la propuesta coordinada por la curadora Dolores Mercado, aunque cada una de las más de veinticinco creadoras aquí reunidas posee méritos y trayectoria dignos de una meticulosa revisión.

En poco más de cincuenta piezas —entre pinturas, dibujos, grabados y esculturas, de diversas técnicas y materiales—, el proyecto ofrecerá al lector un panorama representativo y equilibrado del trabajo realizado por estas mujeres durante uno de los periodos más luminosos de la historia plástica de México. El catálogo que ponemos en manos de los lectores propone un reencuentro con los inquietantes óleos y dibujos de Kahlo, de sus destacadas discípulas Fanny Rabel y Rina Lazo, de Olga Costa o Nahui Olin, y, desde luego, retoma también a nuestras máximas representantes del surrealismo: Leonora Carrington, Remedios Varo, María Izquierdo y Alice Rahon, así como las radiografías sociales de las fotógrafas Tina Modotti, Lola Álvarez Bravo, Kati Horna, Mariana Yampolsky o Rosa Rolando.

El libro introduce también a la obra gráfica —admirada incluso por colegas como Leopoldo Méndez—, de Andrea Gómez, Isabel Villaseñor y Sarah Jiménez, a los óleos de Cordelia Urueta, Celia Calderón, Rosario Cabrera, Aurora Reyes y Elena "Nena" Huerta, algunas de ellas, incluso, se adentraron en el trabajo muralístico. Finalmente, la selección se completa con el colorido de los textiles de Lola Cueto, así como de la obra escultórica de Carmen de Antúnez, Elizabeth Catlett y Rosa Castillo.

Más allá de las divergencias estilísticas y a pesar de que muchas de las artistas reunidas no nacieron en México todas son netamente mexicanas. Cada una a su manera se enamoró de este país y sus raíces, a la vez que se contagió de la búsqueda de identidad y un mejor futuro para él.

El Instituto Nacional de Bellas Artes espera que se disfrute la presente edición, que rescata de la memoria un conjunto de artistas que participaron en la construcción de la historia del arte moderno mexicano. Musas, compañeras, maestras, creadoras multifacéticas y portavoces de una conciencia social, fueron mujeres de excepción a las que México brindó hogar e inspiración y al que, en reciprocidad, correspondieron con trabajo, ideales, esfuerzo y, sobre todo, un arte de gran calidad.

María Teresa Franco
Directora General, INBA
Mayo de 2008

Forgotten Women Artists

Brought To Light by The National Museum of Mexican Art

Las artistas olvidadas

que hoy rescata el National Museum of Mexican Art

by Elena Poniatowska

Translated by Linda Aurora Keller and Rosinda Morales

The first thing to capture one's attention about these twenty-six women is that all of them possessed a social conscience and all were followers of the Mexican Revolution. Even European surrealist artists fleeing the war such as Leonora Carrington, Kati Horna, Remedios Varo, and Alice Rahon, as well as figurative artists (who later became abstract artists), such as Cordelia Urueta, admired the rebelliousness of the followers of he who cried out "*¡Tierra y Libertad!*" [Land and Freedom!] [1]. They all deeply admired our pre-Hispanic past. Leonora Carrington, now ninety years of age, painted a mural with a Mayan theme at the National Museum of Anthropology [*Museo Nacional de Antropología*]. Kati Horna always considered herself one of the people and photographed all the social and cultural expressions of Mexico. With her camera slung around her shoulder, she would board crowded buses and sympathize with human misery. Alice Rahon, a French artist, was captivated by the beauty of the landscape and the spirit of Mexico's indigenous people. She wished to live among us forever. For her, as for André Breton, Mexico was a surrealist vision.

Of all of these women, Italian textile worker Tina Modotti was the most politically committed. She joined the Communist Party and photographed demonstrations, marches, strikes, and street demonstrations. She ran risks that landed her in jail (charged with the murder of then president Pascual Ortíz Rubio). Today, she is a legendary figure who traveled to our continent fleeing the famine of Udine. One should remember that the greatest number of immigrants to the United States came from Italy.

It is also noteworthy that many of them were teachers: Elena Huerta, Frida Kahlo, Aurora Reyes, Rosario Cabrera, Andrea Gómez, Celia Calderón, Elizabeth Catlett, Mariana Yampolsky, Sarah Jiménez, Rina Lazo, Rosario Cabrera, Rosa Castillo, Carmen Antúnez, Angelina Beloff, Lola Álvarez Bravo, Lola Cueto, and Fanny Rabel. They stood in classrooms and public squares to share their knowledge. Generous, they wished to teach, to guide, and to give of themselves. In doing so, they fulfilled the ideals of the Mexican Revolution and of both the cultural brigades that toured throughout the country and of the Open Air Schools of Alfredo Ramos Martínez. These schools enraptured Roubaix de L'Abrie Richey, Tina Modotti's husband, as the classes, canvases, and paint were a gift from the new government eagerly striving to compensate the Mexican people. Lola Cueto belonged to the first Open Air Painting School of Ramos Martínez, and the social commitment of many painters such as Aurora Reyes and Fanny Rabel, compelled them to be part of the Revolutionary Writers and Artists League (*LEAR*, acronym in Spanish for *Liga de Escritores y Artistas Revolucionarios*) and to promote art for the proletariat. Aurora Reyes painted a 30-meter mural *"Atentado en contra de los maestros rurales"* for the Centro Escolar Revolución. Fanny Rabel painted murals showing her social concern: "*La alfabetización"* [Building Literacy] in Coyoacán, "*La unidad de las madres solteras"* [Unity of Single Mothers], and "*La Constitución"* [The Constitution]. Concern for her fellow man is present in all her works. Not in vain had Fanny inherited the agonizing strength, the tearing heartbreak of the Jewish people.

The common denominator is a leftist ideology and social struggle. Not only the struggle, but also one's active participation, devotion, generosity, and selflessness to embrace a great cause: that of a young country rebuilding itself after the Revolution, that of the Mexican Renaissance which attracts artists worldwide and which brings archeologists, anthropologists, historians and creators of art to Mexico. Mexico began living its *Siglo de las Luces*, an Age of Enlightenment. A nation's pulse had overcome adversity. The humiliated and offended Mexican people

Lo primero que salta a la vista de estas 26 mujeres es que todas tuvieron una conciencia social y fueron seguidoras de la Revolución Mexicana. Incluso surrealistas venidas de Europa para huir de la guerra como Leonora Carrington, Kati Horna, Remedios Varo y Alice Rahon y figurativas (y más tarde abstractas) como Cordelia Urueta admiraron la rebeldía de los que siguieron al que gritaba "Tierra y Libertad" y tuvieron devoción por nuestro pasado prehispánico. Leonora Carrington que hoy cuenta con 90 años de edad pintó en el Museo Nacional de Antropología un mural que se refiere a los mayas. Kati Horna se dedicó a fotografiar las manifestaciones sociales y culturales de México y siempre se consideró parte de la gente de la calle. Subía a los camiones atestados con su cámara al hombro y se compadecía por la miseria humana. La francesa Alice Rahon se extasió con la belleza del paisaje y el espíritu de sus indígenas y quiso vivir entre nosotros para siempre. Al igual que André Breton, México le resultó una aparición surrealista.

De todas ellas, una de las más comprometidas políticamente puesto que se hizo miembro del Partido Comunista y fotografió mítines, marchas, huelgas, manifestaciones callejeras y corrió riesgos que la hicieron terminar en la cárcel (acusada del asesinato del entonces presidente Pascual Ortiz Rubio) fue la obrera textilera italiana Tina Modotti hoy figura legendaria quién viajó a nuestro continente para huir del hambre de Udine. Habría que recordar que Italia es el país que más inmigrantes dio a Estados Unidos.

También llama la atención que muchas de ellas hayan sido maestras: Elena Huerta, Frida Kahlo, Aurora Reyes, Rosario Cabrera, Andrea Gómez, Celia Calderón, Elizabeth Catlett, Mariana Yampolsky, Sarah Jiménez, Rina Lazo, Rosario Cabrera, Rosa Castillo, Carmen Antúnez, Angelina Beloff, Lola Álvarez Bravo, Lola Cueto y Fanny Rabel. Se pararon en las aulas y en las plazas públicas a difundir sus conocimientos. Desprendidas, querían enseñar, guiar, entregarse y al hacerlo cumplían con los ideales de la Revolución Mexicana y de las brigadas culturales que viajaban a toda la república y las escuelas al aire libre de Alfredo Ramos Martínez que hicieron que el marido de Tina Modotti, Roubaix de L'Abrie Richey, se extasiara porque las clases, los lienzos, la pintura eran un regalo del nuevo gobierno hambriento de resarcir a los mexicanos. Lola Cueto perteneció a la primera escuela de pintura al aire libre de Ramos Martínez y el compromiso social de muchas pintoras como Aurora Reyes y Fanny Rabel, por ejemplo, las hizo formar parte de la LEAR (Liga de Escritores y Artistas Revolucionarios) y promover el arte para el proletariado. Aurora Reyes pintó un mural de 30 metros "Atentado en contra de los maestros rurales" en el Centro Escolar Revolución. Fanny Rabel pintó murales que muestran su preocupación social: "La alfabetización" en Coyoacán, "La unidad de las madres solteras", "La Constitución". En toda su obra está presente el otro. No en balde heredó Fanny la fuerza doliente, el desgarramiento del pueblo judío.

El común denominador es la izquierda y la lucha social. No sólo la lucha, sino la participación activa, la entrega, el desprendimiento, el olvido de si mismo, fundirse en una gran causa, la del joven país que se construye después de la Revolución, la del Renacimiento Mexicano que atrae a artistas del mundo entero y hace venir a México a arqueólogos y antropólogos, a historiadores y a creadores de arte. México empezó a vivir su Siglo de las Luces. El vigor nacional había superado la adversidad, los mexicanos humillados y ofendidos buscaban su identidad, José Clemente Orozco, Diego Rivera, David Alfaro Siqueiros empezaron a cubrir los muros con la gran cantata de la victoria revolucionaria y a reivindicar a los indios y a los héroes populares. Todo lo mexicano valía y merecía respeto. Desde luego, los protagonistas fueron los Tres Grandes pero no habría que olvidar a Rufino Tamayo, por

sought their identity: José Clemente Orozco, Diego Rivera, and David Alfaro Siqueiros began covering walls with the great cantata of revolutionary victory, vindicating Mexico's indigenous people and popular heroes. All that was Mexican was worthy and merited respect. Naturally, the Three Great Ones[2] were the protagonists of that time, but one must not forget Rufino Tamayo, who was, incidentally, María Izquierdo's partner, nor Leopoldo Méndez, Mexico's greatest printmaker after José Guadalupe Posada. Mexico was seething with talent and creativity. Mexico was the burning coal in the eyes of Emiliano Zapata. Diego Rivera, a magnet of attraction, received letters from foreigners abroad who, enticed by the Mexican Renaissance, wished to come to Mexico to be his assistants and to take part in this marvelous adventure. Thus appeared Jean Charlot and Pablo O'Higgins, Henri Cartier-Bresson, Alfred Stieglist, Edward Weston and Tina Modotti, Katherine Ann Porter, the Greenwood sisters (Grace and Marion), Hart Crane, Antonin Artaud and many, many more. The list is infinite. Mexico was the new nucleus of energy, the light, a Mecca of the arts, the city of talent and originality that replaced Paris.

Within this ambience in Mexico, one may think that the brightest star shining was Frida Kahlo, but such was not the case. Women always remained in the background, always behind the men, always as a backdrop. During her adult life, Frida was above all the wife of Diego Rivera, the Lady of *La Casa Azul* [The Blue House] in Coyoacán, *la "coja"*, [the cripple], notwithstanding the joyful, bright colors of her outfits. When she exhibited her art in Paris at the Pierre Colle Gallery, the French called her "*Madame Rivera*".

Like Frida, other strongly driven women painters and sculptors were invalidated. They too, were slightly "crippled". They often worked in a hostile environment, not only in regard to lack of recognition, but also due to difficulties in day-to-day life. Diego Rivera said of Angelina Beloff: "From no one have I received more and repaid worse than Angelina." Rosario Cabrera, the first woman to manage two Open Air Painting Schools, stopped painting in 1928, surely due to a lack of encouragement. In spite of the fact that Tomás Zurián considered her to be the first great woman painter of 20th century Mexico, she did not believe in herself. Except for Lupe Marín, who although not a painter, was a true force of nature, and defended herself tooth and nail, the women artists in the Chicago show knew full well about rejection and indifference. The environment in which they lived was never encouraging. Lola Álvarez Bravo, Manuel's wife, said: "I believe Manuel thought: '*She'll never make it on her own*' because I was a blindfolded *burro* [fool]. Now I am a *burro*, but at least freed of my blindfold." A lover of popular art, Isabel Villaseñor, painter, actress, graced with a beautiful singing voice, a composer, who could never record her songs. Aurora Reyes' murals languish in oblivion. One cannot forget Frida Kahlo's terrible remark: with the exception of painting, she describes her life as being horrible and bids adieu thusly: "I await the end with joy and hope never, ever to return."

The lower echelon in which these women were kept in no way diminishes their worth. Several Mexican museums, such as the *Museo de El Carmen* and the National Museum of Anthropology house the wax sculptures of Carmen Antúnez, who joined the pro-indigenous movement, and traveled all over Mexico, living among the *Yaquis*, *Huichols*, *Zapotecs* and *Nahuas*, to collect their dances, their traditional dress, and millennial gaze. Carmen Antúnez's life spanned the first eighty-one years of the 20th century. She became friends with Antonio Caso, Jaime Torres Bodet, Agustín Yañez and Adolfo Best Maugard. The Tabascan poet Carlos Pellicer dubbed her "the interpreter of the Mexican people."

cierto, compañero de María Izquierdo, ni a Leopoldo Méndez el más grande grabador que ha tenido México después de José Guadalupe Posada. México hervía de talento y de creatividad. México era el carbón ardiente en los ojos de Emiliano Zapata. Diego Rivera, polo de atracción, recibió cartas de extranjeros que atraídos por el Renacimiento Mexicano querían venir a México, ser sus ayudantes, participar de esta maravillosa aventura. Así llegaron Jean Charlot y Pablo O'Higgins, Henri Cartier-Bresson, Alfred Stieglist, Edward Weston y Tina Modotti, Katherine Ann Porter, las hermanas Grace y Marion Greenwood, Hart Crane, Antonin Artaud y muchísimos más. La lista es infinita. México era la nueva central de energía, la luz, la meca de las artes, la ciudad del talento y la originalidad que sustituía a París.

Dentro de ella podría pensarse que la protagonista que más brilló fue Frida Kahlo pero no, las mujeres siempre permanecieron en segundo plano, siempre atrás de los hombres, siempre como telón de fondo. Durante su vida adulta Frida fue ante todo la esposa de Diego Rivera, la dueña de la Casa Azul de Coyoacán, la "coja" a pesar de los vistosos colores de sus trajes. Cuando expuso en la Galería Pierre Colle, en París también los franceses la llamaron "Madame Rivera".

Así como a Frida, a las otras pintoras y escultoras de gran impulso se les invalidó. También ellas fueron un poco "cojas". Trabajaron muchas veces en un ambiente hostil, no sólo por la falta de reconocimiento sino por sus dificultades en la vida de todos los días. Diego Rivera dijo de Angelina Beloff: "De nadie he recibido más y a nadie he pagado peor que a Angelina". Rosario Cabrera, la primera mujer en dirigir dos escuelas de pintura al aire libre, dejó de pintar en 1928, seguramente por falta de estímulos y a pesar de que Tomás Zurián la considera la primera gran pintora del Siglo XX en México, no creyó en si misma. Salvo Lupe Marín que era una fiera y se defendió a gritos y zarpazos aunque no era pintora, las artistas hoy expuestas en Chicago supieron mejor que nadie del rechazo y la indiferencia. El ambiente en el que vivieron nunca las estimuló. Lola Álvarez Bravo, esposa de Manuel, declaró: "Creo que Manuel pensó: "Esta nunca va a poder vivir por si misma porque yo era un burro vendado. Ahora soy un burro sin venda, al menos eso". Isabel Villaseñor, amante del arte popular, pintora, actriz, dueña de una voz bellísima, compositora jamás pudo registrar sus canciones, los murales de Aurora Reyes yacen en el olvido y es imposible olvidar la frase terrible de Frida Kahlo que a pesar de la pintura califica su vida de horrible y se despide: "Espero alegre la salida y espero no volver jamás".

El segundo plano en el que permanecieron estas mujeres no disminuye en nada su valor. Muchos museos mexicanos, como el de El Carmen y el Nacional de Antropología, albergan las esculturas en cera de Carmen Antúnez, quien se unió al movimiento indigenista y viajó por México viviendo entre yaquis y huicholes, zapotecos y náhuas, para recoger sus danzas, sus trajes, sus miradas milenarias. La vida de Carmen Antúnez cubrió los primeros 81 años del siglo XX. Cultivó la amistad de Antonio Caso, Jaime Torres Bodet, Agustín Yañez y Adolfo Best Maugard y el poeta tabasqueño Carlos Pellicer la llamó "la intérprete del pueblo mexicano".

La jalisciense Rosa Castillo Santiago llegó en 1944 al D.F para estudiar en "La Esmeralda". El barro y la arcilla fueron sus materiales. Cientos de jóvenes artistas pasaron por su taller. Prefirió el salón de clases y el diálogo con sus alumnos. Francisco Zúñiga admiró su humildad y su silencio y la notable maestría de sus figuras.

In 1944, Rosa Castillo Santiago arrived to Mexico City from Jalisco to study at "*La Esmeralda*", where she worked in clay and earthenware. Hundreds of young artists studied in her workshop. She preferred the classroom and dialogue with her students. Francisco Zúñiga admired her humility and quiet demeanor, and the remarkable mastery of her work.

Andrea Gómez, Sarah Jiménez, Fanny Rabel, Elizabeth Catlett, Celia Calderón, Elena Huerta, and Mariana Yampolsky were members of the *Taller de Gráfica Popular* [Popular Graphics Workshop]. In addition to being a bastion against fascism, the *Taller de Gráfica Popular* quickly developed into a fully-fledged art school in its own right, headed by two exceptional printmakers: Leopoldo Méndez and Pablo O'Higgins.

Elizabeth Catlett, born in the United States, of African-American ancestry, professor at the University of Iowa and student of Zadkine, taught at the Hampton Institute of Virginia. She came to Mexico in 1946, and after marrying painter Francisco Mora, she became a prominent member of the *Taller de Gráfica Popular.*

Fanny Rabel is known for her extraordinary portraits of children. Had she become an actress as she had first wished, Mexican painting would have lost five excellent murals. Delicate and compassionate, she was always remarkable for the precision of her drawings and the tenderness of her line. She was a member of "*los Fridos*", that is, the students of Frida Kahlo: Arturo Estrada, Arturo García Bustos and Guillermo Monroy. She remained at Frida Kahlo's side when Frida died in 1954 and at Diego Rivera's deathbed. In 1957 she drew several sketches of his face. She also made prints at the *Taller de Gráfica Popular.*

The beautiful Rina Lazo is a native of Guatemala, but we Mexicans consider her one of ours because she has participated in the cultural life of Mexico for over fifty years. A fighter for social justice and an assistant to Diego Rivera she married painter and muralist Arturo García Bustos. Maybe having married a man who worshiped her shielded her from all the ills that other female artists had to endure. Feeling herself loved and admired saved her from the abyss. In 1954, she painted the mural *Tierra Fértil* [Fertile Soil] at the San Carlos Museum in Guatemala. In 1966, she copied the Mayan paintings of Bonampak for the National Museum of Anthropology. In 1955, she produced the mural *Venerable Abuelo Maíz* [Venerable Grandfather Corn] for the *Sala Maya* [Hall of Mayan Art] of the National Museum of Anthropology. A generous soul, she is beloved and well-known in Coyoacan, where occasionally she is seen strolling with her husband.

Mariana Yampolsky was born in Chicago, Illinois and arrived in Mexico in 1944. Upon entering the door of the *Taller de Gráfica Popular*, she immediately felt Mexican. Her colleagues also loved her from the start, and the group work led her to produce first-class engravings. Very soon thereafter, in addition to engraving, she was attracted to photography, which she studied at San Carlos with Lola Álvarez Bravo, whom she always considered teacher and friend. Mariana Yampolsky was the first female member of the *Taller de Gráfica Popular.* There, Leopoldo Méndez held her in the highest regard, so much so, that he asked her to be his assistant, *su segunda en la hechura del libro* [in the making of the book], *Lo efímero y lo eterno del arte popular mexicano* published by the *Fondo Editorial de la Plástica Mexicana.* Mariana traveled all over the country, she knew the most remote and ignored towns, and collected oral and photographic histories of their popular art and customs. Today, she is

Andrea Gómez, Sarah Jiménez, Fanny Rabel, Elizabeth Catlett, Celia Calderón, Elena Huerta, Mariana Yampolsky fueron miembros del Taller de Gráfica Popular que además de un bastión contra el fascismo se convirtió muy pronto en una escuela de arte encabezada por dos grabadores excepcionales: Leopoldo Méndez y Pablo O'Higgins.

Elizabeth Catlett, estadounidense de ascendencia negra, maestra en la Universidad de Iowa y discípula de Zadkine, impartió clases en el Instituto Hampton de Virginia. Vino a México en 1946, y al casarse con el pintor Francisco Mora, se convirtió en miembro prominente del Taller de Gráfica Popular.

Fanny Rabel es reconocida por sus extraordinarios retratos de niños. Si se hubiera dedicado a la actuación como lo deseó al principio, la pintura mexicana habría perdido a la autora de cinco excelentes murales. Delicada, compasiva, siempre destacó por la exactitud de su dibujo y la ternura de sus trazos. Fue miembro de los Fridos, es decir, de los discípulos de Frida Kahlo: Arturo Estrada, Arturo García Bustos y Guillermo Monroy y se mantuvo al lado de Frida Kahlo cuando Frida murió en 1954 y al lado del lecho de muerte de Diego Rivera. Hizo varios apuntes de su rostro, en 1957. También hizo grabados con el Taller de Gráfica Popular.

La bella Rina Lazo es de origen guatemalteco pero los mexicanos la consideramos nuestra porque ha participado durante más de 50 años en la vida cultural de México. Luchadora social y ayudante de Diego Rivera, casó con el pintor y muralista Arturo García Bustos. Quizá su matrimonio con un hombre que la venera la protegió de todos los males por los que atravesaron las otras artistas. Sentirse querida y admirada la salvó del abismo. En 1954, pintó el mural "Tierra Fértil" en el Museo de San Carlos de Guatemala. En 1966, hizo réplicas de las pinturas mayas de Bonampak para el Museo Nacional de Antropología. En 1995, produjo el mural "Venerable Abuelo Maíz" en la Sala Maya del Museo de Antropología. Generosa, es una figura familiar y querida en el barrio de Coyoacán donde a veces se le ve caminar al lado de su marido.

Mariana Yampolsky, nacida en Chicago, Illinois, llegó a México en 1944 y al entrar por la puerta del Taller de Gráfica Popular, de inmediato se sintió mexicana. Sus compañeros la quisieron también de inmediato y el trabajo comunitario la hizo producir grabados de primer orden. Muy pronto, al lado del grabado, le atrajo la fotografía que estudió en San Carlos con Lola Álvarez Bravo a quién siempre consideró maestra y amiga. Es la primera mujer en pertenecer al Taller de Gráfica Popular en el que Leopoldo Méndez la tuvo en la más alta estima, tanto que la llamó para ser su segunda en la hechura del libro "Lo efímero y lo eterno del arte popular mexicano" del Fondo Editorial de la Plástica Mexicana. Mariana viajó por toda la república, conoció los pueblos más ignorados, recogió testimonios orales y fotográficos de su arte popular y de sus costumbres. Hoy por hoy es considerada una de las grandes fotógrafas mexicanas y su obra se expone en galerías de Estados Unidos y de Europa. Además de extraordinaria y recordada maestra en el colegio Garside, hizo que sus alumnos conocieran los principales museos de Europa y esto le hizo adquirir una visión totalizadora que mucho le sirvió como editora de libros educativos, curadora de grandes exposiciones de fotografía y juez de muchos certámenes. Guía ejemplar para los jóvenes fotógrafos mexicanos, su amor al campo la hizo retratar las viviendas más humildes, los muros de adobe, las tumbas modestas e ingenuas de los cementerios pueblerinos y arquitectos e ingenieros recurren a su gran libro "La casa que canta", considerada una joya de la arquitectura popular.

considered one of the greatest of Mexican photographers and her work is shown in galleries in the United States and Europe. An extraordinary and remembered teacher of Garside School, she required her students to know the principal museums of Europe. This allowed her to acquire a comprehensive vision that served her well as editor of educational texts, curator of major photography exhibitions, and as a judge in many competitions. A model guide to young Mexican photographers, her love for the countryside led her to photograph the humblest homes, adobe walls, and the modest, naive tombs of small town cemeteries. Architects and engineers turn to her great book *La casa que canta,* which is considered a jewel of popular architecture.

A printmaker and member of the *Taller de Gráfica Popular,* Celia Calderón also had an outstanding talent for painting and watercoloring. She became a teacher at the *Academia de San Carlos* [San Carlos Academy]. Critic Justino Fernández held her in high regard. A scholarship from the British Council allowed her to study at the Slade Art School in London. She traveled to the Far East and exhibited in Beijing. In 1947, she joined the *Sociedad Mexicana de Grabadores* [Mexican Printmakers Association]. As a teacher, she won the respect of the artistic community.

Elena Huerta, printmaker and member of the *Taller de Gráfica Popular,* was an outstanding teacher who dedicated her time and efforts to the promotion and development of Mexican contemporary art. A friend of Electa Arenal, Isabel Villaseñor, Margarita Torres and other leftist women, Elena ran one of the first galleries in Mexico, the José María Velasco Gallery, created by the *Instituto Nacional de Bellas Artes* [National Institute of Fine Arts].

Andrea Gómez and Sarah Jiménez are two extraordinary printmakers of the *Taller de Gráfica Popular.* Andrea Gómez lived in the squatter's neighborhood of Rubén Jaramillo in Temixco near Cuernavaca, where she shared the grueling daily life of her tenant farmer neighbors. Andrea Gómez is the daughter of a great left-wing activist, Rosendo Gómez Lorenzo, and a descendant of the first woman owner of a print shop, revolutionary Juana Gutiérrez de Mendoza. Andrea always supported populist causes, as did Sarah Jiménez. She transmits her strength and tenderness into her own drawings. Her widely known, sensational print of a mother, babe in arms, in a defiant, protective stance, has earned great acknowledgement and acclaim for the power of its lines.

Another woman of the Mexican left-wing of the 1920's and 30's, Aurora Reyes, was a poet in addition to being the first Mexican woman muralist. Born in Chihuahua, Aurora Reyes was overlooked and struggled alone to get ahead in life. In her, more than in anyone else, one notices "*ningunea*" [no one-ism]: ostracism and Mexican male chauvinism, the mean and miserable stance of men toward women. Her grandfather was General Bernardo Reyes, who died during the military uprising of February 9, 1913. Her uncle, the famous writer Alfonso Reyes totally ignored her. She went through the February 9, 1913 military uprising (in which her grandfather died) and she endured the Tragic Ten Days [*La Decena Trágica*] which culminated with the assassination of [Mexican President] Madero. To support themselves during those hard times, she and her family sold bread at the Lagunilla Market where she would read as she worked. A friend of writers and illustrator of their books: Sergio Magaña, José Muñoz Cota, Concha Michel (another overlooked woman), Alfonso del Río, Magdalena Mondragón and Daniel Castañeda, Aurora helped to establish the first day-care centers for teachers' children. A communist, she promoted art among the workers. She published several books of poetry, including the noteworthy *Humanos paisajes* [Human Landscapes]. Her murals pay tribute to the struggles of workers and farmers. They are totally neglected and forgotten.

Además de grabadora y miembro del Taller de Gráfica Popular, Celia Calderón destacó en la pintura y la acuarela y llegó a ser maestra en la Academia de San Carlos. El crítico Justino Fernández la tenía en alta estima. Una beca del Consejo Británico le permitió estudiar en la Slade Art School de Londres. Viajó al oriente lejano y exhibió en Beijing. En 1947 fue miembro de la Sociedad Mexicana de Grabadores. Como maestra se ganó el respeto de la comunidad artística.

Elena Huerta, grabadora y miembro del Taller de Gráfica Popular fue una notable maestra y dedicó tiempo y esfuerzos a la difusión del arte mexicano contemporáneo. Amiga de Electa Arenal, Isabel Villaseñor, Margarita Torres y otras mujeres de izquierda, Elena dirigió una de las primeras galerías de México, la José María Velasco creada por el Instituto Nacional de Bellas Artes.

Andrea Gómez y Sarah Jiménez son dos grabadoras extraordinarias. Andrea Gómez vivió en la colonia de paracaidistas Rubén Jaramillo, en Temixco, cerca de Cuernavaca y compartió la faena cotidiana de los colonos campesinos. Hija de un gran luchador de izquierda Rosendo Gómez Lorenzo, siempre se mantuvo al lado de las causas populares lo mismo que Sarah Jiménez. Andrea Gómez, descendiente de la primera dueña de una imprenta, la revolucionaria Juana Gutiérrez de Mendoza, transmite su fuerza y su ternura a sus propios dibujos y es fácil reconocer la potencia de sus trazos. Un grabado sensacional le ha dado la vuelta al mundo: una madre con su hijo en brazos en actitud defensiva.

Aurora Reyes es otra de las mujeres de la izquierda mexicana de los veintes y los treintas que además de ser la primera muralista mexicana fue poeta. En ella, más que en ninguna otra se nota el ninguneo y el machismo mexicano, la mezquina actitud de los hombres hacia la mujer, ya que Aurora Reyes, nacida en Chihuahua, no recibió reconocimiento alguno y luchó sola por salir adelante. Su abuelo fue el general Bernardo Reyes quién murió durante el cuartelazo del 9 de febrero de 1913. Su tío, el célebre escritor Alfonso Reyes no le hizo el menor caso. Padeció el cuartelazo del 9 de febrero de 1913 (donde murió su abuelo) y vivió la Decena Trágica que terminó con el asesinato de Madero y para paliar los días difíciles, ella y su familia vendieron pan en el mercado de la Lagunilla. Mientras vendía se dedicó a leer. Amiga de escritores e ilustradora de sus libros: Sergio Magaña, José Muñoz Cota, Concha Michel (otra mujer sin reconocimiento), Alfonso del Río, Magdalena Mondragón y Daniel Castañeda, Aurora ayudó a fundar las primeras guarderías para hijos de maestros y, comunista, promovió el arte entre los obreros. Publicó varios poemarios entre los que destaca "Humanos paisajes". Sus murales que le rinden tributo a las luchas obreras y campesinas se encuentran totalmente abandonados y en el olvido.

María Izquierdo, jalisciense, nació en San Juan de los Lagos. Estudió en San Carlos y fue discípula de Germán Gedovius y de Manuel Toussaint. Diego Rivera la impulsó a hacer su primera exposición al escogerla en San Carlos entre todos sus alumnos. Muchos la consideran la pintora más importante del arte mexicano del Siglo XX, al lado de Frida Kahlo. Vivió con Rufino Tamayo y ambos influyeron en la obra de uno y otro. Al igual que Frida Kahlo, durante mucho tiempo, María Izquierdo se vistió de tehuana. (Después se inclinó por sombreros de Henri de Chatillon y trajes sofisticados). Sus colores en la pintura son intensos, fuertes, definitivos y sus escenas de circo con caballitos, equilibristas y bailarinas tienen una gracia primitiva que atraen a espectadores y coleccionistas.

María Izquierdo is from Jalisco; she was born in San Juan de los Lagos. She studied at San Carlos and was a student of Germán Gedovius and Manuel Toussaint. Choosing her from among all his students at San Carlos, Diego Rivera encouraged her to hold her first exhibition. She is regarded by many, along with Frida Kahlo, to be the most important woman painter of 20th century Mexican art. She lived with Rufino Tamayo and they mutually influenced each other's work. For a long time, just like Frida Kahlo, María Izquierdo wore Tehuana-style dress. (Later she was partial to Henri de Chatillon hats and sophisticated suits). The colors in her paintings are intense, dark, and definitive. Her paintings of circus scenes portraying horses, carousels, tightrope walkers and dancers contain a primitive grace which attracts art viewers and collectors alike.

Kati Horna, a native of Budapest, Hungary, took some of the best pictures of the Spanish Civil War, which she experienced from 1937 to 1938 as a photojournalist. Her photographs are splendid. Most outstanding among them is that of a Spanish mother, dressed in black, nursing her baby while standing, her white breast exposed as bombs explode on the battlefield. As a result of the war, Kati and her husband José Horna came to Mexico. She was a very close friend of Gunther Gerszo, Leonora Carrington, Matías Goeritz and she developed an interest in architecture. A tireless worker, she soon became one of the pillars of the magazine *Mujeres* [Women] directed by another beleaguered fighter, Magdalena Mondragón. I visited Kati many times in her magical home on Tabasco Street. Talking to her was a joy because, like other surrealists, she would be rapturous. Kati converted the word *cansancio,* [tiredness], into the feminine and at nightfall she would state: *"No puedo más con la cansancia"* [I've just had it with the tiredness]. Kati was a frequent visitor of Antonio Souza's art gallery. She would walk all day in an accessible and almost provincial city, Mexico City of 1940's, her hair loose and her camera hanging over her shoulder. She worked herself to death. Salvador Elizondo and Juan García Ponce's magazine *S.nob* allowed her to publish photos related to the unusual, which fascinated her. Kati experienced the surrealist rebellion in her own skin. She was a little impatient, just like other female surrealist artists. She is survived by a daughter, Norah, for whom Leonora Carrington made some fantastic toys and a cradle in the shape of a boat.

Rosario Cabrera was one of the best teachers of the Open Air Painting School. Her teachers in turn were exceptional artists themselves, such as Saturnino Herrán, Leandro Izaguirre and Germán Gedovius. She is considered by many to be the first great Mexican woman painter of the 20th Century. Despite having shone as a talent since her school days, something terrible must have happened that caused her to stop painting. She painted a portrait of her friend Nahui Olin, who taught her to use "Atl-colors" (those created by Nahui's lover, Dr. Atl, the vulcanologist and painter.) For thirty-seven years, from 1928 to 1965, she took care of her family. In 1975, her silence was broken with the oil painting *Granadas* [Pomegranates], completed like a swan song, ten days before she died. I had the happiness of knowing her because she was a friend of my mother and my aunt, the two Amor Sisters whom Edward Weston mentions in his Daybooks.

Isabel Villaseñor is the actress in the Sergei Eisenstein film ¡*Que Viva México*!. She was also a model for photographer Manuel Álvarez Bravo. His *Retrato de lo Eterno* shows her combing her long hair. She was the wife of Gabriel Fernández Ledesma, founder of the magazine *Forma*, printmaker, writer and a great promoter of the arts. Isabel Villaseñor was part of Mexico's intellectual elite, known for her beauty and for the inimitable way she sang "*corridos*", captivating her audience with ballads of the Mexican Revolution and old love songs. She composed

Kati Horna, proveniente de Budapest, Hungría, produjo algunas de las mejores fotografías de la guerra civil de España que vivió de 1937 a 1938 como reportera gráfica. Sus fotos son espléndidas y destaca entre ellas la de una madre española vestida de negro que amamanta a su hijo de pie, su seno blanco de fuera mientras truenan las bombas en el campo de batalla. A raíz de la guerra, Kati vino a México con su esposo José Horna. Fue gran amiga de Gunther Gerszo, Leonora Carrington, Matías Goeritz y se interesó por la arquitectura. Trabajadora incansable, se convirtió muy pronto en uno de los pilares de la revista "Mujeres" dirigida por otra luchadora denostada Magdalena Mondragón. A Kati, la visité muchas veces en su mágica casa de la calle de Tabasco y conversar con ella era una dicha porque como otras surrealistas, se elevaba por los aires. Feminizó la palabra cansancio y al caer la noche exclamaba: "No puedo más con la cansancia". Frecuentó con asiduidad la galería de arte de Antonio Souza. Caminaba todo el día por una ciudad accesible y casi provinciana, el D.F de los cuarenta, con su pelo suelto y su cámara al hombro. Se mató de trabajo. La revista S.nob de Salvador Elizondo y Juan García Ponce le permitió publicar fotos ligadas a lo insólito que le apasionaba. Vivía en carne propia la rebelión surrealista. Era un poco desesperada como lo fueron las otras surrealistas. La sobrevive una hija: Norah para quién Leonora Carrington hizo algunos juguetes fantásticos y una cuna que es una barca.

Rosario Cabrera fue una de las mejores maestras de la Escuela de Pintura al Aire Libre pero también tuvo entre sus maestros a artistas excepcionales como Saturnino Herrán, Leandro Izaguirre y Germán Gedovius. Muchos la consideran la primera gran pintora mexicana del siglo XX y a pesar de que destacó desde estudiante, algo terrible debió suceder que la hizo dejar de pintar. Retrató a su amiga Nahui Olin, quien le enseñó a usar los "Atl-colors" inventados por su amante, el Dr. Atl, vulcanólogo y pintor. Durante 37 años, de 1928 a 1965, cuidó a su familia. Su silencio fue roto con el óleo "Granadas", que pintó en 1975, como el canto del cisne, diez días antes de morir. Tuve el gusto de conocerla porque era amiga de mi madre y de mi tía, las dos hermanas Amor de las que Edward Weston habla en sus Daybooks.

Isabel Villaseñor es la intérprete de la película "Viva México" de Sergei Eisenstein y la modelo del fotógrafo Manuel Álvarez Bravo. Su "Retrato de lo Eterno" la muestra peinando su largo cabello. Esposa de Gabriel Fernández Ledesma, fundador de la revista "Forma", grabador, escritor y promotor de las artes, Isabel Villaseñor formó parte de la elite intelectual de México y destacó por su belleza y porque cantaba como nadie corridos de la Revolución Mexicana y antiguas romanzas con las que fascinaba a sus oyentes. Compuso sus propias canciones. Intima amiga de Lola Álvarez Bravo, Juan Soriano la recordaba como una aparición de magia y de belleza.

Lola Álvarez Bravo, amiga de Tina Modotti y maestra de Mariana Yampolsky, es posiblemente la iniciadora de la fotografía mexicana hecha por mujeres al lado de Tina Modotti. Cuando Tina tuvo que salir de México, encargó a Manuel y a Lola que continuaran fotografiando los murales de Diego Rivera, José Clemente Orozco, Jean Charlot, Xavier Guerrero y otros en la Secretaría de Educación, durante la gestión de José Vasconcelos. Lola no sólo cumplió con la encomienda sino que se volvió una maestra e hizo excelentes fotografías entre ellas varias de Frida Kahlo.

Conservó al separarse el apellido de su marido Manuel Álvarez Bravo. Heredó de Tina Modotti, la inteligencia y el interés por los temas sociales y fundó una galería de arte en la que hizo una gran exposición de la obra de Frida

her own songs. A very close friend of Lola Álvarez Bravo, Juan Soriano remembered her as a vision of magic and loveliness.

Lola Álvarez Bravo was Tina Modotti's friend and Mariana Yampolsky's teacher. Lola Álvarez Bravo along with Tina Modotti, is possibly the pioneer of Mexican photography by women. When Tina had to leave Mexico, she entrusted Manuel and Lola with the task of continuing to photograph the murals of Diego Rivera, José Clemente Orozco, Jean Charlot, Xavier Guerrero and others at the building of the Secretariat of Education [*Secretaría de Educación*] during the administration of José Vasconcelos. Lola not only fulfilled the entrusted task, but she mastered the art and took excellent photos, including several of Frida Kahlo.

She kept her husband Manuel Álvarez Bravo's name when she separated from him. She inherited an understanding and interest for social issues from Tina Modotti and opened an art gallery where she held a great exhibition of Frida Kahlo's work. Uniquely courageous, she befriended the geniuses of the time: Diego Rivera, Orozco, Frida Kahlo and certainly, her husband, Manuel Álvarez Bravo, hailed as the best Mexican photographer of all time.

Angelina Beloff is not only the first wife of Diego Rivera and the mother of his only son, Diego Miguel Ángel Rivera Beloff (who died of meningitis in Paris in 1917), she is also a printmaker, painter, illustrator, watercolorist, art restorer, and puppetmaker. Her love for our country is as boundless as the love she had for Diego Rivera. She created beautiful illustrations for children's stories such as *The Steadfast Tin Soldier*, and *The Wild Swans* by Hans Christian Andersen, and *To Build a Fire* by Jack London. Still, her most important work depicts Mexican and international puppets. Angelina died at ninety years of age after having been a teacher with the Secretariat of Public Education. There exists an unusual photograph that shows Angelina Beloff together with Lupe Marín and Frida Kahlo, the three wives of Diego Rivera. She was a friend of Germán and Lola Cueto, whose support she had until the very end.

Lola Cueto, née Dolores Velásquez Rivas, was a dynamic and singular woman (her father called her "*Señorita Ciclón*" or Miss Cyclone). An unsurpassable puppetmaker, she modeled them after popular Mexican characters using a great variety of materials, as she was familiar with lithography, metal engraving, drawing, upholstery, lacquering and paper cutting techniques. Her artwork reached Europe and the United States. She fell in love with popular Mexican art, and turned her puppets into promoters of unknown artists. Jean Charlot admired her and stated that her "delicious collection of Mexican puppets shows that her point of view is completely new and reviews the impressive panorama of the tradition and history of Mexican art." I had the privilege of interviewing her when I was an enthused fan of Mexican traditional toys and the Guignol Theater.

I also saw María Izquierdo in 1953. She was already a hemiplegic, her right arm paralyzed since 1948. When I saw her, she painted using her left hand and it was moving to see her truly extraordinary efforts. Her still lifes and popular circuses were no longer the same as before.

Kahlo. Valiente como pocas, fue amiga de los genios de la época, Diego Rivera, Orozco, Frida Kahlo y desde luego de su marido, Manuel Álvarez Bravo considerado el mejor fotógrafo mexicano de todos los tiempos.

Además de ser la primera mujer de Diego Rivera y la madre de su único hijo varón que murió en 1917 de meningitis en París, Diego Miguel Ángel Rivera Beloff, Angelina Beloff es grabadora, pintora, ilustradora, acuarelista, restauradora y, creadora de títeres. Su amor por nuestro país es tan ilimitado como el que le tuvo a Diego Rivera. Creó hermosas ilustraciones para cuentos como "El soldadito de plomo", "Los cisnes salvajes" de Hans Christian Andersen y "Construir un fuego" de Jack London pero su obra principal refleja a los muñecos de México y del mundo. Falleció a los 90 años, después de haber sido maestra en la Secretaría de Educación Pública. Una curiosa fotografía muestra juntas a Angelina Beloff, Lupe Marín y Frida Kahlo, las tres esposas de Diego Rivera. Amiga de Germán y de Lola Cueto, la apoyaron hasta el último momento.

Lola Cueto, nacida Dolores Velásquez Rivas fue una mujer dinámica y singular (su padre la llamaba: "Señorita Ciclón") y una creadora insuperable de títeres copiados de personajes populares mexicanos hechos con los más variados materiales ya que ella conocía las técnicas de la litografía, el grabado en metal, el dibujo, la tapicería, la laca y el papel picado. Sus obras de arte llegaron a Europa y a Estados Unidos. Enamorada del arte popular mexicano, convirtió sus títeres en propagandistas de artistas anónimos. Jean Charlot la admiró y declaró que su "delicioso álbum de títeres mexicanos demuestra que su punto de vista es enteramente nuevo y contempla el impresionante panorama de la tradición y de la historia del arte mexicano". Tuve el privilegio de entrevistarla cuando era una apasionada de la tradicional juguetería mexicana y del teatro guignol.

Asimismo pude ver en 1953 a María Izquierdo, ya hemipléjica y paralizada del brazo derecho desde 1948. Pintaba con la mano izquierda y era conmovedor ver su esfuerzo de veras formidable. Sus bodegones y circos populares ya no fueron los mismos.

Olga Costa, (en realidad Olga Kostakowsky, de origen ruso) esposa del pintor y muralista José Chávez Morado fue hermana de Lya Kostakowsky de Cardoza y Aragón, crítico de arte. Olga llegó a México con sus padres cuando tenía apenas 12 años y estudió en la Escuela Nacional de Artes Plásticas al lado de Carlos Mérida, sin embargo tuvo que interrumpir sus estudios para trabajar en una tienda. Su "Vendedora de frutas" es uno de los cuadros más amables y atractivos de la pintura mexicana. Olga, además tenía sentido del humor. Conoció a Diego Rivera, Frida Kahlo y Rufino Tamayo y con Chávez Morado luchó desde Guanajuato por la igualdad social. Ambos le donaron a Guanajuato su rica colección de arte prehispánico, colonial y popular, que puede disfrutarse ahora en la que fue su casa en la ciudad de las ranas.

La bailarina, nacida en Los Ángeles, Rosa Rolanda, cuyo verdadero nombre era Rosemonde Cowan, pertenecía al grupo de la gran Isadora Duncan con quien viajó por Estados Unidos y Europa. A raíz de su casamiento, en 1930, con el caricaturista, pintor, escenógrafo y arqueólogo Miguel Covarrubias, participó intensamente en su vida cultural. Miguel coleccionaba piezas prehispánicas de un gran valor. Rosa lo apoyó en la escritura de sus libros entre los que destaca "Mexico South", "The Ithsmus of Tehuantepec" y "The Island of Bali". Miguel Covarrubias filmó documentales de sus viajes y Rosa aparece en ellos como una asesora de primer orden ya que entrevista a

Olga Costa, (actually Olga Kostakowsky, of Russian origin) wife of painter and muralist José Chávez Morado, was sister of Lya Kostakowsky de Cardoza y Aragón, an art critic. Olga arrived to Mexico with her parents when she was only twelve years old. She studied at the *Escuela Nacional de Artes Plásticas* [National School of Art] along with Carlos Mérida. However, she had to interrupt her studies to work at a store. Her *Vendedora de frutas* [Fruit Seller] is one of the friendliest and most attractive of Mexican paintings. Olga also had a sense of humor. She met Diego Rivera, Frida Kahlo and Rufino Tamayo. And with Chávez Morado, she fought from Guanajuato for social equality. Both donated their extensive collection of pre-Hispanic, colonial and popular art to Guanajuato, which today may be enjoyed in their former home there, in the "City of Frogs".

The dancer Rosa Rolanda, born in Los Angeles, whose real name was Rosemonde Cowan, belonged to the dance company of the great Isadora Duncan, with whom she toured the United States and Europe. As a result of her 1930 marriage to caricaturist, painter, set designer and archeologist Miguel Covarrubias, she participated in Mexican cultural life. Miguel collected highly valuable, pre-Hispanic pieces. Rosa supported him in writing his books, *Mexico South*, *The Isthmus of Tehuantepec* and *The Island of Bali* are the most notable titles. Miguel Covarrubias filmed documentaries of his trips. Rosa appears in them as a primary consultant interviewing natives, dancers, artisans and keepers of tradition. Edward Weston and Tina Modotti photographed her stylized beauty. Man Ray, Nicolas Muray and Roberto Montenegro also photographed her on several occasions. In the portrait Diego Rivera painted of her dressed as a Tehuana, he changed her name to Rosa Rolanda. In her house in Tizapan, the walls were covered with Miguel's paintings, luminous maps, and pre-Hispanic art objects. Rosa Roland would welcome Nelson Rockefeller and other tycoons whom Miguel had met in his caricaturist days at the New Yorker. A friend of Diego Rivera and Dolores del Río, her parties were as well-attended as those of Olga and Rufino Tamayo in Coyoacán.

Cordelia Urueta was the daughter of orator and writer Jesús Urueta, niece of Justo Sierra, the founder of the UNAM [The National Autonomous University], sister of both filmmaker Chano Urueta and of playwright and writer Margarita Urueta. Cordelia was a unique figure in her academic family and later in Mexican painting. Gerardo Murillo "Dr. Atl", told her she had talent, and encouraged her to exhibit for the first time at the *Salón de la Plástica Mexicana* [Salon of Mexican Arts], which she co-founded. Because of problems with her eyesight, she traveled to New York, where José Juan Tablada introduced her to Alma Reed, founder of the Delphic Studios Gallery. After beginning as a figurative artist, following the school of her husband Gustavo Montoya, she became an abstract artist pursuing her interest in Braque and Picasso. It made her proud that critics would say she painted like a man. She once said, "Art demands fidelity, I am faithful to it." She was a great colorist who knew how to uncover the beauty of rusty metal and discarded scrap pipes left behind at construction sites. At the end of her life, she realized critical acclaim and successful sales in both Mexico and Europe.

Leonora Carrington, an Englishwoman, is practically the last of the surrealists. She honored Mexico when she chose it as her home. Leonora is still living, as are Elizabeth Catlett, Fanny Rabel, Rina Lazo, Sarah Jiménez, and Andrea Gómez. Leonora is considered to be one of the icons of contemporary art. She turned ninety on April 6th,

nativos, bailarines, artesanos y guardianes de la tradición. Edward Weston y Tina Modotti tomaron fotos de su estilizada belleza y Man Ray, Nicolas Muray y Roberto Montenegro la fotografiaron en varias ocasiones. En el retrato que le hizo Diego Rivera vestida de tehuana, le cambió el nombre a Rosa Rolanda. En su casa de Tizapan, los muros cubiertos de cuadros de Miguel, mapas luminosos, objetos de arte prehispánico, Rosa Roland recibía a Nelson Rockefeller y otros magnates que habían conocido a Miguel en el New Yorker. Amiga de Diego Rivera y de Dolores del Río, sus fiestas fueron tan concurridas como las de Olga y Rufino Tamayo en Coyoacán.

Cordelia Urueta, hija de Jesús Urueta, orador y escritor, sobrina de Justo Sierra fundador de la UNAM, hermana del cineasta Chano Urueta y de la autora teatral y escritora Margarita Urueta, fue una figura singular dentro de su familia de intelectuales y más tarde dentro de la pintura mexicana. Gerardo Murillo, el Dr. Atl le dijo que tenía talento y la instó a exponer por primera vez en el Salón de la Plástica Mexicana de la que habría de ser cofundadora. Como tuvo problemas de la vista viajó a Nueva York y José Juan Tablada la introdujo a Alma Reed, la fundadora de la galería Delphic Studios. Después de ser figurativa y de seguir la escuela de Gustavo Montoya, su marido, se volvió abstracta al interesarse en Braque y en Picasso y le enorgullecía que los críticos dijeran que pintaba como hombre. Alguna vez declaró: "El arte exige fidelidad, yo le soy fiel". Gran colorista supo descubrir la belleza del hierro oxidado y los tubos de chatarra abandonados después de la construcción. En México y en Europa conoció al final de su vida el éxito tanto de crítica como de ventas.

Leonora Carrington, inglesa, es casi la última exponente del surrealismo y honró a México al escogerlo para vivir. La única pintora que vive además de Elizabeth Catlett, Fanny Rabel, Rina Lazo, Sarah Jiménez y Andrea Gómez, Leonora, considerada uno de los íconos del arte contemporáneo, cumplió 90 años el 6 de abril de 2007. Escritora de más de diez libros estudiados y analizados sobre todo en Francia, sus pinturas y esculturas se encuentran en los museos del mundo. Después de Frida Kahlo, es la artista más celebrada. Rebelde y anti convencional, Leonora recibió la influencia de las leyendas celtas de la "nursery" en que transcurrió su infancia entre la severidad de su padre inglés y su madre irlandesa. Porque era diferente a todas, Max Ernst (que también era diferente a todos) se enamoró de ella. Después de hacer vida en común y ser muy felices, cuando los nazis invadieron Francia, persiguieron a Max Ernst por judío. Leonora Carrington sufrió ese acto de barbarie cuando era muy joven y el encarcelamiento de su amante en un campo de concentración la hizo sufrir una crisis nerviosa. Al ver su deteriorado estado de salud, unos amigos la ayudaron a escapar a España y huyendo siempre se casó en Portugal con el poeta mexicano Renato Leduc, cónsul de México en Francia, quien la trajo a nuestro país en los años cuarenta. En México, se casó con el fotógrafo húngaro Chiqui Emerico (Imre) Weisz con quien tuvo dos hijos, pintó una obra que hoy se cotiza en miles de dólares. Sus obras reflejan los fantasmas y las visiones de su niñez. Lúdica y llena de sentido del humor, participó en el grupo "Poesía en Voz Alta" con Octavio Paz y filmó como actriz una película, además de los documentales que han filmado sobre su obra. Gran amiga de Kati Horna y de Remedios Varo declaró en alguna ocasión que Varo era su alma gemela. Los dos soles de su vida son sus hijos Pablo y Gabriel.

Remedios Varo, española, republicana, ingresó a los quince años a la Academia de San Fernando en Madrid. Dibujante publicitaria, Esteban Francés la introdujo al círculo surrealista de André Breton. Durante la guerra civil de España se enamoró de Benjamín Péret, partieron a París y a raíz de la invasión nazi viajó a México donde Benjamín Péret dirigió el notable periódico "La France Libre". Cuando Benjamín Péret decidió regresar a París en

2007. Author of over ten books which are the subject of study and analysis, mostly in France, her paintings and sculptures are found in museums all over the world. After Frida Kahlo, she is the most celebrated artist. Rebellious and unconventional, Leonora was influenced by the Celtic tales told in her nursery, a childhood spent under the strict upbringing of her English father and her Irish mother. Because Leonora was different from all the other females, Max Ernst (who was also different from everybody else) fell in love with her. After living together and being very happy, the Nazis invaded France and Max Ernst was persecuted for being a Jew. Leonora Carrington suffered this barbaric deed when she was a very young woman. The imprisonment of her lover in a concentration camp led her to suffer a nervous breakdown. Upon seeing her in such poor health, some friends helped her to flee to Spain. While constantly on the run, she married in Portugal, Mexican poet, Renato Leduc, the Mexican consul to France. Leduc brought her to our country in the 1940's. In Mexico, she met and married Hungarian photographer Chiqui Emerico (Imre) Weisz, with whom she had two children. Today her paintings command thousands of dollars. They reflect the ghosts and visions of her childhood. With her ludic nature and great sense of humor, she participated in the group "*Poesía en Voz Alta*" [Spoken Poetry] with Octavio Paz. She also played a role in a film, aside from the documentaries that have been made about her work. A great friend of Kati Horna and Remedios Varo, she once declared that Varo was her twin soul. Her two sons, Pablo and Gabriel are the light of her life.

Remedios Varo, a Spaniard on the Republican side, entered the *Academia de San Fernando* [San Fernando Academy] in Madrid at fifteen years of age. Esteban Francés introduced her to André Breton's circle of surrealists when she was an advertising draftswoman. During the Spanish Civil War, she fell in love with Benjamín Péret. They left for Paris and, following the Nazi invasion of France, traveled to Mexico, where Benjamín Péret managed the noteworthy newspaper *La France Libre* [A Free France]. When Benjamín Péret decided to return to Paris in 1947, Remedios Varo chose to stay in Latin America. In 1952, she began a relationship with Walter Gruen, who protected and encouraged her until her last breath. Walter Gruen convinced her to quit scientific and entomological illustration to devote herself to painting. Vast, magical, and mystical, her first exhibit was seductive. Nothing interested her more than the states of the soul and she painted *L'Agent double* [Double Agent], which marks the genesis of her magical style. From that day forward, Remedios Varo became a phenomenon, as her audience, fascinated by what she had to say, sought escape through elements of the occult. They considered Remedios as their witch, their guide and they adopted her symbols.

Just like Frida Kahlo, Alice Rahon was involved in a serious accident in her youth, which kept her in a cast for three years. Her father, a formally trained painter, taught her to paint. Years later, she contracted tuberculosis. Born in France, she came to Mexico from Canada and the United States married to Wolfgang Paalen, an extraordinary painter who shared her love for painting and the esoteric. In 1936, she traveled to India with Paalen and that trip influenced her work. She also went to Alaska. She and Paalen were enthralled like Antonin Artaud and André Breton, by the natural surrealism of Mexico in its hidden forces, its popular traditions, its magic, its devotion to death, and the religious practices of its indigenous people, who intertwine pre-Conquest with Colonial. Alice was a tall and sweet poet of remarkable beauty who wore Tahitian style sarongs. At least she was wearing one when

1947, Remedios Varo optó por América Latina. En 1952 se unió a Walter Gruen quién le protegió y la alentó hasta el momento de su muerte. Walter Gruen la convenció de dejar la ilustración científica y etnomológica para dedicarse a la pintura y su primera exposición sedujo por vasta, mágica y mística. Nada le interesó tanto como los estados del alma y pintó "L'Agent double" (El agente doble) que es el punto de partida de su estilo fantasioso. De ese día en adelante, Remedios Varo se convirtió en un fenómeno ya que los espectadores fascinados por lo que ella les contaba buscaban evadirse a través de elementos que tienen mucho que ver con la hechicería. Consideraban a Remedios su bruja y su guía e hicieron suyos sus símbolos.

Al igual que Frida Kahlo, Alice Rahon sufrió un grave accidente durante su juventud que la mantuvo enyesada tres años y su padre, un pintor académico, le enseñó a pintar. Años más tarde, también, habría de sufrir tuberculosis. Nacida en Francia, vino a México de Canadá y de Estados Unidos casada con el extraordinario pintor Wolfgang Paalen quien compartía el amor a la pintura y a lo esotérico. Con Paalen, había viajado en 1936 a la India y ése viaje influyó en su obra. También conoció Alaska. Paalen y ella se extasiaron ante lo mismo que Antonin Artaud y André Breton: el surrealismo natural de México en sus fuerzas ocultas, sus tradiciones populares, su magia, su devoción por la muerte y las prácticas religiosas de sus indígenas que mezclan lo precortesiano con la Colonia. Alice era una poeta alta y dulce de notable belleza que vestía pareos al estilo de Tahití, al menos así la conocí y entrevisté. En algunas ocasiones parecía oriental seguramente por la gran influencia que la India ejerció en ella. Seducía al hablar y su voz parecía un camino en el bosque. Su pintura era inclasificable. Se parecía a ella quien se consideraba a si misma surrealista. Fue muy bien recibida por Frida Kahlo, Diego Rivera y Rufino Tamayo. Su cercanía con la obra de los huicholes la hizo aun más mágica e inquietante. Trabajó sobre tela y madera, combinó el óleo con arena e hizo una serie llamada "Cristales del espacio". También dibujó a tinta y admiró a Klee y a Miró. Sus obras pueden remitirnos a los textiles y tallas de los indios norteamericanos o a Paul Klee. Cuando Paalen se separó de ella para casarse con Isabel Marín, hermana de Lupe Marín, la célebre esposa de Diego Rivera, empezó a conocer la soledad y, aunque se casó con un cineasta Ted Fitzgerald, diez años más tarde vivió aislada en compañía de una infinidad de gatos que mermaron su presupuesto y la hicieron morir en la pobreza en 1987.

De todas las pintoras de quienes hoy hablamos, ninguna con una vida de tanto sufrimiento físico como Frida Kahlo, quien tuvo que ser operada 32 veces a lo largo de toda una vida de hospitales y quirófanos. Hija del fotógrafo alemán Guillermo Kahlo y de la mexicana Matilde Calderón, muy pronto inició su activismo político al ingresar a la Escuela Nacional Preparatoria. Muchacha inteligente y traviesa, fue miembro destacadísimo del grupo de "Los Cachuchas" y puso en jaque al director de la preparatoria Vicente Lombardo Toledano. Si el activismo político se le dio a Frida en la adolescencia, la pintura brotó después del terrible accidente de autobús que la mantuvo clavada en la cama, sola y adolorida durante meses. Frida es la pintora del sufrimiento. Ninguna de las mujeres que celebramos retrató el dolor físico o los tormentos del alma como ella y ningún hombre tampoco salvo quizá Franz Kafka en la literatura porque si Kafka es un escarabajo, Frida es un venado atravesado por un millón de flechas. A pesar de su columna rota, sus corsets, su dolor físico y mental en el que caben las infidelidades de Diego Rivera, Frida Kahlo fue lo suficientemente generosa para regalarnos naturalezas y bodegones festivos, de colores traviesos y luminosos en los que afirma "Viva la vida". Si conoce lo más negro de la angustia, disfruta mejor que nadie de la vida. Frida Kahlo pudo habérsela quitado en cualquiera de sus momentos de desesperación, pero el árbol de la esperanza la mantuvo firme y llegó a decir: "Pies para qué los

I met and interviewed her. Sometimes she would appear Asian, surely due to the great influence India exerted on her. She seduced one when she spoke, her voice beckoned like a path in the woods. Her painting was impossible to classify. It was similar to her and she considered herself to be a surrealist. She was welcomed by Frida Kahlo, Diego Rivera and Rufino Tamayo. Her close relation to the work of the *Huicholes* made her even more magical and unsettling. She worked on canvas and wood combining her oils with sand. She did a series titled *Cristales del espacio* [Crystals of Space]. She also drew in ink. She admired Klee and Miró. Her works may take one to the textiles and carvings of Native American Indians or to Paul Klee. When Paalen left her to marry Isabel Marín, the sister of Lupe Marín, famous wife of Diego Rivera, she began to know loneliness, and even though she married filmmaker Ted Fitzgerald, ten years later she lived isolated in the company of countless cats, which so shrunk her budget that she died in poverty in 1987.

Of all the painters we have mentioned here, none had a life of greater physical suffering than Frida Kahlo, who had to undergo thirty-two operations during a lifetime spent in hospitals and operating rooms. Daughter of German photographer Guillermo Kahlo and the Mexican Matilde Calderón, she began her political activism early upon entering the *Escuela Nacional Preparatoria* [National School of Preparatory Studies]. An intelligent and mischievous girl, she was a very prominent member of the group *Los Cachuchas* [The Small Caps], and tested the limits of her high school principal, Vicente Lombardo Toledano. If political activism was natural to Frida during her teen years, painting blossomed only after the terrible bus accident that kept her nailed to a bed, alone and in pain for months. Frida is the painter of suffering. None of the women whom we are extolling depicted physical pain or the torments of the soul as she did. Nor did any man, save possibly Franz Kafka in literature, for if Kafka is a beetle, Frida is a deer pierced by a million arrows. Notwithstanding her broken spine, her corsets, her physical and mental pain, which include the infidelities of her great love, Diego Rivera, Frida Kahlo was sufficiently generous to grace us with festive nature scenes and still lifes filled with sharp, luminous colors in which she declares "*Viva la vida*" [Praise Life]. If she experienced the deepest, darkest anguish, she also fully lived life's pleasure. Frida Kahlo could have done away with her life in any of her desperate hours, but the tree of hope kept her strong and steadfast. She even said: "Feet, what do I need them for if I have wings to fly." Life slipped out from her poliomyelitic leg, which later turned gangrenous, from her broken heart, from the deep wound of her unfulfilled maternity, from the progressive paralysis, and from the morphine that had to be administered to alleviate her pain. The painting which depicts her miscarriage at Detroit's Henry Ford Hospital is heart-wrenching. She died in 1954. Her splendid life and tremendous efforts defy even death and continue to shine resplendent everywhere. Over time, she has become far more recognized an artist than Diego Rivera, her monumental husband.

We women of Mexico have much to be thankful for to the National Museum of Mexican Art in Chicago, which is honoring our beloved and largely unknown predecessors. Many of these women never received their just recognition and many more of them were shunned or dismissed as mad. It is so easy to crush a woman. If it was hard for male painters, even *los Tres Grandes* [the Three Great Ones][3], to bring their works to life, it was infinitely more arduous for women. So artists like Aurora Reyes died in obscurity and neglect. Sarah Jiménez said once: "*No hay quien me tire un lazo*" [Not a soul will throw me a line]. It moves us to remember them all today. That this is being done by the National Museum of Mexican Art is a lesson for Mexico where such an exhibit has never been held. The effort of the Museum and its curator, Dolores Mercado, is doubly valuable because in Mexico,

quiero si tengo alas para volar". La vida salía de su pierna poliomelítica y luego gangrenada, de su corazón roto, de la inmensa herida de su maternidad no consumada, de la parálisis progresiva, de la morfina que tenían que aplicarle para paliar sus dolores. El cuadro en el que refleja su aborto en el Henry Ford Hospital de Detroit estruja el corazón. Murió en 1954. Aún muerta, su vida espléndida y su formidable esfuerzo estallan en la tierra y en el cielo y se ha vuelto con los años mucho más reconocida que su monumental esposo, Diego Rivera.

Las mujeres de México tenemos mucho que agradecerle al National Museum of Mexican Art de Chicago que le rinde tributo a nuestras bien amadas y harto desconocidas antecesoras. Muchas de ellas nunca recibieron el tributo que se merecían y muchas más fueron rechazadas o tildadas de locas. Es muy fácil acabar con una mujer. Si a los pintores e incluso a los Tres Grandes les costó trabajo hacer su obra, para ellas fue infinitamente más arduo y mujeres como Aurora Reyes, murieron en el olvido y el abandono. Sarah Jiménez declaró en alguna ocasión: "No hay quien me tire un lazo". Recordarlas ahora nos conmueve y que lo haga el National Museum of Mexican Art es una lección para México que nunca ha montado semejante exposición. El esfuerzo del museo y de su curadora Dolores Mercado es doblemente valioso porque en México, las mujeres no han recibido el homenaje que ahora les brinda un gran museo estadounidense. Así como las soldaderas fueron olvidadas y hasta vilipendiadas, las mujeres artistas, incluso Frida Kahlo, han sido pasadas por alto. Leonora Carrington tiene más reconocimiento internacional que mexicano pero no le importa porque el anonimato protege su privacidad. Alice Rahon murió en la pobreza y en el abandono. Las demás murieron en el ostracismo como Tina Modotti. Por lo menos sabemos la fecha de su muerte a diferencia de la bailarina y única autora de la Revolución Mexicana Nellie Campobello. Ser de izquierda se paga muy caro y estas pintoras pagaron con su vida el alto precio de su talento y su singularidad.

FIN

women have not received the homage now bestowed upon them by a great American museum. Just like the "soldaderas" [women revolutionary soldiers] were forgotten, even reviled, women artists, including Frida Kahlo, have been overlooked. Leonora Carrington is more acknowledged internationally than in Mexico, though she does not mind because the anonymity protects her privacy. Alice Rahon died in poverty and neglect. Other women artists like Tina Modotti died ostracized. At least, we know the date of Tina's death, which is not the case with Nellie Campobello, a dancer and the only female author of the Mexican Revolution. One pays dearly to be a leftist and these women artists paid with their lives a high price for their talent and uniqueness.

THE END

[1] Emiliano Zapata, revolutionary hero and leader

[2] Rivera, Orozco and Siquieros

[3] Rivera, Orozco and Siquieros

Biographies & Plates

Biografías y Obra

* Works of art exhibited at the Museo Mural Diego Rivera in Mexico City

* *Obras exhibidas en el Museo Mural Diego Rivera de la ciudad de México*

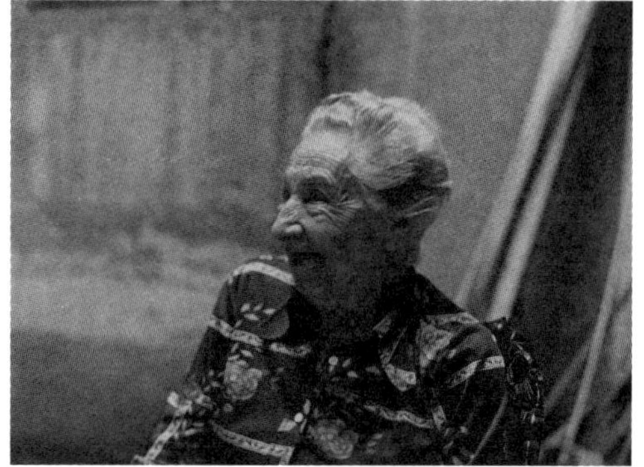

© Mariana Yampolsky

Lola Álvarez Bravo

Dolores Martínez de Anda
1907-1993, Mexico / *México*

Lola Álvarez Bravo was born in Lagos de Moreno, in the state of Jalisco, Mexico. When she was very young, her family decided to move to México City. Lola became an orphan when she was eight years old, leading her to live in the care of family members. She met Manuel Álvarez Bravo at a young age and married him in 1925. She learned photography techniques from him and became one of the most outstanding photographers of Mexico. In the city, they would frequent the artist circles and intellectuals of the moment, including Dr. Atl, Diego Rivera, and Frida Kahlo, among others. In 1935, she separated from Manuel Álvarez Bravo, but kept his last name. She specialized in documenting the works of painters, sculptors, printmakers, and muralists in particular. She worked for the Institute of Aesthetic Research at the UNAM, the Department of Photography at the Instituto Nacional de Bellas Artes, and took pictures for the magazine *El maestro rural,* for the Secretariat of Public Education. She began teaching photography at a young age at the Academia de San Carlos, among many other schools. In 1955, she participated in the exhibition "The Family Man", organized by the Museum of Modern Art in New York. Lola had her first solo show at the Palacio de Bellas Artes in 1944. She exhibited photographs of monuments, people, and street scenes of life around almost the entire country. She also founded the Galería de Arte Contemporáneo, where Frida Kahlo had her first solo exhibition in 1953. Her photo collection consists of more than 6,000 negatives. In 1982, two of her books were published, *Escritores y Artistas* and *Recuento Fotográfico.* Bravo also took part in many other exhibitions in Mexico and abroad. In 1992, the Centro Cultural de Arte Contemporáneo organized a retrospective of her work. Lola Álvarez Bravo died in Mexico City in 1993.

Nació en Lagos de Moreno, Jalisco. Siendo muy pequeña, la familia decidió vivir en la ciudad de México. Lola quedó huérfana a los ocho años y fueron unos parientes los que se hicieron cargo de ella. Conoció a Manuel Álvarez Bravo desde niña y en 1925 se casó con él. Aprendió las técnicas de la fotografía de Manuel, llegando a ser una de las más destacadas fotógrafas de México. En la Ciudad de México frecuentaron a los intelectuales y artistas del momento como el Dr. Atl, Diego Rivera y Frida Kahlo entre otros. En 1935 se separó de Manuel Álvarez Bravo conservando su apellido. Se especializó en registrar la obra de pintores, escultores, y grabadores, en particular la de los muralistas. Trabajó para el Instituto de Investigaciones Estéticas de la UNAM, y para el Departamento de Fotografía del Instituto Nacional de Bellas Artes, así como para la Secretaría de Educación Pública, tomando fotos para la revista " El maestro rural". Desde joven enseñó fotografía en la Academia de San Carlos y en otras escuelas. En 1955 tomó parte en la exhibición "The Family of Man" organizada por el Museo de Arte Moderno de Nueva York. Lola tuvo su primera exhibición en el Palacio de Bellas Artes en 1944. Realizó versiones fotográficas de monumentos, personas y escenas de la vía popular de casi todo el país. Fundó la Galería de Arte Contemporáneo en donde Frida Kahlo tuvo su primera exhibición individual en México en 1953. Su colección consta de más de 6,000 negativos. En 1982 se publicaron sus libros" Escritores y Artistas" y" Recuento Fotográfico", participó en numerosas exhibiciones en México y en el extranjero y en 1992 el Centro Cultural Arte Contemporáneo organizó una retrospectiva de su obra. Lola Álvarez Bravo, murió en la Ciudad de México en 1993.

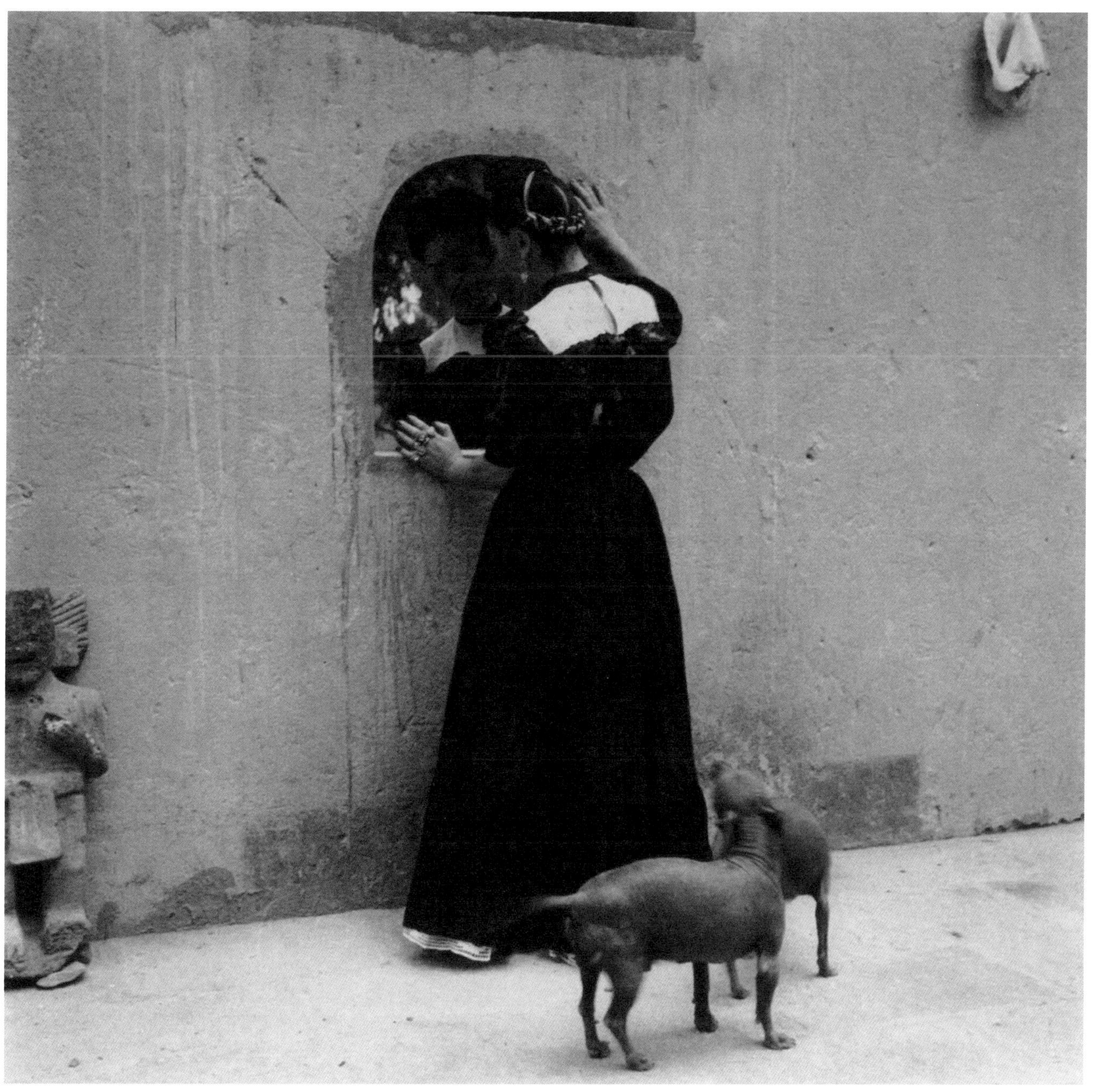

1.
Lola Álvarez Bravo, *Frida Kahlo, Coyoacán*, ca. 1944 silver gelatin print / *plata sobre gelatina* 9 1/2" x 9 1/2" (24.1 x 24.1 cm) Private Collection

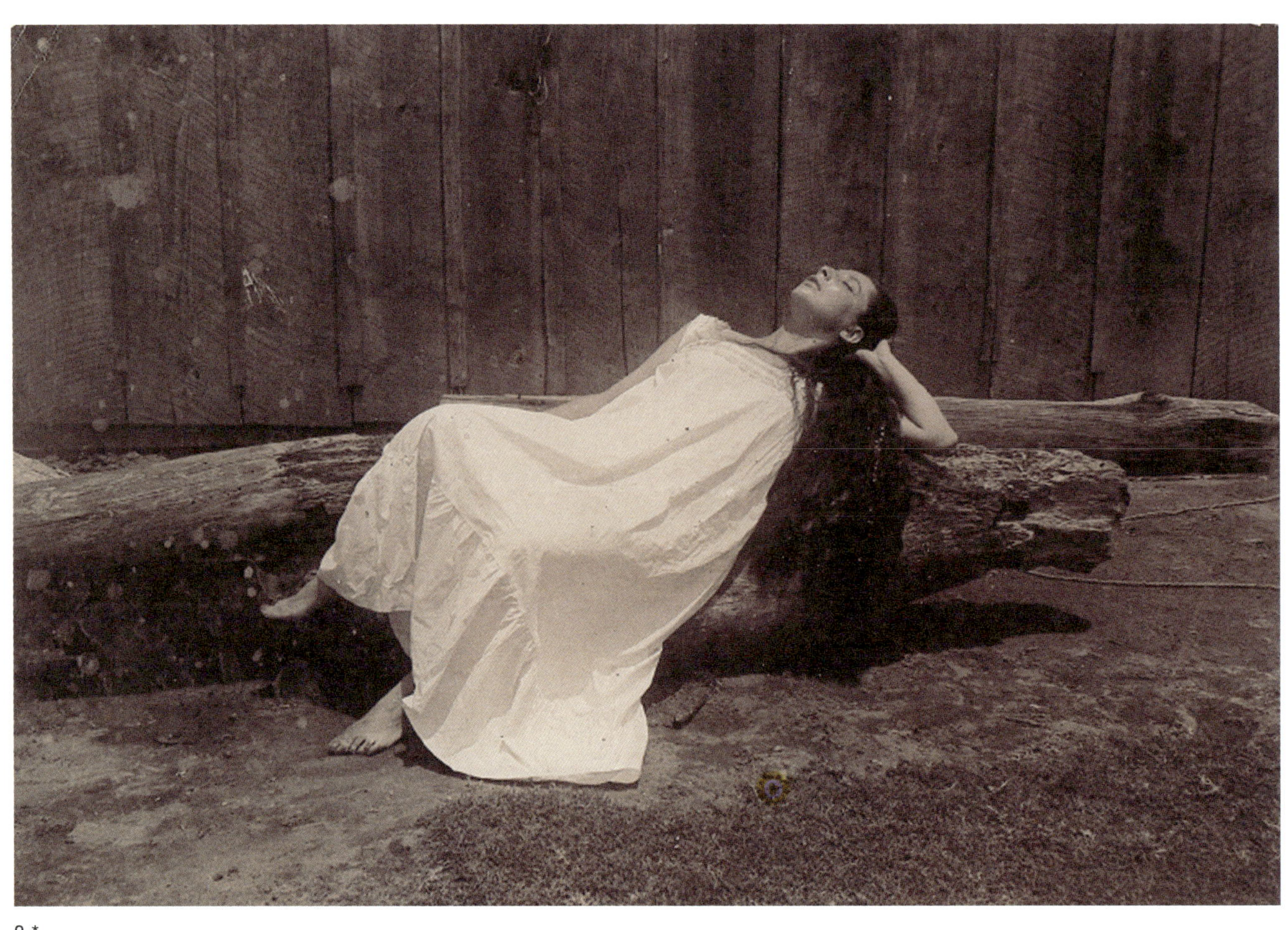

2.*
Lola Álvarez Bravo, The Dream / *El ensueño (Isabel Villaseñor, Chachalacas, Veracruz)*, 1941 silver gelatin print / *plata sobre gelatina*
8 7/16" x 6 15/16" (21.4 x 17.6 cm) (Reg. A053) Private Collection

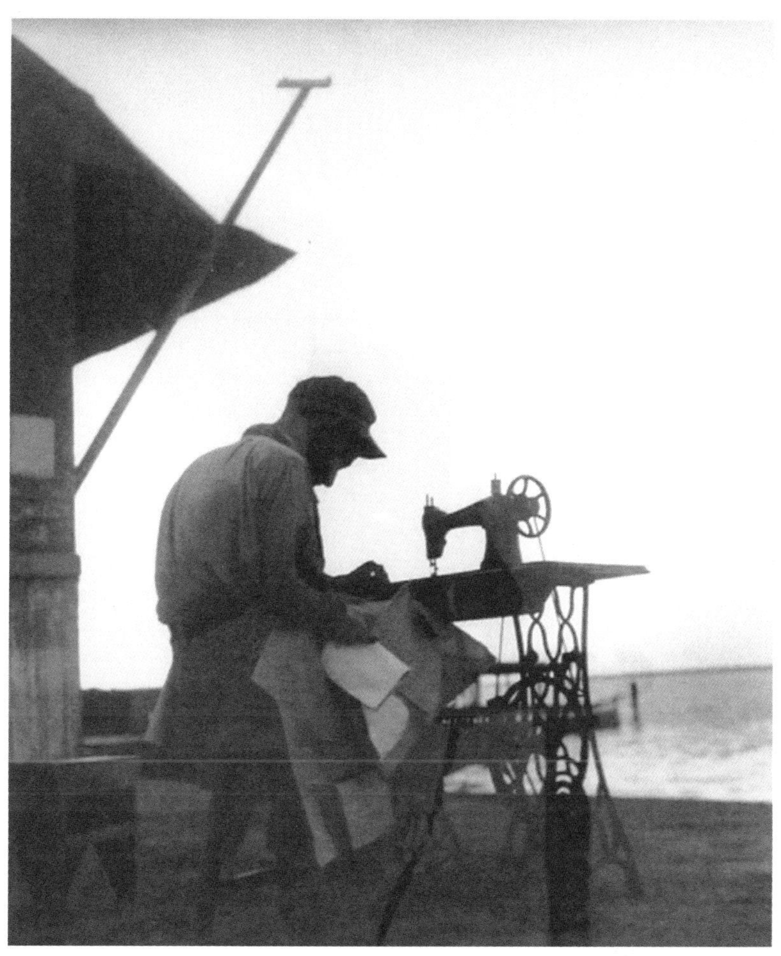

3.
Lola Álvarez Bravo
Sewing on the Beach
Repunteando en la playa, n.d. / s.f.
black and white photograph
fotografía blanco y negro
8 11/16" x 71/8" (22 x 18 cm)
Courtesy of Galería de Arte Mexicano

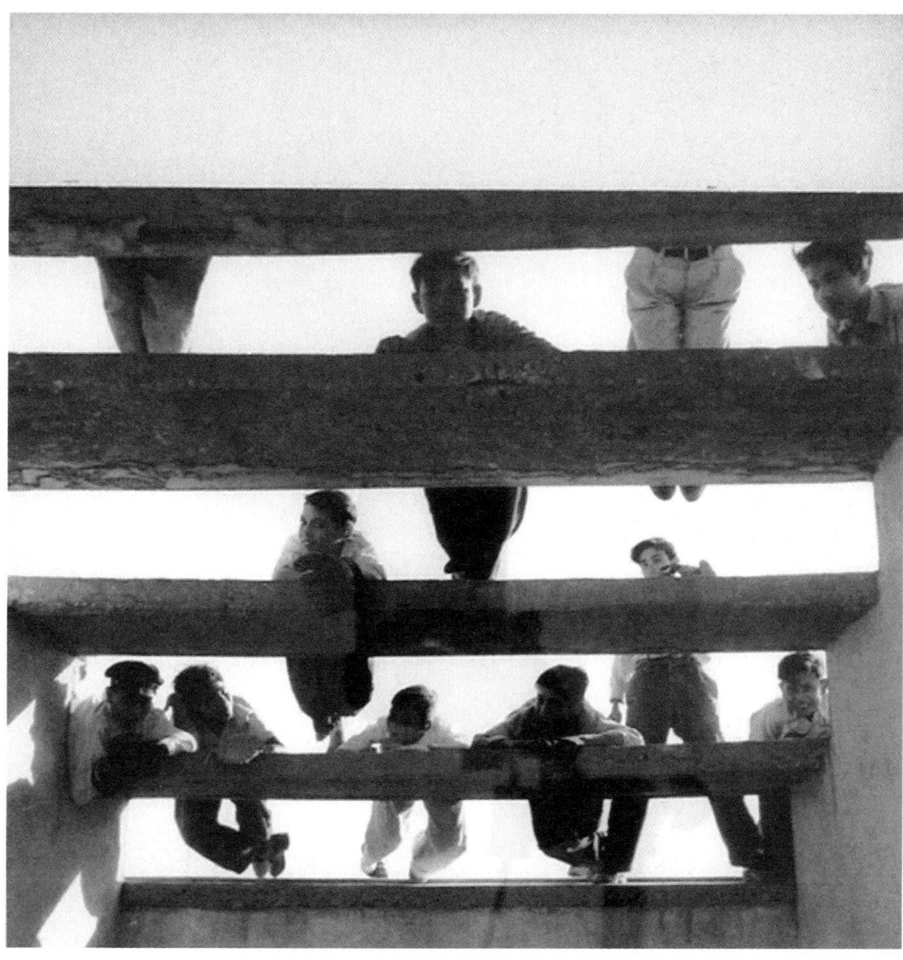

4.
Lola Álvarez Bravo
The Sparrows
Los gorriones, n.d. / s.f.
black and white photograph
fotografía blanco y negro
8 11/16" x 7 1/8" (22 x 18 cm)
Courtesy of Galería de Arte Mexicano

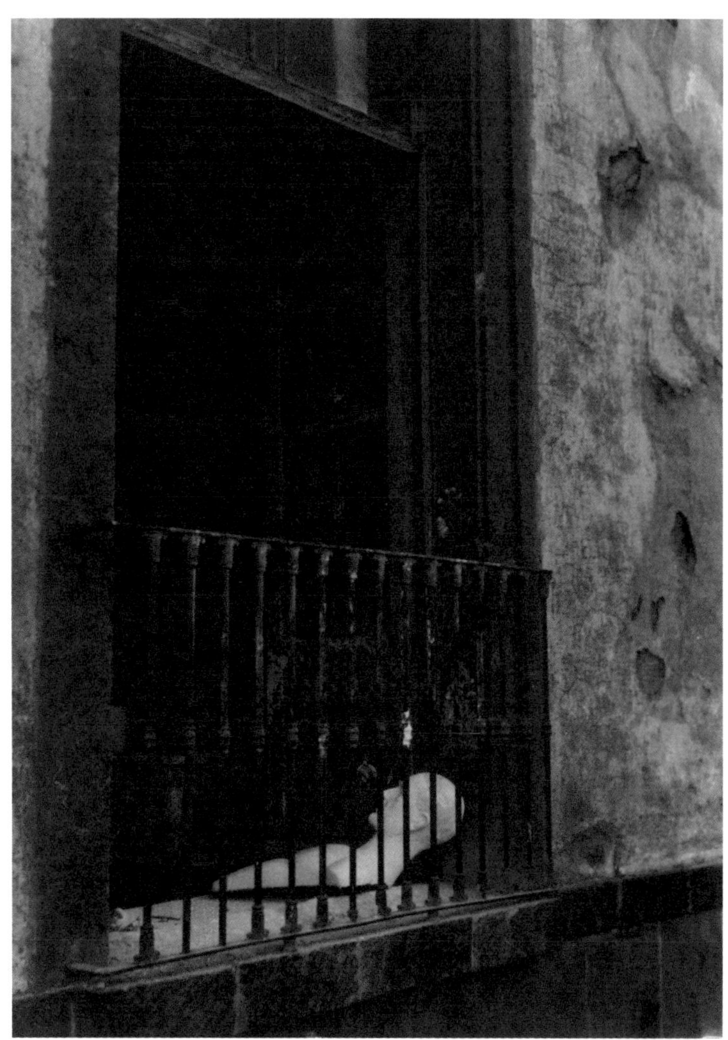

5.
Lola Álvarez Bravo
The Abandoned / *El abandonado*, ca. 1950
silver gelatin print / *plata sobre gelatina*
9 1/4" x 6 1/2" (23.4 x 16.5 cm)
Private Collection

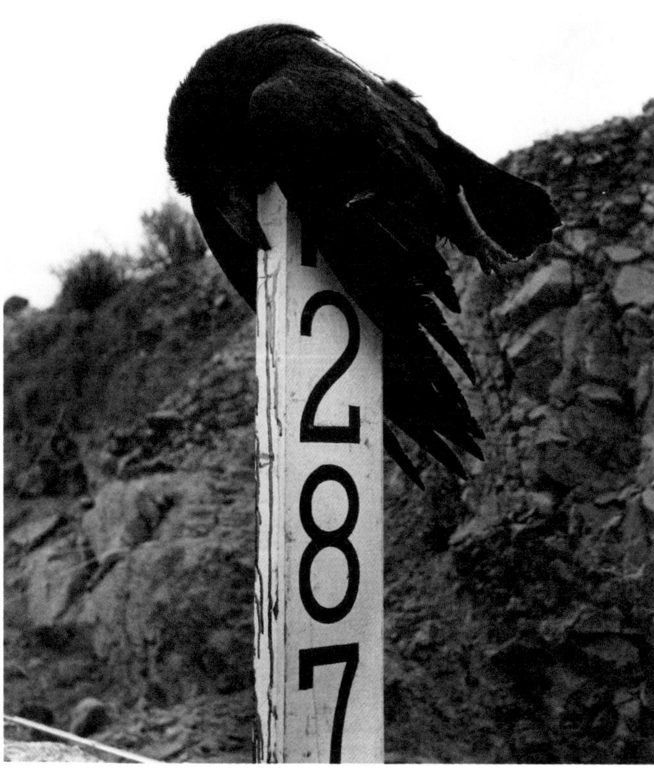

6.*
Lola Álvarez Bravo
Kilometer 287 / *Kilómetro 287*, 1960
black and white photograph
fotografía blanco y negro
impresión posterior 80´s
11" x 14" (28 x 35.5 cm)
Cristina Kahlo Collection

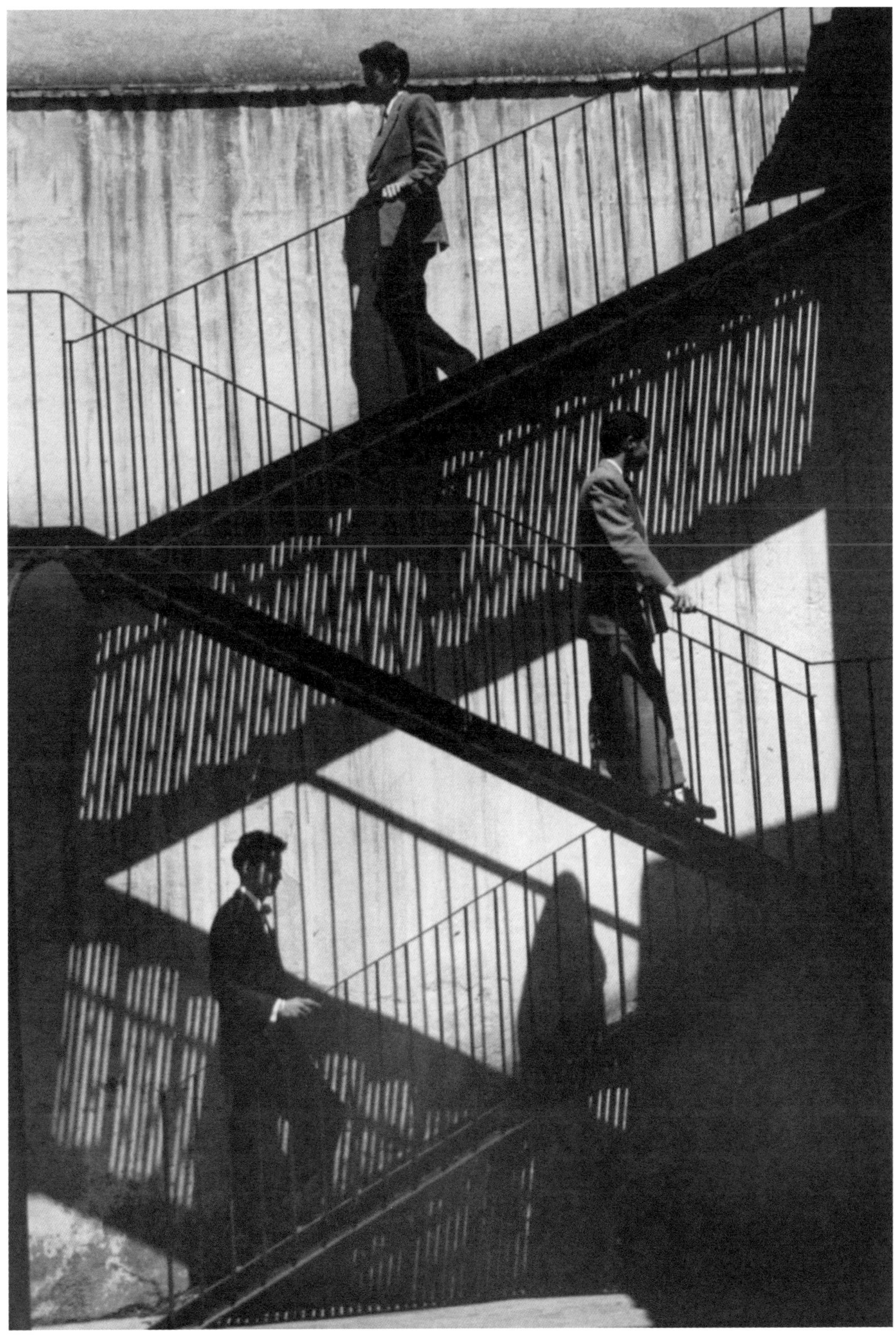

6.a*
Lola Álvarez Bravo, Some go up, others go down / *Unas suben y otras bajan,* 1940 gelatin silver print / *plata sobre gelatina impresión* 80´s 11" x 14" (28 x 35.5 cm) Cristina Kahlo Collection

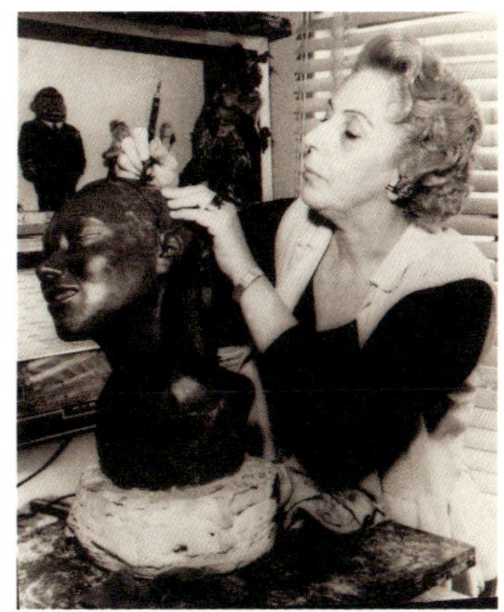

Carmen de Antúnez

Carmen Carrillo Martínez
1900-1981, Mexico / *México*

Carmen de Antúnez was born in León, Guanajuato, Mexico. She inherited a great love of the arts from her mother, who was the first to give Carmen drawing lessons when she was a child and also taught her the technique of working with wax. Antúnez continued her education with various private tutors. As a member of the flourishing Indigenous Movement, Antúnez traveled extensively throughout Mexico, studying ritual dances, customs, and daily life of the ethnic groups of the different regions of the country she visited. She was the Founding Director of the Museo Etnográfico de México and was also the Director of the Department of Regional Museums and of the Taller de Dioramas, all of which are divisions of the National Institute of Anthropology and History (INAH). Her work was expansive, with her life-size bronze sculptures and wax figurines dressed in traditional indigenous textiles. Some of Antúnez's works that are included in the INAH permanent collection are *Cacería del Mamut* and the diorama *Mercado de Tlatelolco*. Antúnez also created paintings, portraits, wax busts, and dioramas for many other museums. In 1952, Antúnez exhibited her work in Washington D.C. and in other museums abroad. Her circle of friends during this time included artists and celebrities who recognized her talent, such as the poet Carlos Pellicer, who once stated that she was "the interpreter of the Mexican people."

Originaria de León, Guanajuato, Carmen de Antúnez heredó de su madre el gusto por el arte, y fue ella quien le dio sus primeras clases de dibujo y de quien aprendió las técnicas del trabajo en cera. Después continuó su formación artística con diferentes maestros particulares. Como miembro del movimiento indigenista que florecía en aquel momento, Carmen viajó extensamente por todo México para estudiar las danzas rituales, las costumbres y la forma de vida de los diferentes grupos étnicos que conoció a lo largo de sus viajes. Fue Directora Fundadora del Museo Etnográfico de México, además de tener la Jefatura del Departamento de Museos Regionales y la Dirección del Taller de Dioramas, todos ellos dependientes del Instituto Nacional de Antropología e Historia (INAH). Su obra fue extensa, destacan sus piezas en bronce de tamaño natural y las esculturas de menor tamaño hechas en cera y ataviadas con textiles indígenas tradicionales. El Museo Nacional de Antropología e Historia tiene en exhibición varios de sus proyectos como: "La cacería del mamut", y el diorama del "Mercado de Tlatelolco" entre otros. También realizó pinturas, retratos, bustos en cera y dioramas para diferentes museos. En 1952 presentó sus obras en Washington, D.C. y en varios lugares del extranjero. Fue amiga de artistas y de personalidades de la época quienes reconocieron su talento, como el poeta Carlos Pellicer quien la llamó "La intérprete del pueblo mexicano".

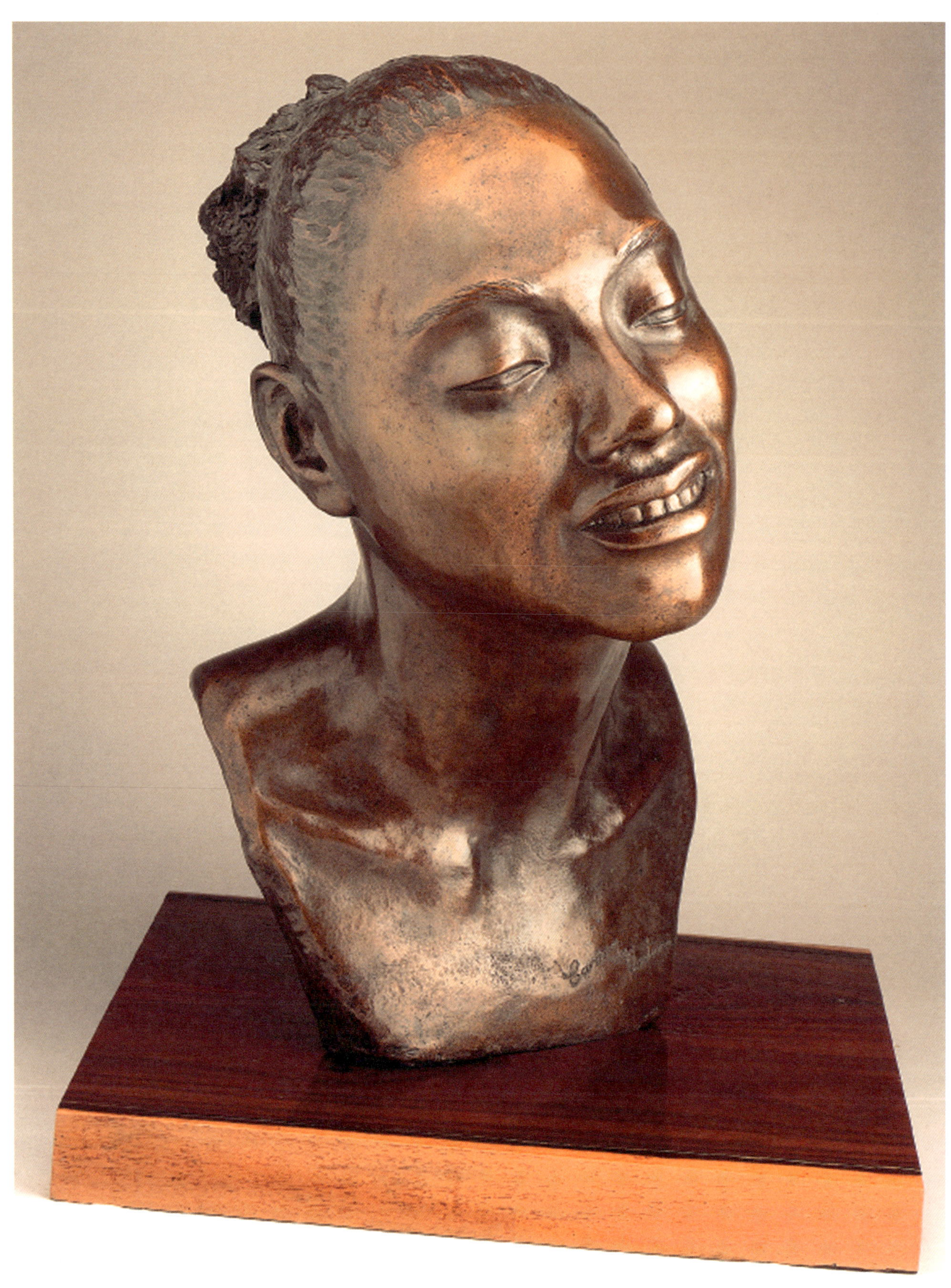

7.*
Carmen de Antúnez, Martinica, Head of a Ballerina of African Descent / *Martinica, cabeza de bailarina de raza negra*, 1955 bronze lost wax process and patina / *bronce a la cera perdida, patinado*. Edition 1 15" x 8 5/8" x 10 5/8" (38 x 22 x 27 cm) Miguel Ángel Antúnez Baza Collection

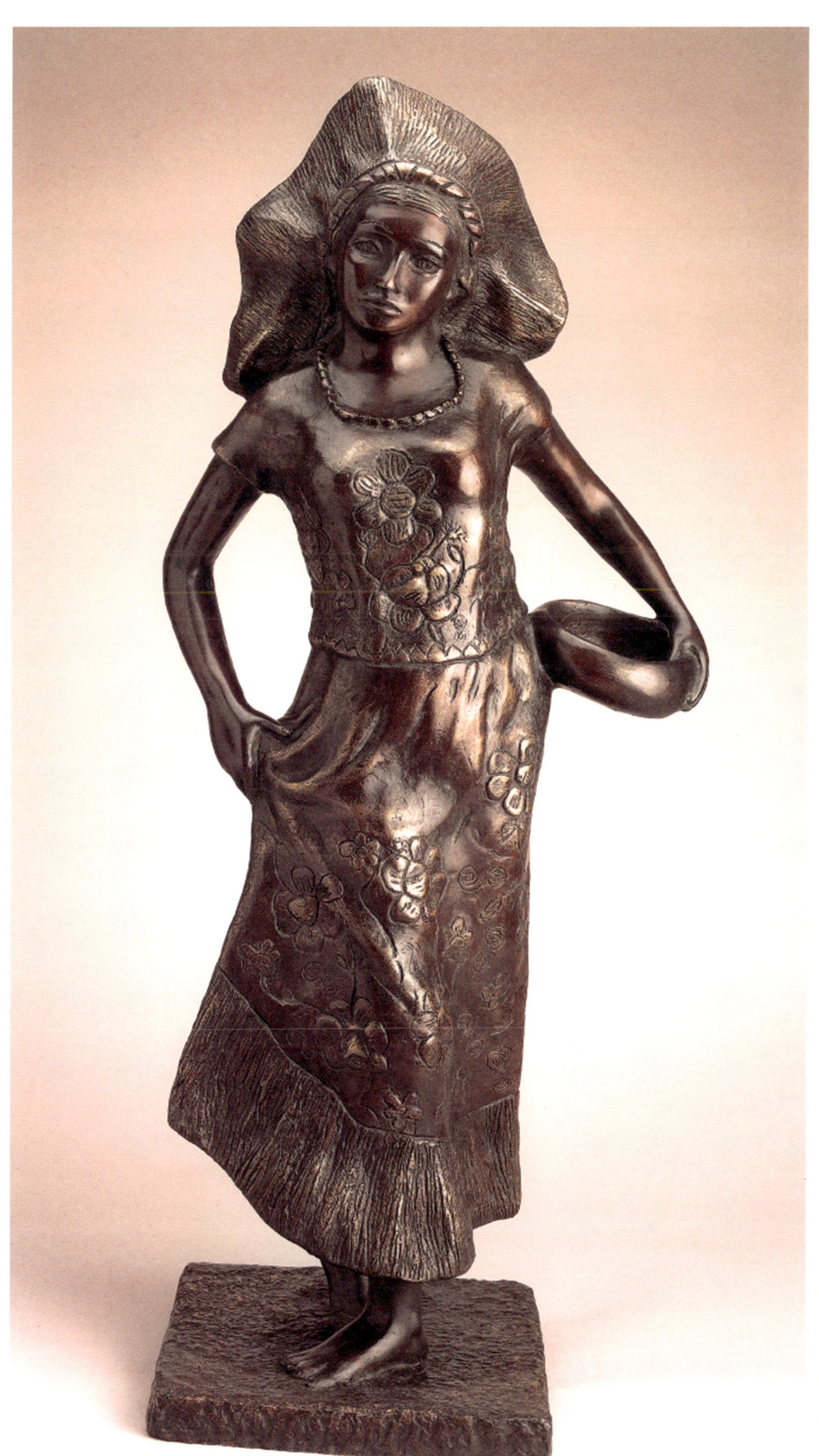

8.*
Carmen de Antúnez
Woman of Tehuantepec
Tehuana, 1955
bronze / *bronce*. Edition 2
21 5/8" x 10 1/4" x 4 2/8"
(55 x 26 x 11 cm)
Miguel Ángel Antúnez Baza
Collection

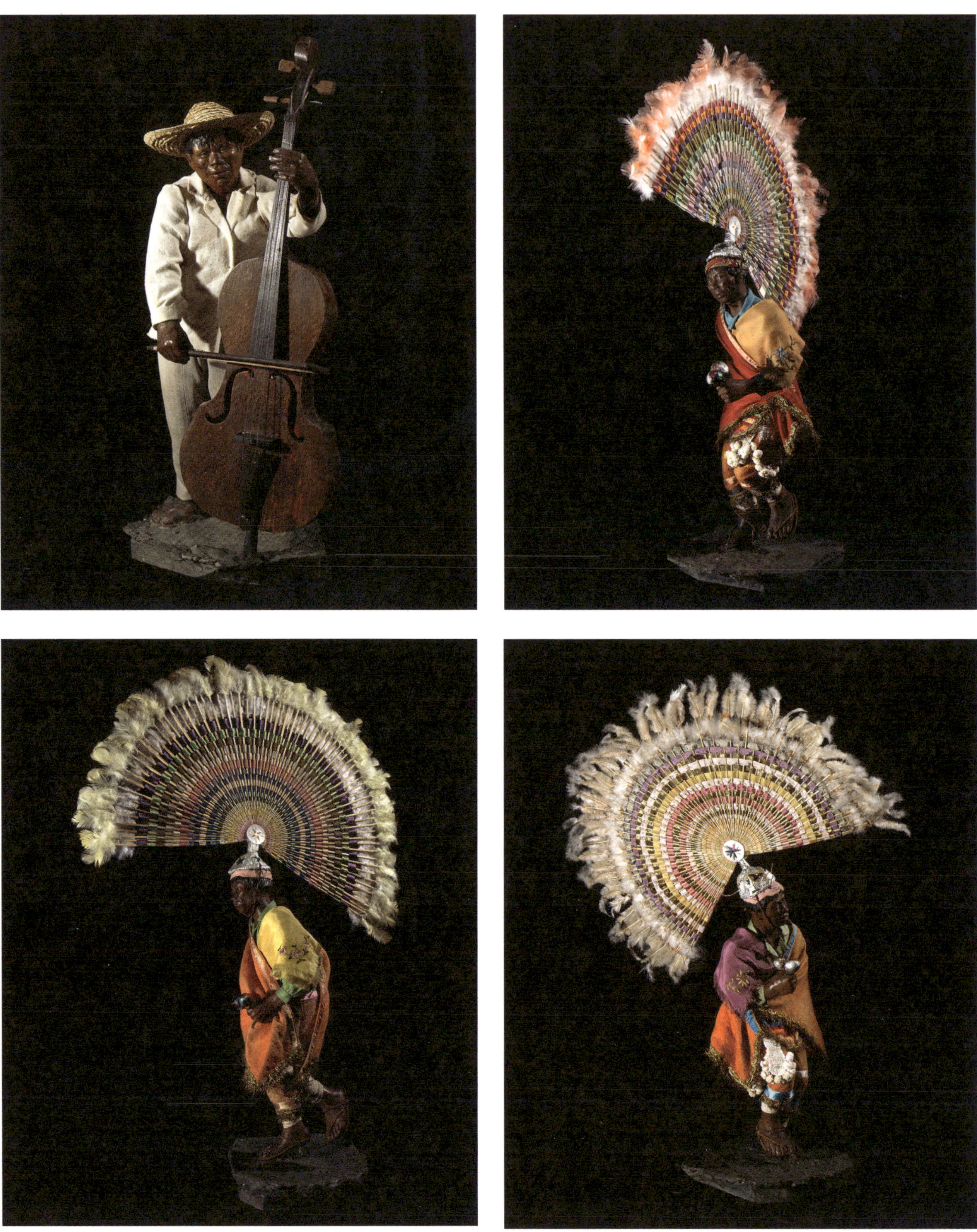

9.*
Carmen de Antúnez, Dance of the Quetzalines / *Danza de los Quetzalines,* ca. 30-40's Three dancers and one musician / *Tres danzantes y un músico* wax and textiles / *cera y textiles* Museo de El Carmen Collection

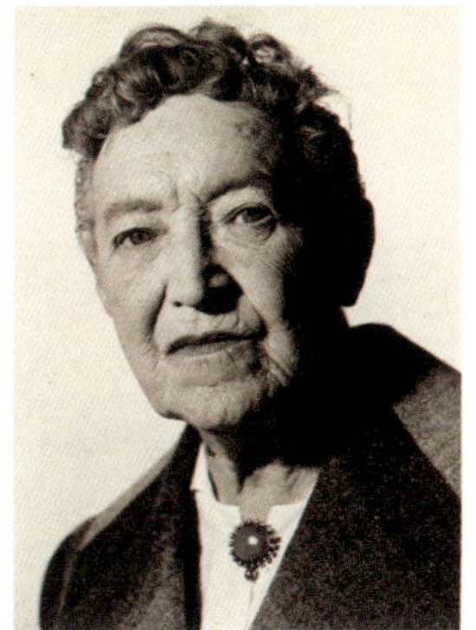

Anonymous CENIDIAP/INBA

Angelina Beloff

Angeline Petrovna Belova
1879, Russia / *Rusia*
1969, Mexico / *México*

Angelina Beloff was born in St. Petersburg, Russia. She studied anatomy at her father's suggestion, but being that she was more artistically inclined, she began studying painting in night school. In 1904, she decided to abandon her medical career permanently when she was accepted to the St. Petersburg Academy of Art. After her parents' death, in 1909, Beloff decided to travel to Paris where she studied art at the Academy of Henri Matisse and at the Vitti Academy, where she met the painter, María Blanchard. She and Blanchard traveled to Belgium together, where Beloff met Diego Rivera, the man who would become her partner. Beloff and Rivera lived together for ten years and in 1916, Beloff gave birth to a son, Dieguito, who died of meningitis. In 1921, Rivera returned to Mexico alone, causing the couple's separation. Beloff went on to exhibit her work for five consecutive years at the Salon d'Automne of Paris. In addition, she worked as an illustrator for publishing houses, which showcased her talent as both an illustrator and a printmaker. In 1932, Lola and Germán Cueto, a cousin of her friend Maria Blanchard, invited Beloff to Mexico. She arrived in Mexico, her third country of residence, and lived there until her death, thirty-seven years later. Shortly after arriving in Mexico, Beloff obtained work as a drawing instructor for the Secretariat of Public Education. She was also an active member of a puppet group formed by Lola and Germán Cueto, Elena Huerta, Graciela Amador, Leopoldo Méndez, and Germán List Arzubide, among others. In 1938, she received a scholarship from the Mexican government to conduct research on the history and techniques of puppetry in France and Belgium. She also became an active member of the League of Revolutionary Writers and Artists. In 1949, Beloff became a founding member of the Salón de la Plástica Mexicana where she often exhibited. Her work was also exhibited at the Galería de Arte Mexicano, founded by Inés Amor, and at the Palacio de Bellas Artes. Angelina died at the age of ninety, leaving behind a great body of work that reflected her soft, intimate, and poetic character.

Angelina Beloff nació en la ciudad de San Petersburgo, Rusia. A sugerencia de su padre, estudió la especialidad de Anatomía. Pero ella, más inclinada a las artes, inició sus primeros estudios de pintura en una academia nocturna. En 1904 fue aceptada en la Academia de Arte de San Petersburgo, lo que hizo que abandonara la carrera de medicina. Después de la muerte de sus padres y siguiendo el consejo de uno de sus maestros, decidió viajar a París en 1909, en donde estudió arte en la academia de Henri Matisse y en la academia Vitti, lugar en donde conoció a la pintora María Blanchard. En un viaje a Bélgica que Angelina y María hicieron, conoció al que después sería su compañero -Diego Rivera- con el que viviría diez años y con el cual en 1916 tendría un hijo, Dieguito, quien murió de meningitis. En 1921, Rivera regresó a México, propiciando con esto la separación de la pareja. En París, Angelina expuso durante cinco años consecutivos en el Salón de Otoño, además de realizar ilustraciones para casas editoriales por las cuales se dio a conocer como una excelente grabadora e ilustradora. En 1932, por una invitación que le hicieron Lola y Germán Cueto (primo de María Blanchard), Angelina Beloff llegó a México -su tercera patria-, en donde permanecería treinta y siete años hasta su muerte. Al poco tiempo de haber llegado a México, consiguió trabajo como maestra de dibujo de la Secretaría de Educación Pública; se integró además al grupo de títeres formado por: Lola y Germán Cueto, Elena Huerta, Graciela Amador, Leopoldo Méndez y Germán List Arzubide entre otros. En 1938 fue becada por el gobierno de México para hacer investigaciones en Francia y Bélgica sobre la historia y las técnicas de los títeres. El libro "Muñecos animados" publicado en 1945 fue el resultado de estas investigaciones. Angelina Beloff contribuyó al nacimiento del teatro infantil en México, realizando traducciones de libros, creando títeres, escenografías y decoraciones para teatro guiñol. Fue miembro de la Liga de Escritores y Artistas Revolucionarios. En 1949 fue miembro fundador del Salón de la Plástica Mexicana, en donde exhibió su trabajo. Su obra también fue expuesta en la Galería de Arte Mexicano de Inés Amor y el Palacio de Bellas Artes. Realizó el mural "Escenas de circo" en el Hospital Infantil. Murió a los noventa años de edad, dejando reflejada en su obra la herencia de su carácter suave, intimo y poético.

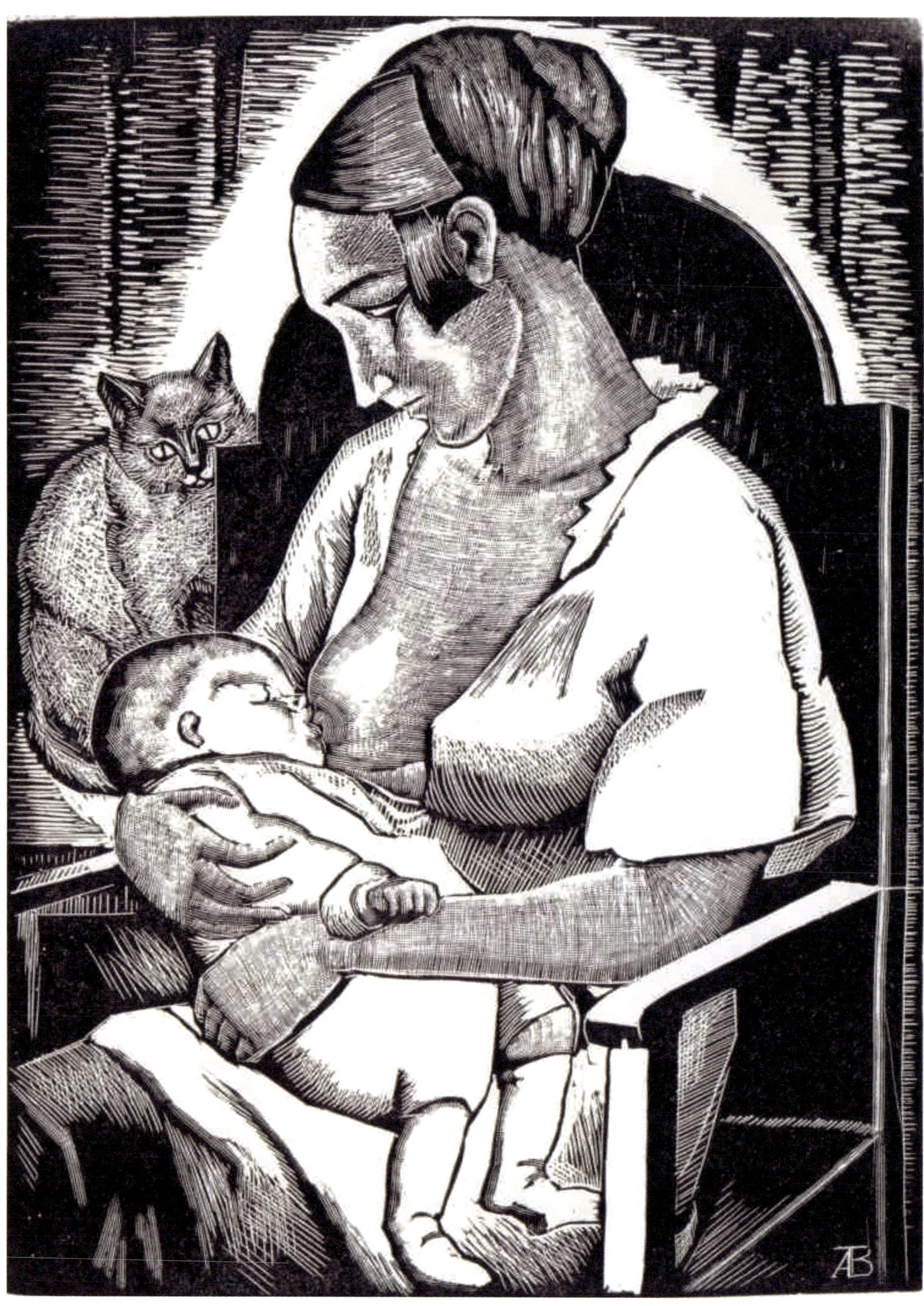

10.
Angelina Beloff, Motherhood / *Maternidad*, 1917 (restrike by José Sánchez in 1922) woodcut / *grabado en madera* 2 P/M XXXIX/XXX, 11 7/8" x 9 3/4" (27.9 x 22.8 cm) (paper size), National Museum of Mexican Art Permanent Collection, 2003.362, Gift of Blanca Garduño

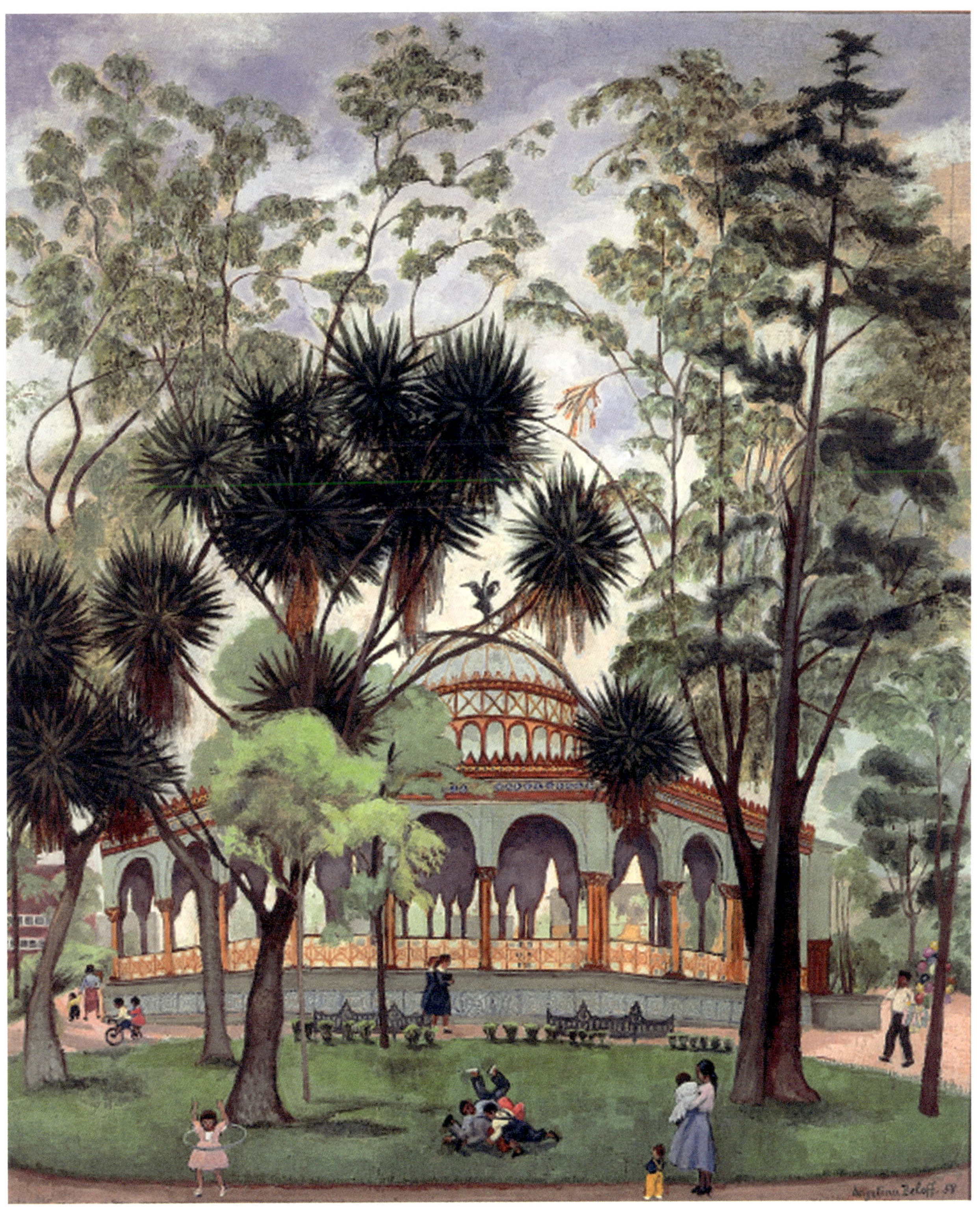

11.
Angelina Beloff, Santa Maria Park / *Alameda de Santa María*, 1958 oil on canvas / *óleo sobre tela* 35 1/2" x 29 3/4" (90 x 75.5 cm)
Acervo Patrimonial, Secretaría de Hacienda y Crédito Público (10304818)

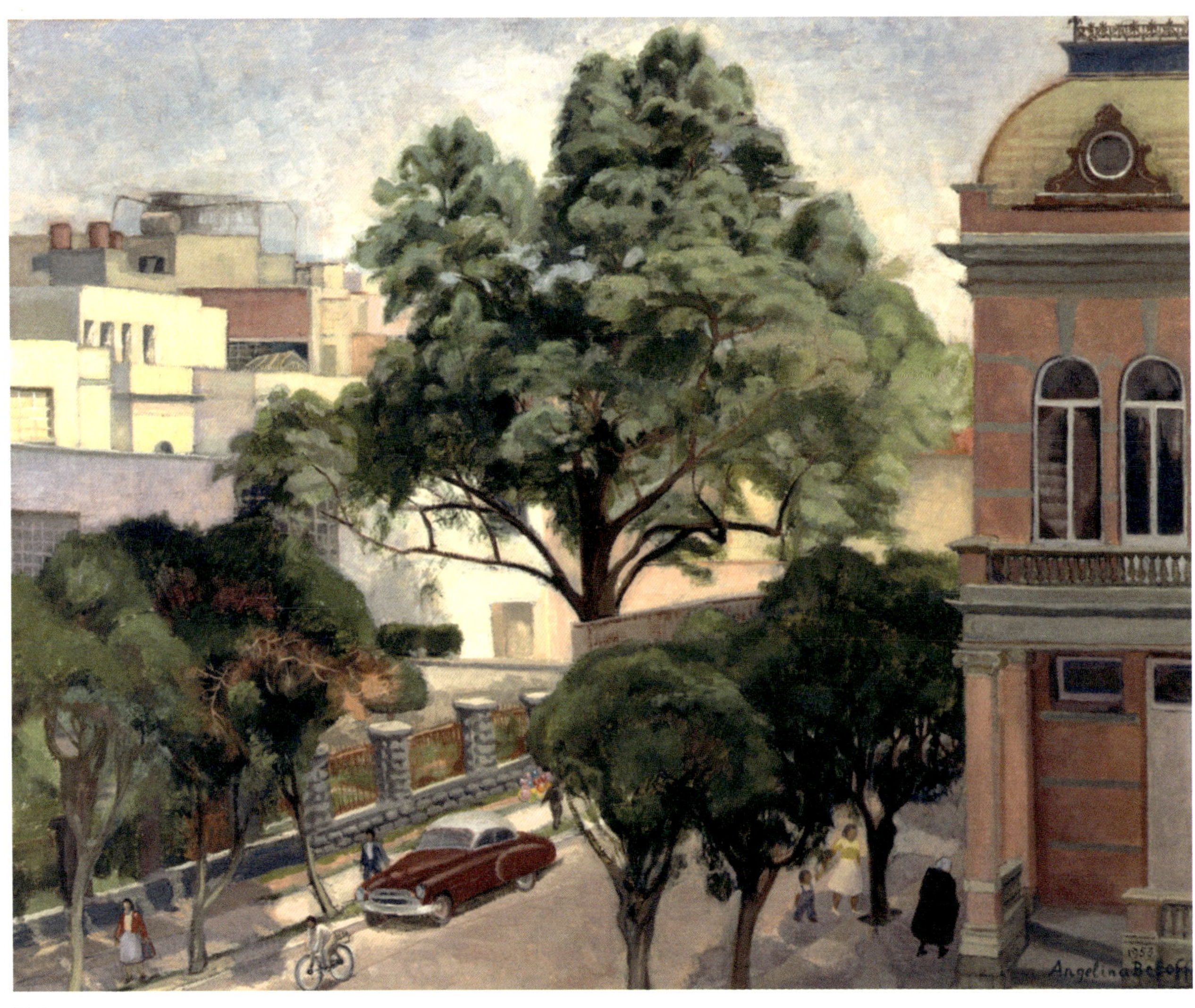

12.*
Angelina Beloff, Liverpool Street / *Calle de Liverpool*, 1953 oil on canvas / *óleo sobre tela* 24" x 29 1/8" (61 x 74 cm)
Banco Nacional de México Collection

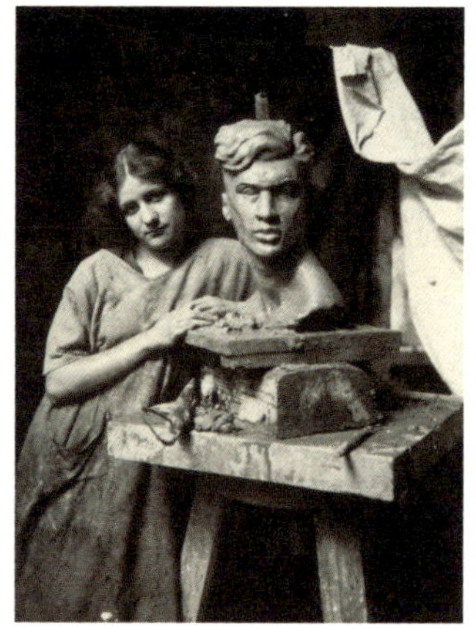
Anonymous

Rosario Cabrera

1901-1975, Mexico / *México*

Born into a family of art enthusiasts, Rosario Cabrera was orphaned at an early age. In 1916, she enrolled in the Escuela Nacional de Bellas Artes (Academia de San Carlos), where she received a grant for three years to finish her studies from then President, Alvaro Obregón. She became a student of Saturnino Herran, Leandro Izaguirre, and German Gedovius among others. She also attended the Academia de Coyoacán, where she enrolled in *plein aire* classes. Cabrera focused her attention on painting, drawing, printmaking on wood and metal, and sculpture. She received several honorable mentions during her school years. In 1921, she participated in the 26th exhibition of the Escuela Nacional de Bellas Artes de la Academia de San Carlos alongside Rufino Tamayo, Manuel Rodríguez Lozano, Carmen Mondragón (Nahui Olin), Fermín Revueltas, and others. Months later she inaugurated her first solo exhibition, in which she exhibited nearly fifty works to great critical acclaim. After receiving a scholarship from the Secretariat of Public Education, Cabrera traveled throughout Europe between 1924 and 1927. In 1925 she exhibited work at the Gallery Chez M.M. Bernheim-Jeune in Paris. Upon her return to Mexico, she exhibited nearly 100 works completed in Mexico and abroad. Cabrera, a prolific and innovative artist, became renowned for her portraits and landscapes. Cabrera, always passionate and in search of educational and artistic endeavors became the only female artist to direct two Escuelas de Pintura al Aire Libre (outdoor painting schools), located in Los Reyes and Cholula. After exhibiting at the festival, Feria Iberamericana of Sevilla in 1929, she suddenly stopped producing artwork. She ended her artistic career as one of the most influential and dynamic voices in the visual arts to pursue a career in teaching.

Proveniente de una familia aficionada al arte, Rosario Cabrera quedó huérfana de padre y madre a muy temprana edad. En 1916 ingresó a la Escuela Nacional de Bellas Artes (Academia de San Carlos). Durante tres años recibió una pensión del entonces Presidente Álvaro Obregón para continuar sus estudios. Fue alumna de Saturnino Herrán, Leandro Izaguirre y Germán Gedovius entre otros. Asistió también a la Academia de Coyoacán, en donde participó en las clases de pintura al aire libre. Incursionó en la pintura, el dibujo, el grabado en metal y madera y en la escultura, recibiendo varias menciones honoríficas a su paso por la escuela. En 1921 participó en la XXVI exhibición de la Escuela Nacional de Bellas Artes de la Academia de San Carlos, junto con: Rufino Tamayo, Manuel Rodríguez Lozano, Carmen Mondragón (Nahui Olin), Fermín Revueltas y varios artistas más. Pocos meses después tuvo lugar su primera exhibición individual en donde mostró cerca de cincuenta obras, las cuales causaron asombro. Rosario Cabrera viajó por Europa de 1924 a 1927 becada por la Secretaría de Educación Pública, exhibiendo en París en 1925 en la Galería Chez M. M. Bernheim-Jeune. A su regreso a México, exhibió cerca de cien obras producidas en México y el extranjero. Artista prolífica e innovadora que se dio a conocer sobre todo por sus retratos y paisajes. Rosario Cabrera estuvo siempre en una búsqueda constante y llena de pasión por su trabajo artístico y pedagógico. Fue la única artista mujer encargada de dirigir dos Escuelas de Pintura al Aire Libre (Los Reyes y Cholula). En 1929 exhibió en la Feria Iberoamericana de Sevilla y después de ese año, repentinamente, dejó de producir. Una de las voces más inquietantes y dinámicas en las artes plásticas se apagó para dar paso a su vocación pedagógica.

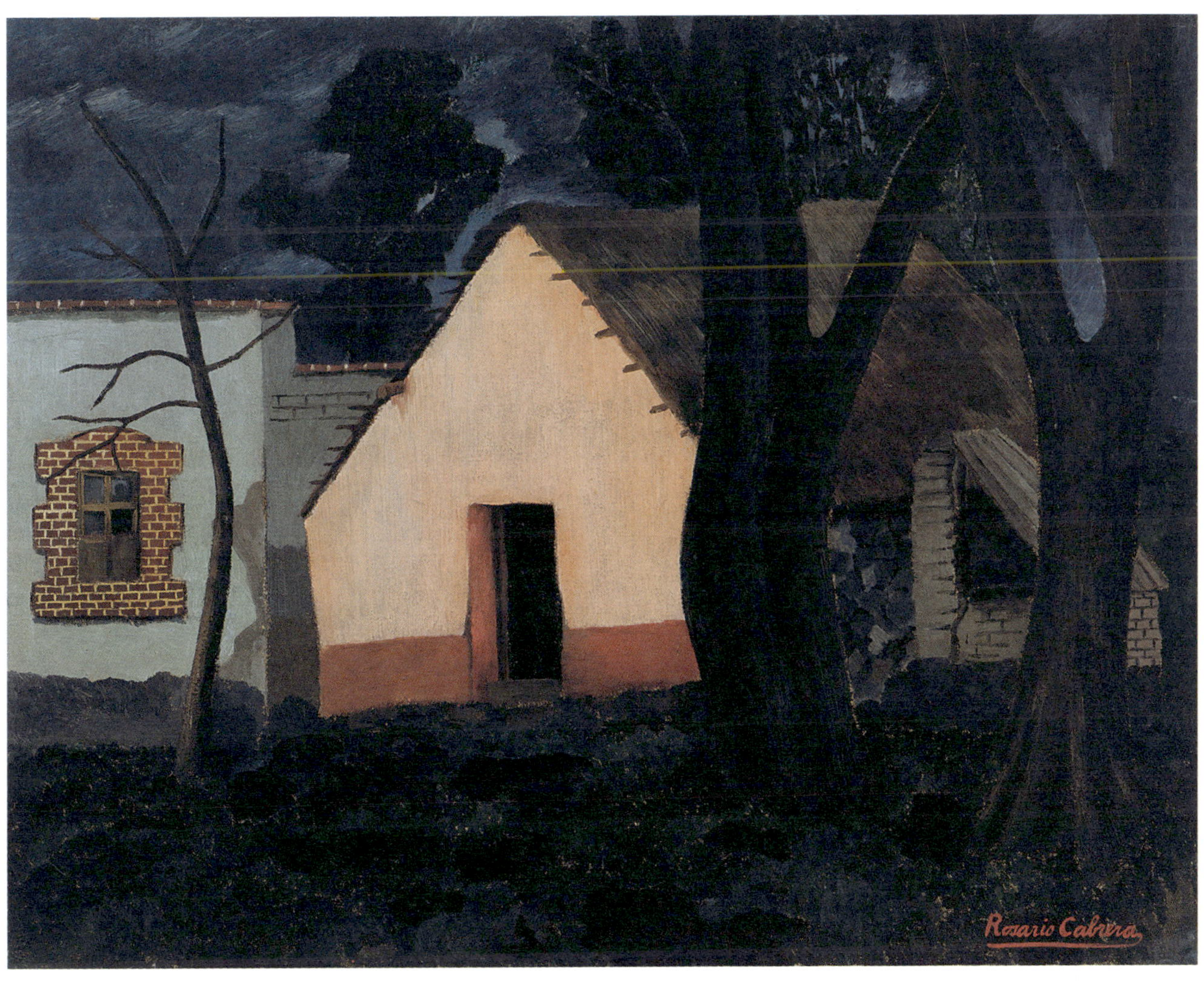

13.
Rosario Cabrera, Landscape / *Paisaje*, 1928 oil on canvas / *óleo sobre tela* 19 7/8" x 25" (50.5 x 63.5 cm) Andrés Blaisten Collection

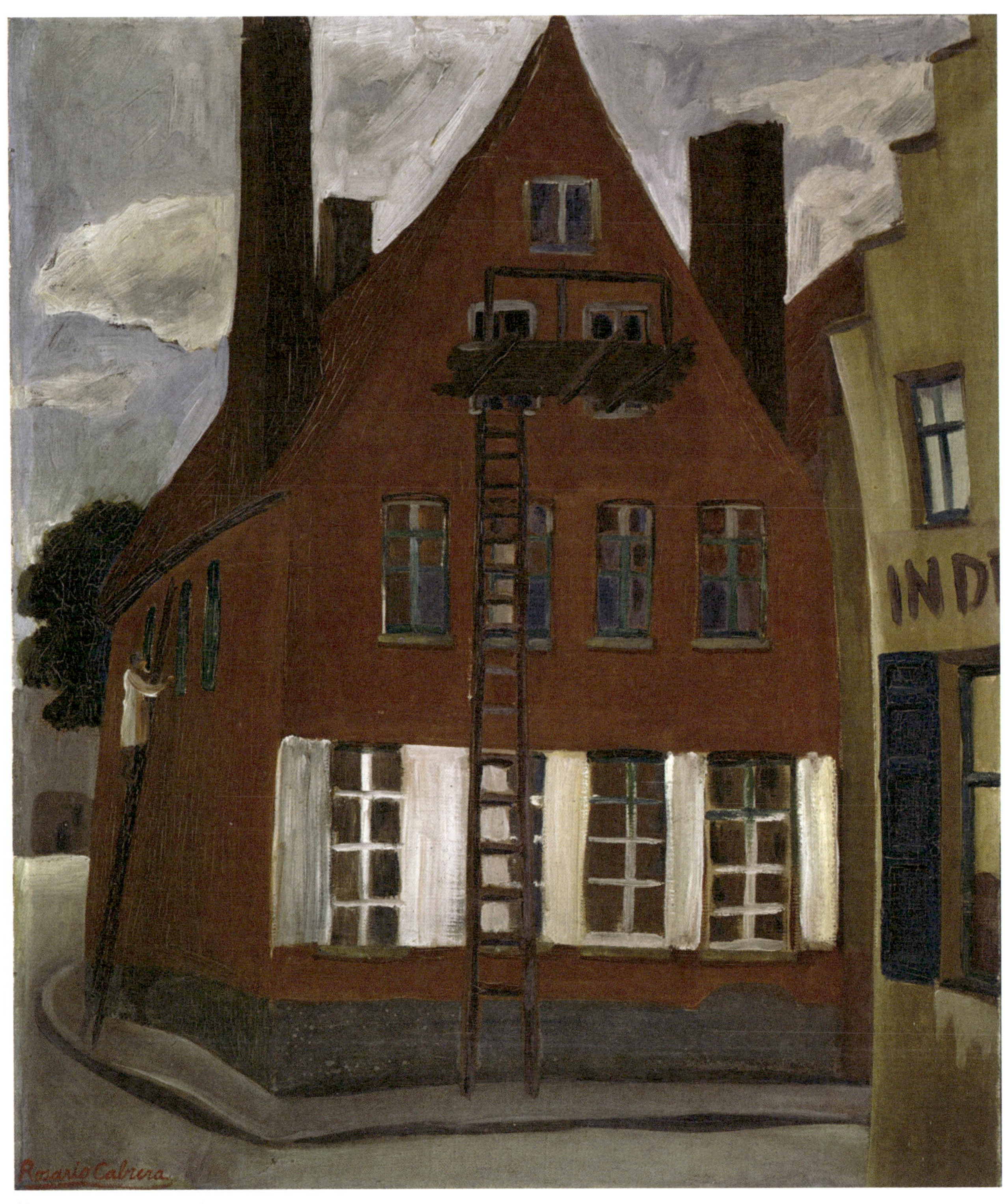

14.
Rosario Cabrera, Red House / *Casa roja*, 1926 oil on canvas / *óleo sobre tela* 23 5/8" x 19 3/4" (60 x 50 cm) Andrés Blaisten Collection

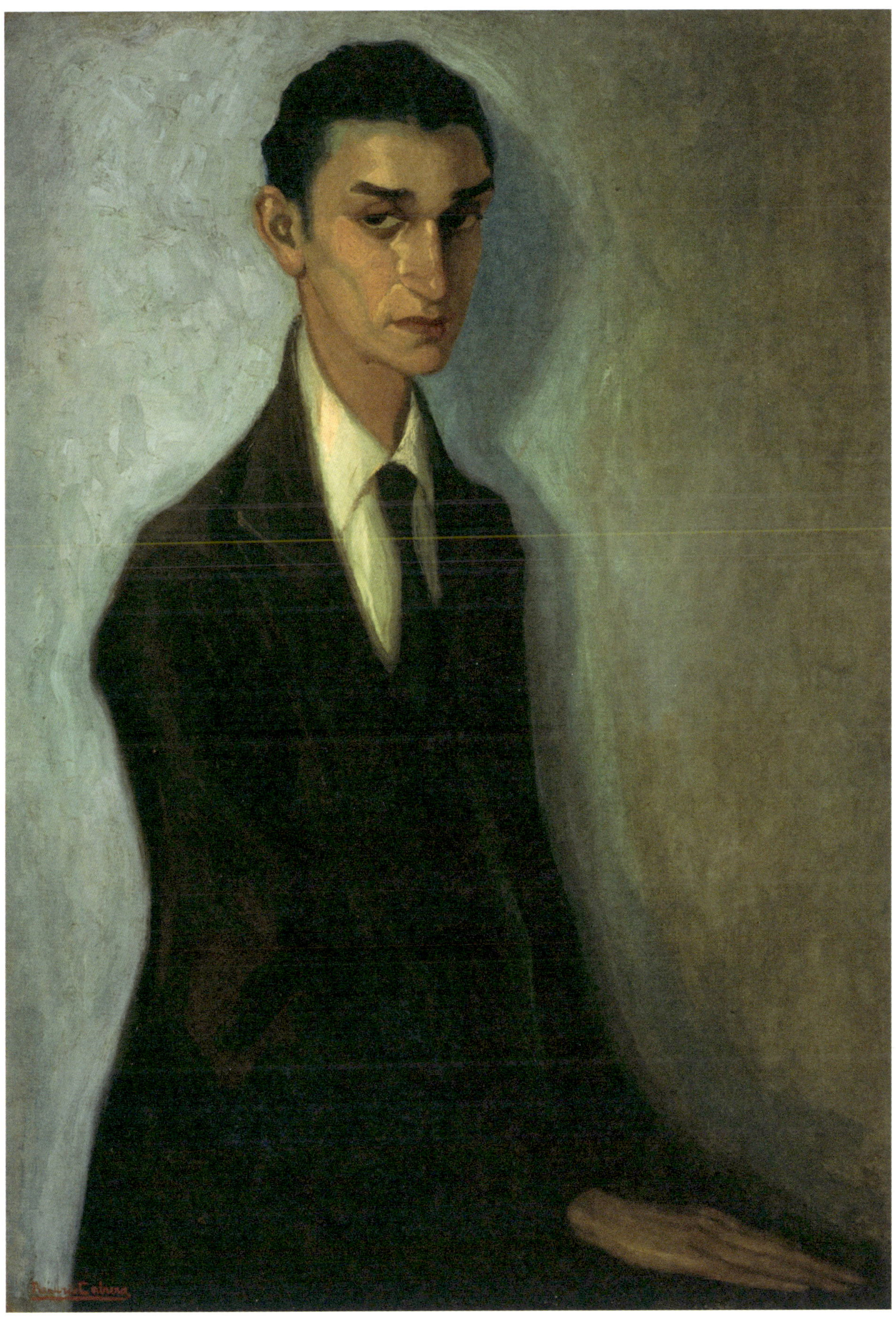

15.*
Rosario Cabrera, Portrait of Julio Castellanos / *Retrato de Julio Castellanos*, ca. 1923 oil on canvas / *óleo sobre tela* 41 3/8" x 28 3/8" (105 x 72 cm) Banco Nacional de México Collection

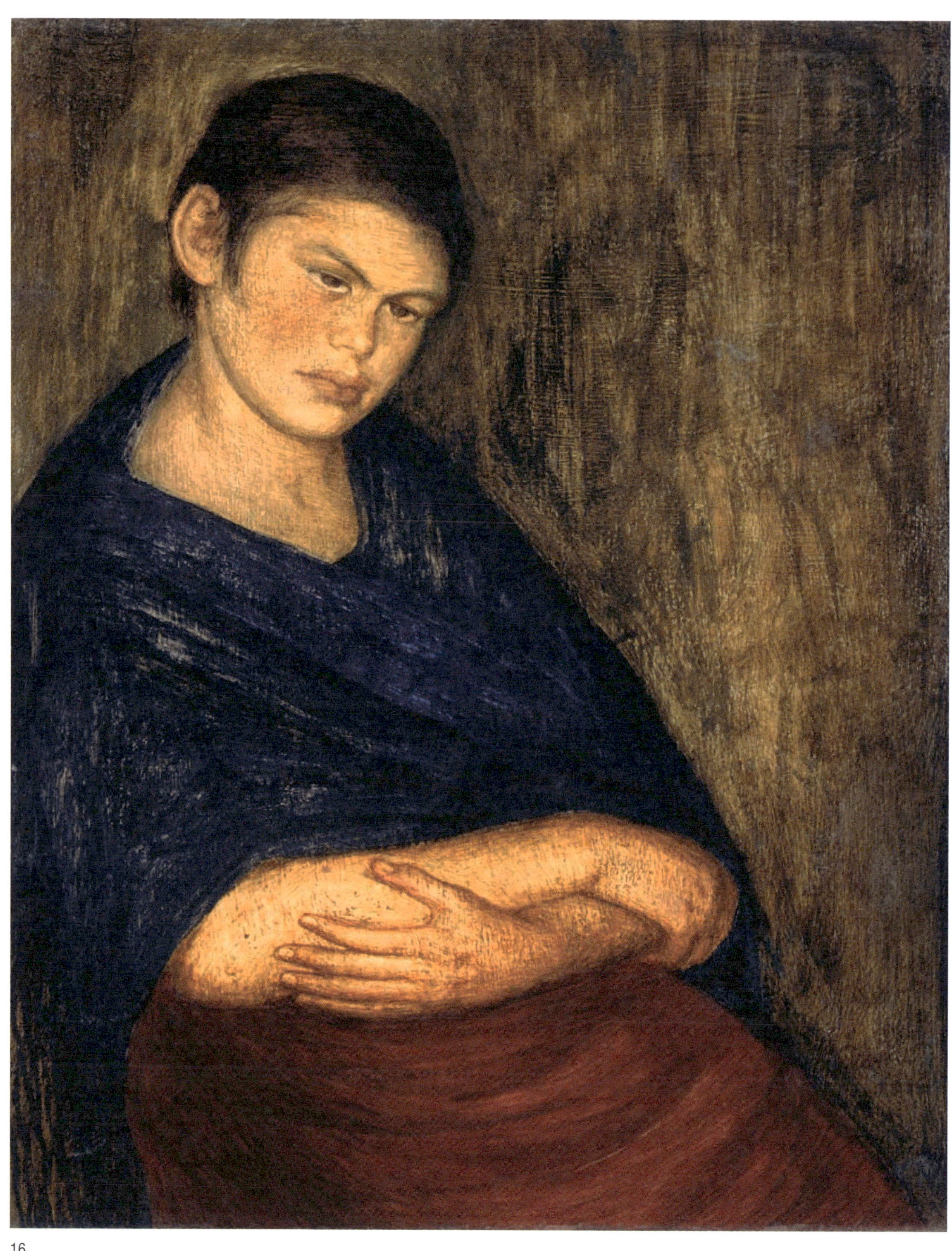

16.
Rosario Cabrera, Girl with a Blue Rebozo / *Muchacha de rebozo azul,* ca. 1922 Reverse side, female nude / *Reverso, desnudo femenino*
encaustic on canvas / *encáustica sobre tela* 27 9/16" x 23 1/32" (70 x 58.5 cm) Tomás Zurián Collection

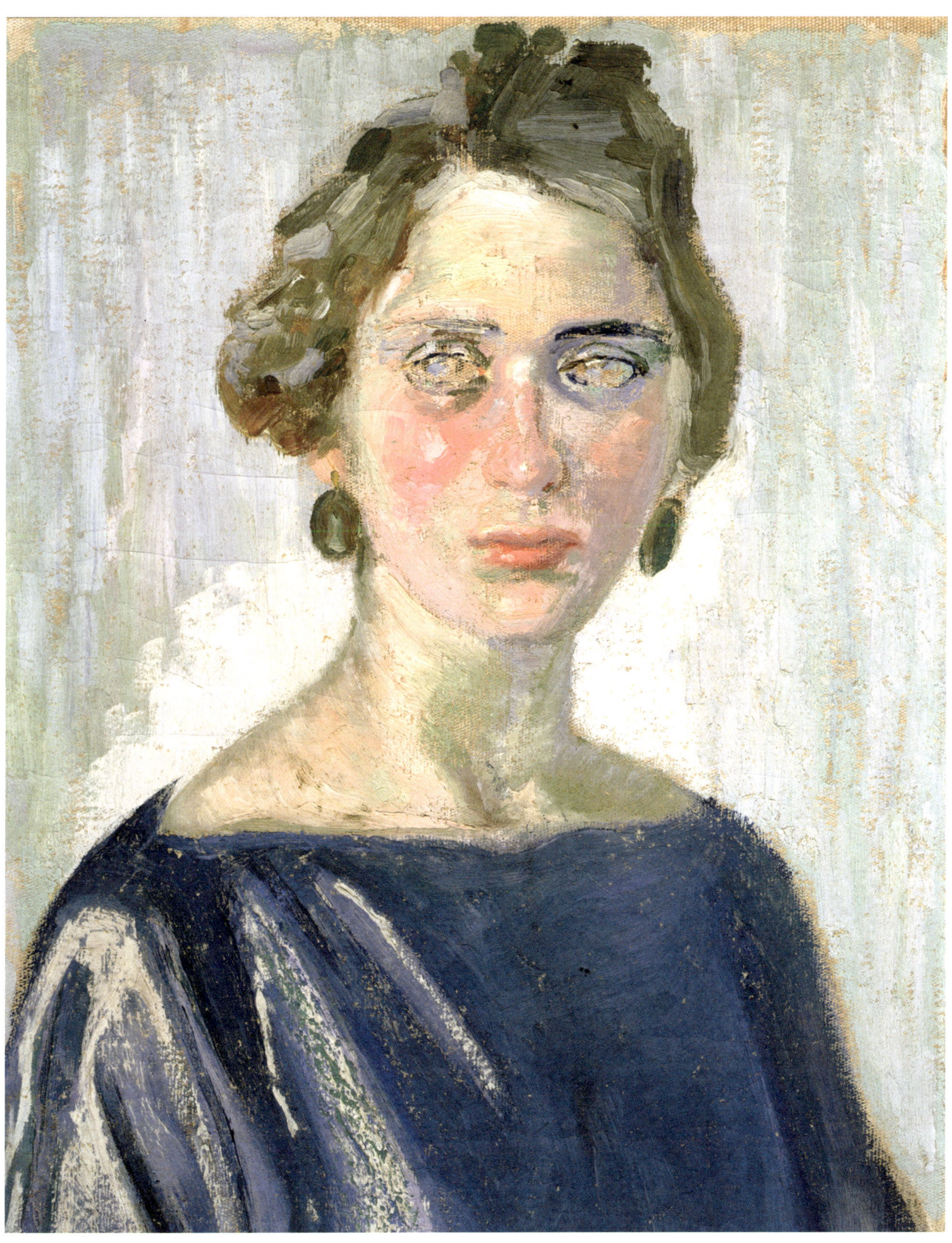

17.*
Rosario Cabrera, *Nahui Olin*, ca. 1922 oil on canvas mounted on particle board / *óleo sobre tela montada en fibracel* 17 15/16" x 13 31/32" (45.5 x 35.5 cm) Tomás Zurián Collection

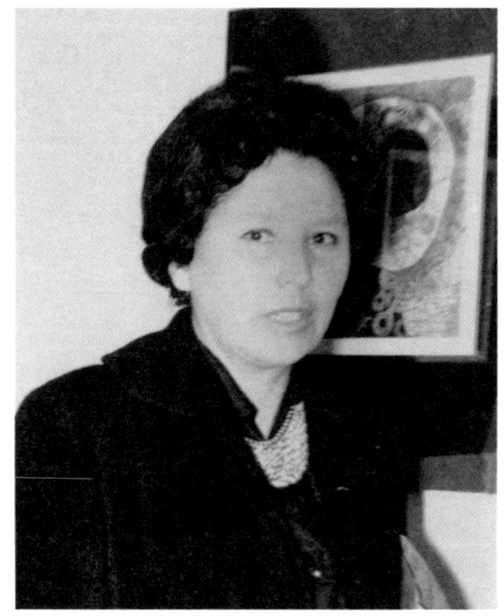

Anonymous. Col. Octavio Bajonero

Celia Calderón

1921-1969, Mexico / *México*

Celia Calderón de la Barca Olvera was born in Mexico City. In 1942, she began studying at the Escuela Nacional de Artes Plásticas. She is best known for her graphic works, paintings, and watercolors. Her teacher, Julio Castellanos, who was also a painter, later became her partner. His influence would always continue to be present in her work. Calderón continued her studies when she received a scholarship to the Escuela de Artes del Libro. In 1947, she became a founding member of the Mexican Society of Printmakers. In 1950, she received a scholarship from the British Counsel and was able to enroll in the Slade School of Art in London, where she studied for a year. By 1952, she was an active participant in the Taller de Gráfica Popular. In 1957, she was invited by the Soviet Union to travel to China and study at the Center for Artists in Beijing. These two experiences greatly influenced Calderón's work. Her first solo exhibition was in 1951 and she, subsequently, exhibited collectively and individually in Mexico, the United States, Canada, South America, and numerous countries in Europe. Calderón worked in a variety of media including painting, prints made from wood and metal, linoleum, lithography, and intaglio. Her work is dynamic and powerful. Calderón also went on to become a teacher at the Escuela Nacional de Artes Plásticas (Academia de San Carlos). Calderón decided to end her life in her classroom.

Celia Calderón de la Barca Olvera nació en la ciudad de México. Ingresó a la Escuela Nacional de Artes Plásticas en 1942. Es conocida por su obra gráfica y también por ser una destacada pintora y acuarelista. El pintor Julio Castellanos fue su maestro y después su compañero sentimental. Siempre estaría presente la influencia de Castellanos en su obra. Celia Calderón recibió una beca para continuar sus estudios en la Escuela de Artes del Libro. En 1947 fue miembro fundador de la Sociedad Mexicana de Grabadores. En 1950 fue becada por el Consejo Británico por lo que se inscribió en la Slade School of Art en Londres donde estudió por un año. Desde 1952 participó en el Taller de Gráfica Popular y para 1957 había sido invitada por el gobierno de la URSS a viajar por China y estudiar en el Centro de Artistas de Pekín. Estas dos últimas experiencias tendrían gran influencia en su obra. Su primera exhibición individual fue en 1951, participando luego en exhibiciones individuales y colectivas en: México, Estados Unidos, Canadá, América del Sur y varios países de Europa. Trabajó la pintura, el grabado en madera y metal, así como el linóleo, la litografía y el intaglio. Su obra es sólida y vigorosa. Fue maestra en la Escuela Nacional de Artes Plásticas, (Academia de San Carlos). Un día en su salón de clases, decidió terminar con su vida.

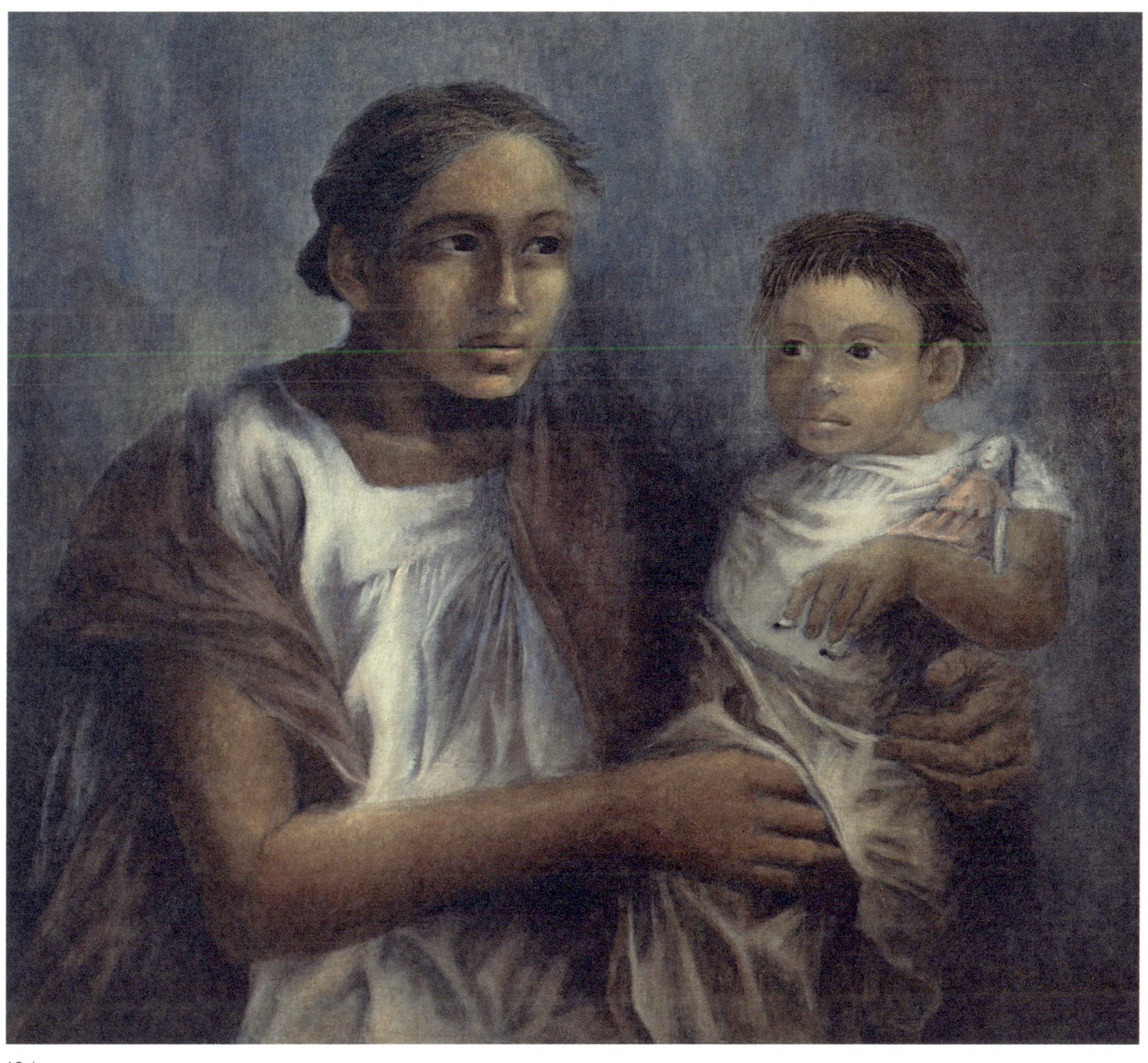

18.*
Celia Calderón, The Doll / *La muñeca*, 1966 oil on canvas / *óleo sobre tela* 39 3/8" x 43 1/4" (100 x 110 cm) Andrés Blaisten Collection

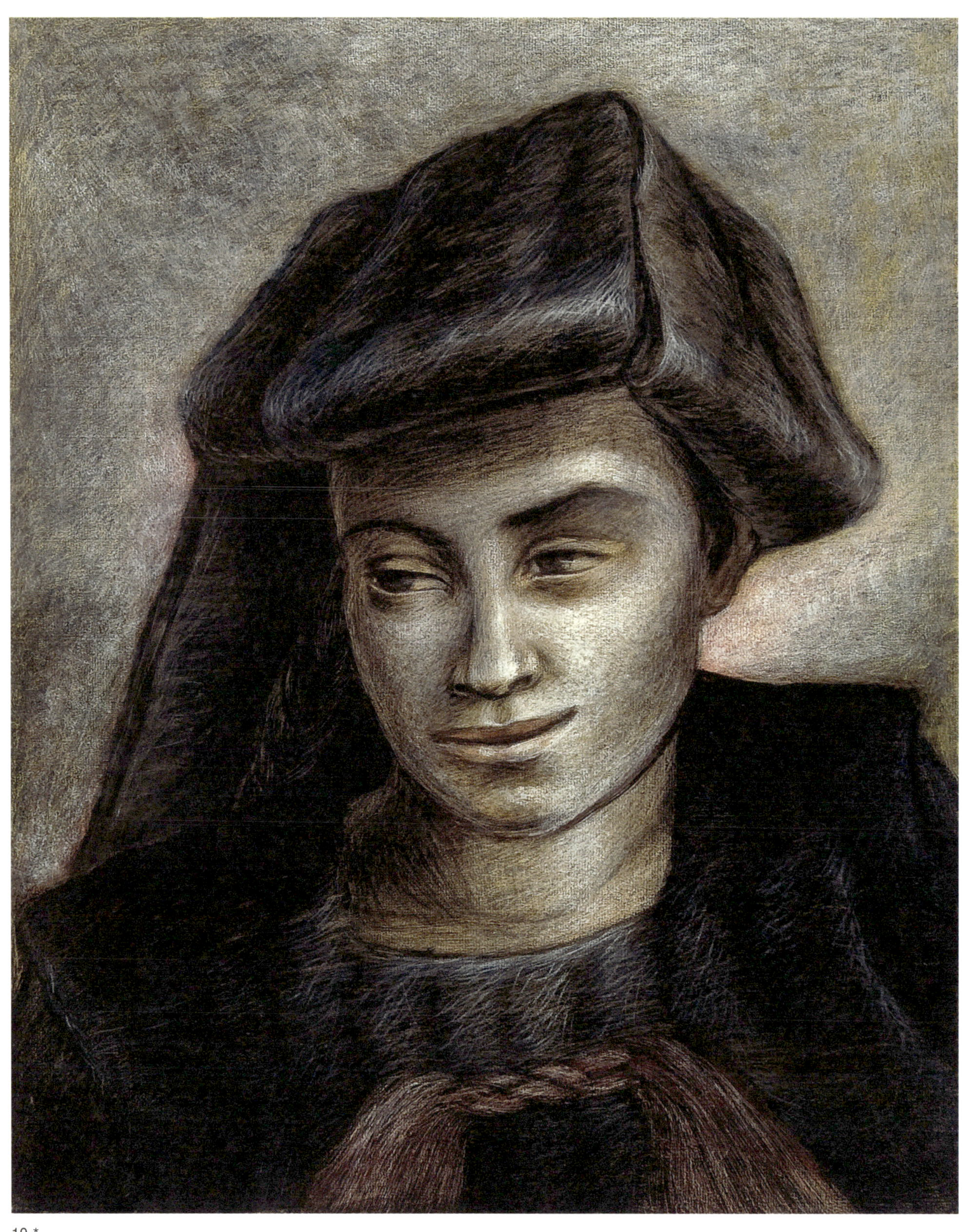

19.*
Celia Calderón, Chamula Woman / *Mujer Chamula, ca.* 1968 pastel on paper / *pastel sobre papel* 24 1/2" x 19" (62 x 48 cm)
Carlos González Jiménez Collection

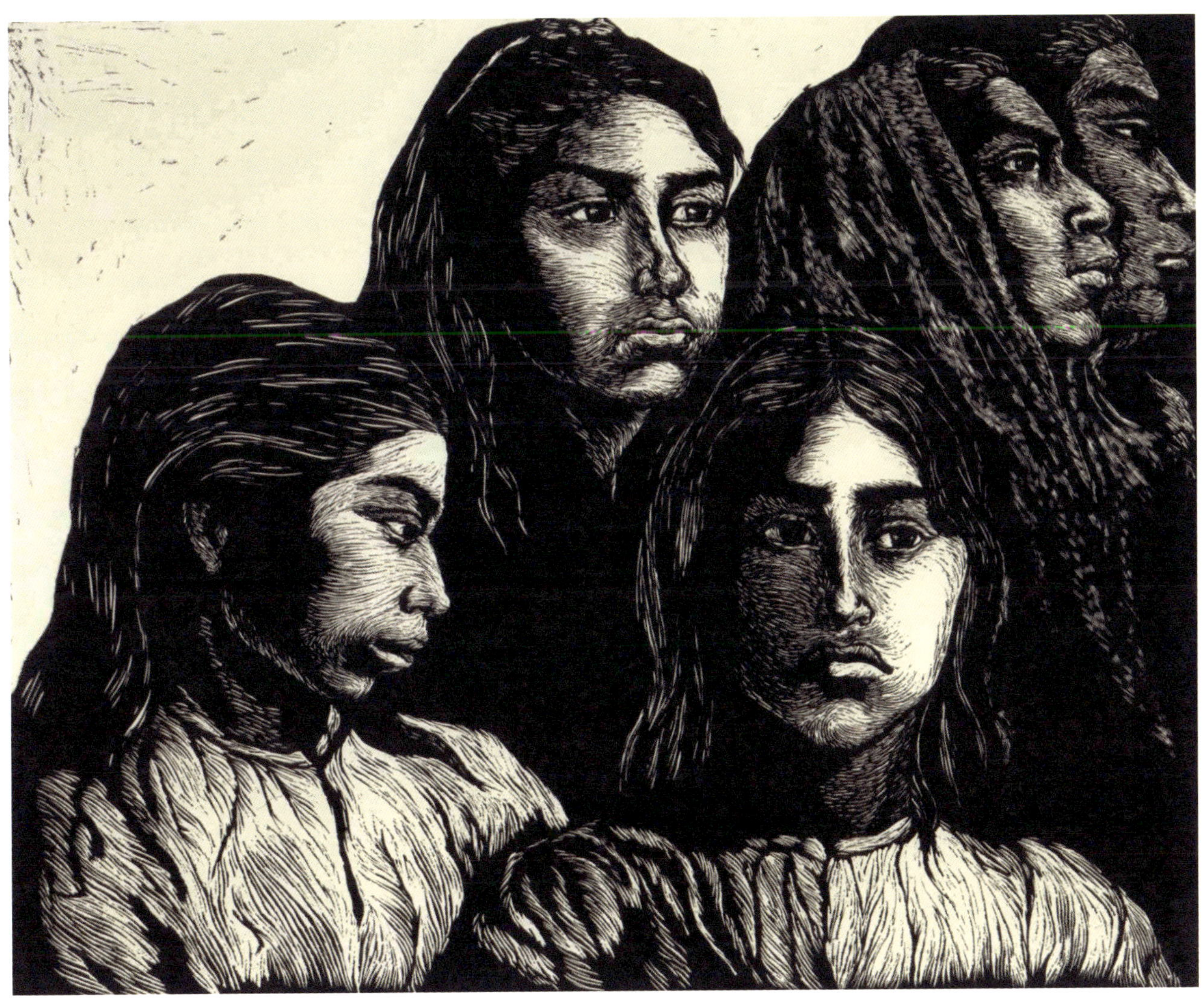

20.
Celia Calderón, Five women / *Cinco mujeres*, n.d. / s.f. Linocut / *linóleo*, n.n. 19 3/4" x 25 3/4" (48.2 x 63.5 cm) (paper size)
National Museum of Mexican Art Permanent Collection, 1999.340, Gift of the Rogovin Family

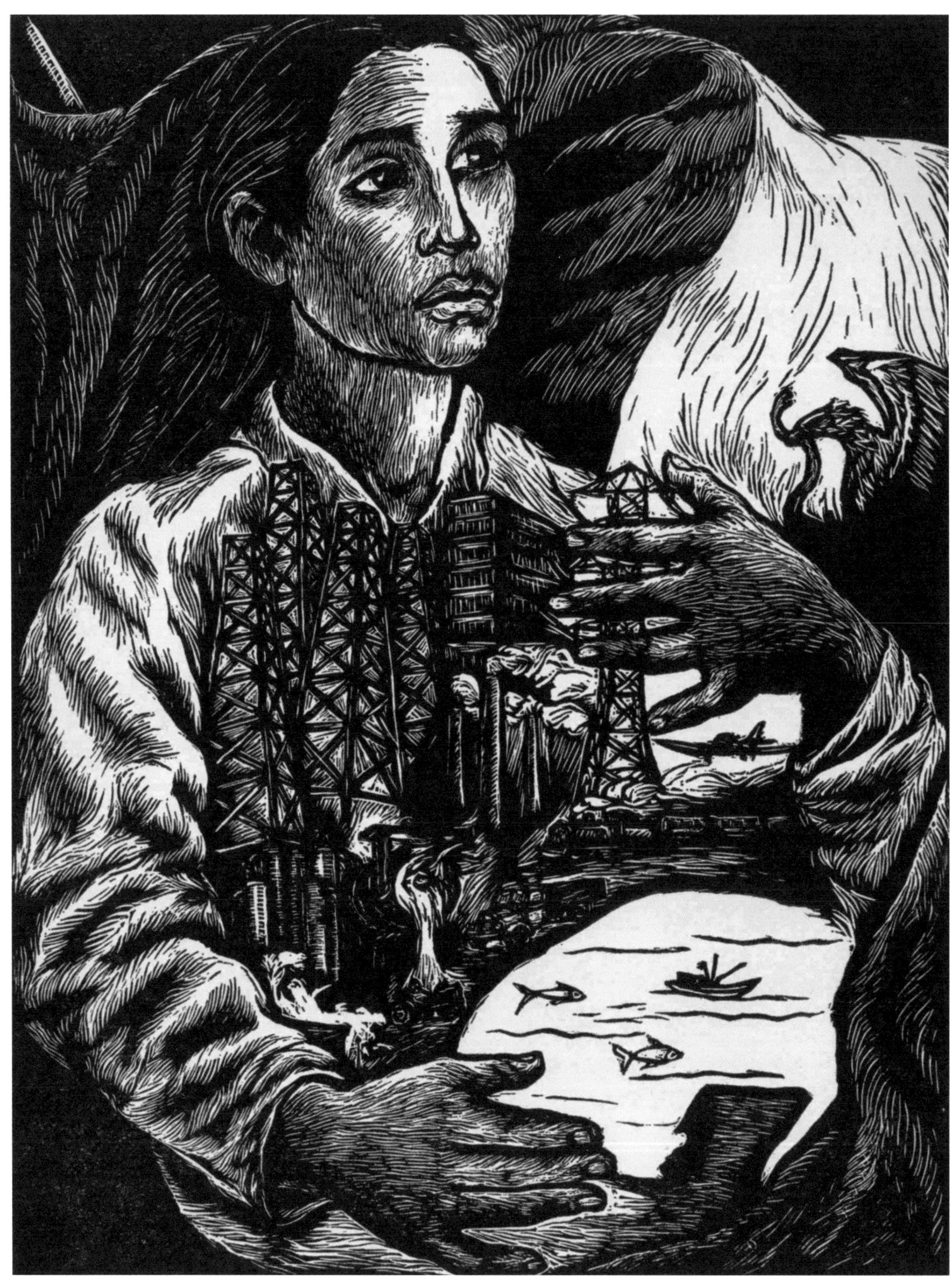

21.
Celia Calderón, Mexico, Master of All its Resources (from the "450 Years of Struggle: Homage to the Mexican Pueblo" Portfolio) / *México, dueño de todos sus recursos (del portafolio "450 Años de lucha: homenaje al pueblo mexicano")*, 1960 reproduction from original linocut / *reproducción del linóleo original*, n.n. 15 3/4" x 10 5/8" (38.1 x 25.4 cm.) (paper size), National Museum of Mexican Art Permanent Collection, 1998.36.144, Anonymous Gift

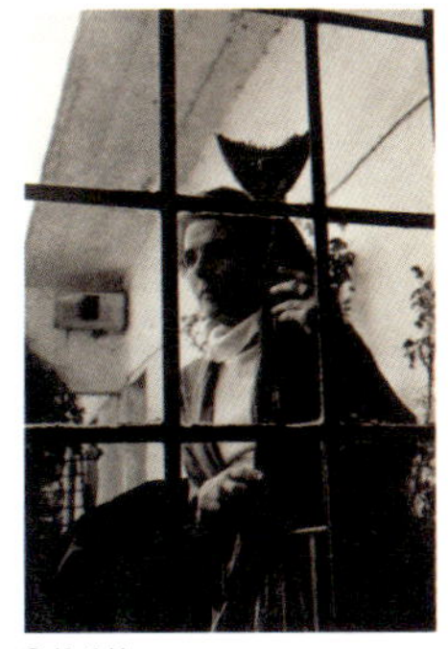

© Kati Horna

Leonora Carrington

1917, England / *Inglaterra*

Leonora Carrington was born in Clayton Green, Lancashire County, England, into an affluent family. At the age of nine she was sent to the first of two Catholic schools that she would attend, and subsequently be expelled from. Nonetheless, the lives and mystical experiences of Catholic saints captivated her. Carrington enrolled in art school in 1936, determined to study art and rebelling against her parents' wishes. Shortly thereafter she met Max Ernst, a painter famous for his participation in the Surrealist Movement. In 1937, they moved to Paris together. In the years that followed, Carrington dedicated her life to painting, writing, and sculpting, and exhibited in the International Surrealism Exhibition in France, Amsterdam, and Holland. When the War broke out, Ernst was incarcerated, leading to terrible moments for Leonora, who was shut away in a clinic. She escaped and sought the help of the writer and diplomat, Renato Leduc. In 1941, she married Leduc in order to flee. Because of Leduc's work, the two moved to New York where they remained for one year. While in New York, Carrington frequently met with a group of exiled surrealists. In 1943, the couple traveled to Mexico where Carrington and Leduc decided to divorce. Some years later, Carrington married Chiki Weisz, a Hungarian photographer, with whom she had two children. In Mexico, Carrington was a member of a group of refugee artists that included: Kati and José Horna, Remedios Varo and Benjamín Péret, Luis Buñuel, Alice Rahon, and Wolfgang Paalen, among numerous others. Carrington also published numerous written works including *La Dame Ovale*, *Down Below*, and plays such as *Penélope* and *Une chemise de nuit en flanelle*. In 1948, she held her first solo exhibition in New York. To this day, Carrington has exhibited her works in many countries including France, the United States, Mexico, Brazil, Germany, England, and Japan. Leonora Carrington continuously searches for those universes that remain unseen by the naked eye, which she has perceived since she was a child and continues to recreate.

Leonora Carrington nació en Clayton Green, condado de Lancashire. Procedente de una familia acomodada, a los nueve años fue enviada a la primera de dos escuelas católicas de las que sería expulsada. Sentía fascinación por las vidas de los santos y por sus experiencias místicas. Decidida a estudiar arte y en contra de los deseos de sus padres, ingresó en 1936 a la escuela de arte. Poco después conoció a Max Ernst quien era ya famoso por ser parte del movimiento surrealista, en 1937 se van juntos a vivir a París. En los siguientes años se dedicó a pintar, escribir y a hacer escultura, exhibiendo en La Exposición Internacional del Surrealismo en Francia y Ámsterdam, Holanda. Al comenzar la guerra Ernst es encarcelado y esto hace que Leonora pase por momentos terribles en donde es recluida en una clínica. Huye y le pide ayuda al escritor y diplomático Renato Leduc. Para ayudarle a huir se casan en 1941. Poco después, y debido al trabajo de Renato se trasladan a Nueva York en donde permanecen un año. Leonora se reunía con frecuencia con el grupo de surrealistas refugiados en esa ciudad. En 1943 llegaron a México en donde Leonora y Renato deciden divorciarse, casándose Leonora años después con el fotógrafo húngaro Chiki Weisz, con quien tuvo dos hijos. En México fue parte del grupo de artistas refugiados con los que se reunía frecuentemente, entre ellos: Kati y José Horna, Remedios Varo y Benjamín Péret, Luís Buñuel, Alice Rahon y Wolfgang Paalen entre otros. Entre sus publicaciones se encuentran "La dame ovale", "Down Below", las obras de teatro "Penélope" y "Une chemise de nuit en flanelle". En 1948 realizó su primera exhibición individual en Nueva York. Hasta el día de hoy ha exhibido su obra en países como Francia, Estados Unidos, México, Brasil, Alemania, Inglaterra y Japón. Leonora Carrington siempre ha estado en busca de esos mundos que no se pueden ver a simple vista, pero que ella percibió desde niña y los cuales ha recreado hasta el presente.

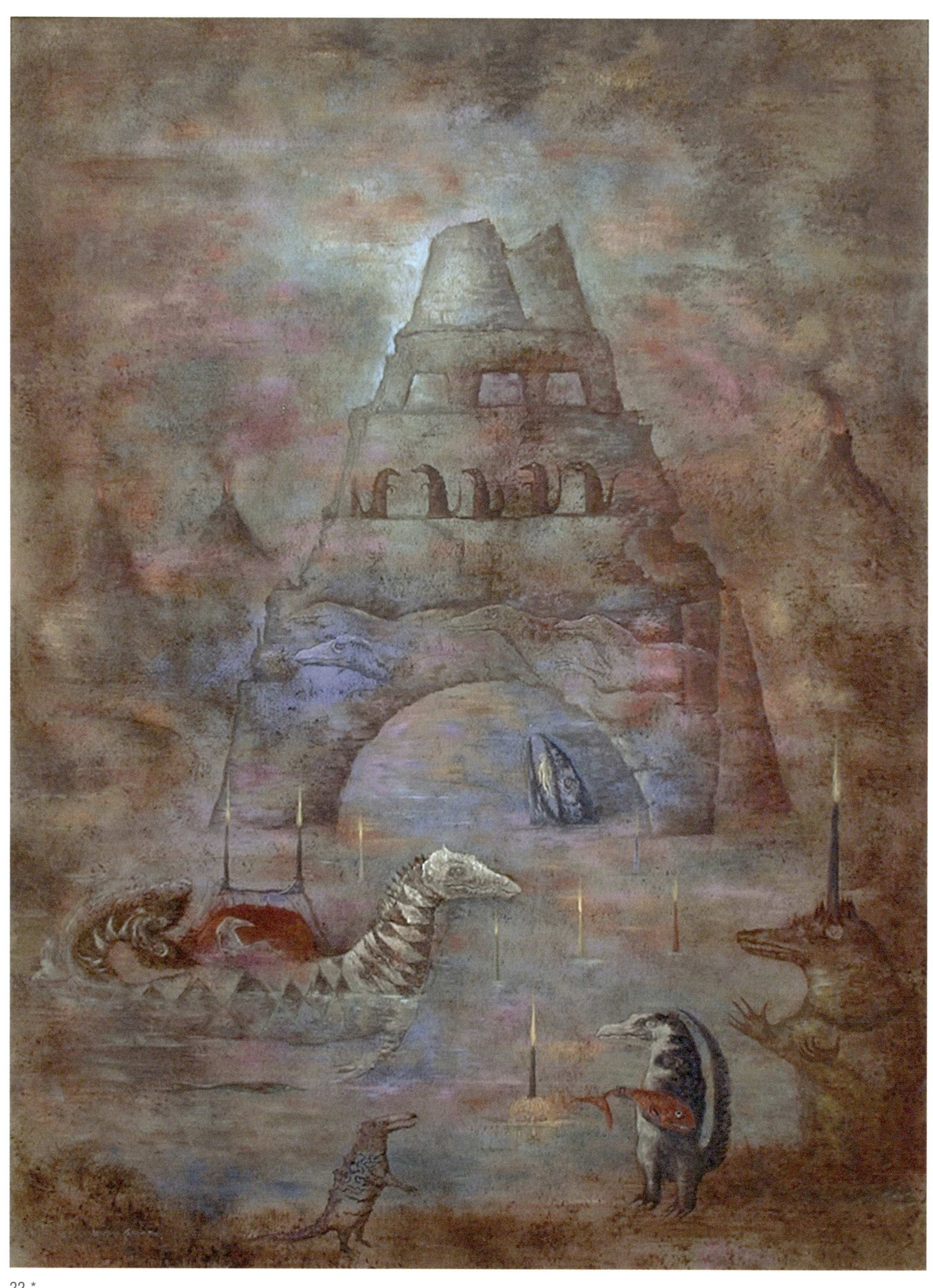

22.*
Leonora Carrington, Tower of Nagas / *Torre de Nagas*, 1991 oil on canvas / *óleo sobre tela* 44 1/8" x 31 7/8" (112 x 81 cm)
Courtesy of Galería de Arte Mexicano

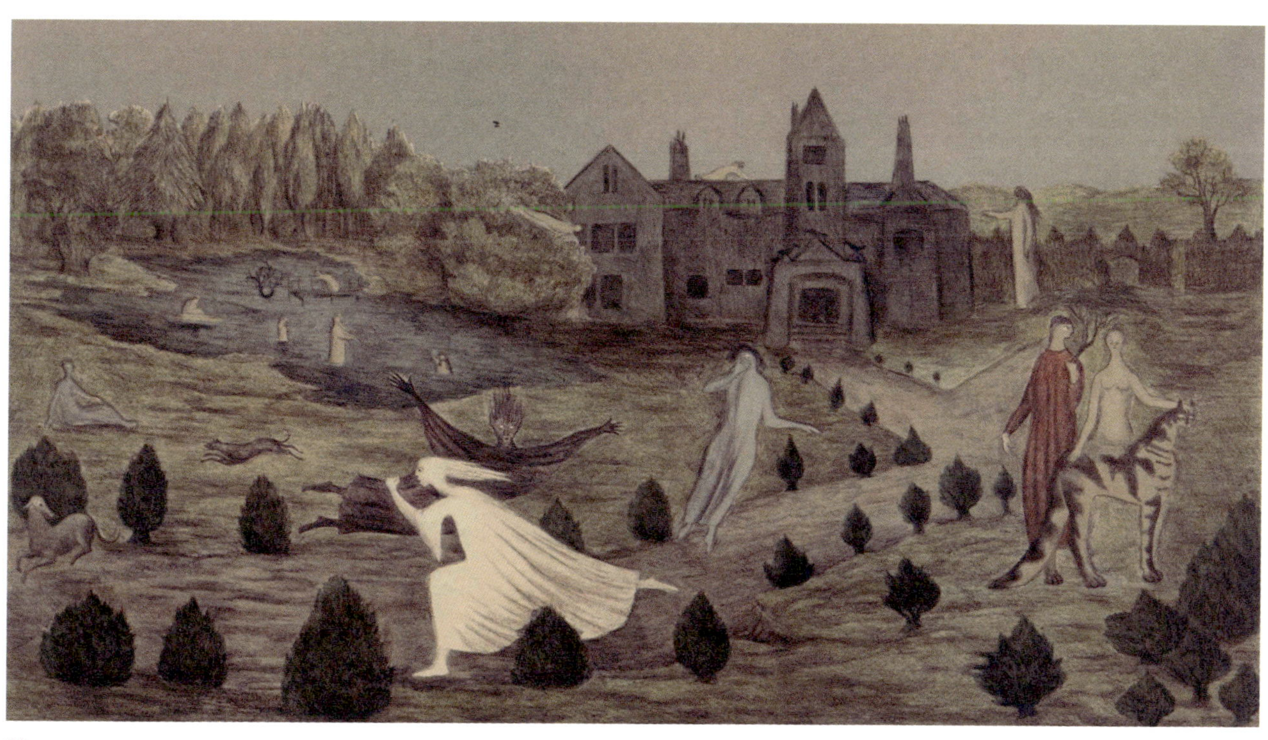

23.
Leonora Carrington, Crookhey Hall, 1987 lithograph / *litografía* 13/50 24" x 35 7/8" (60.9 x 88.9 cm) (paper size)
National Museum of Mexican Art Permanent Collection, 1991.221 Anonymous Gift

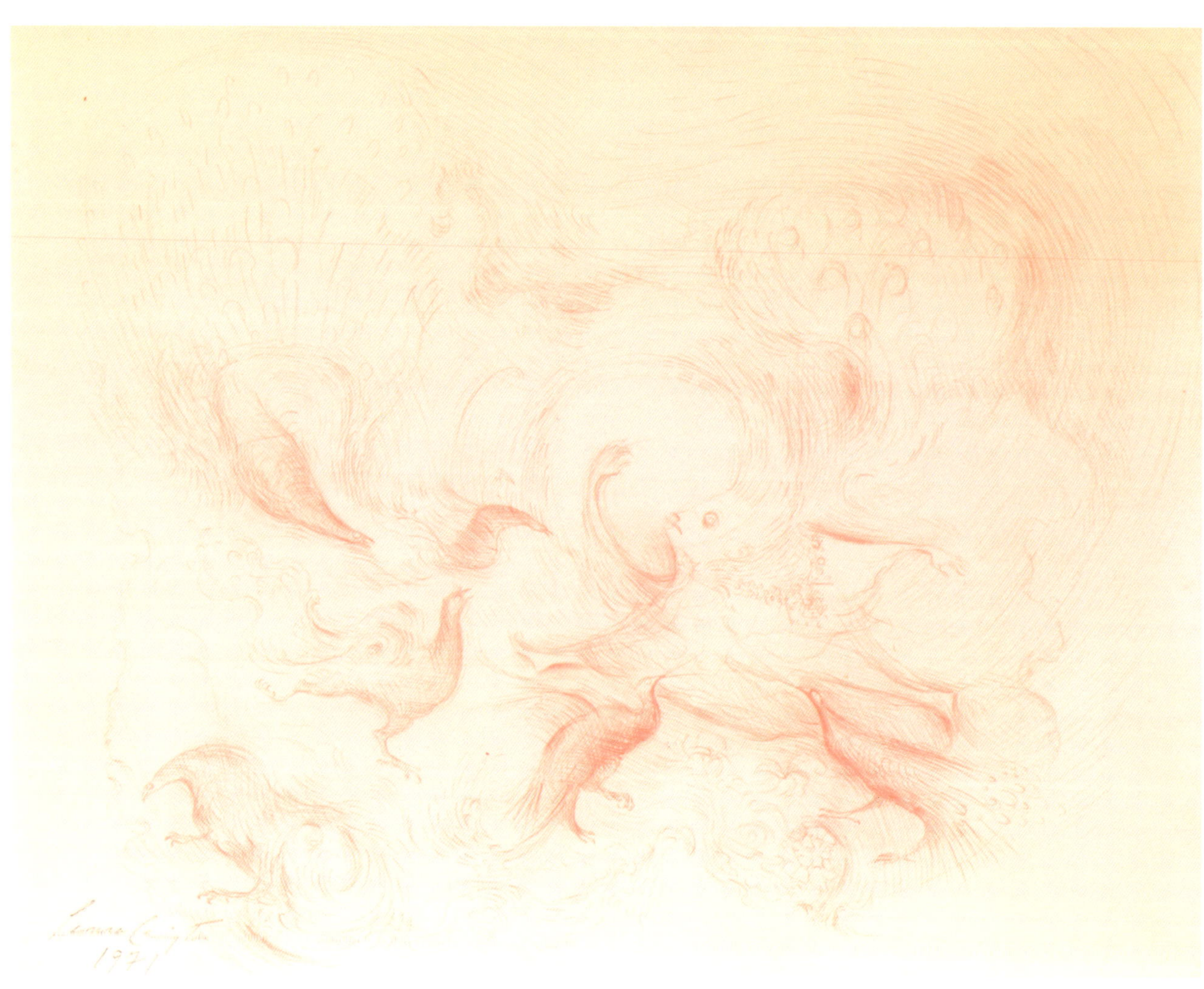

24.
Leonora Carrington, The Peacocks of Chen / *Los pavo reales de Chen*, 1971 pencil on paper / *lápiz sobre papel* 18 1/2" x 22 7/16" (45.7 x 55.8 cm) Private Collection

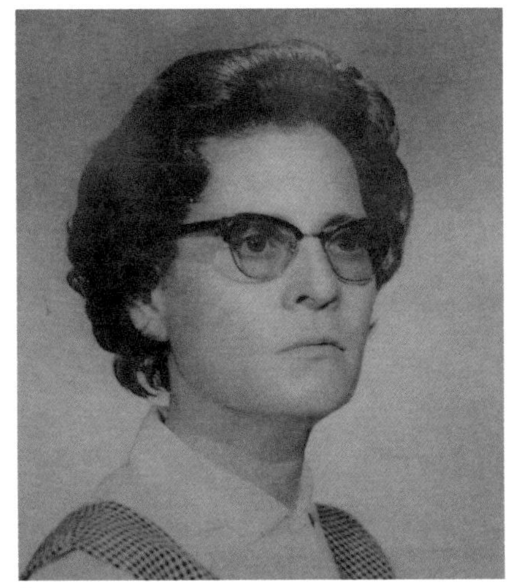
Anonymous

Rosa Castillo Santiago

1910-1989, Mexico / *México*

Rosa Castillo Santiago was born in Guachinango, Jalisco, Mexico, in 1910. In 1944 she entered the Escuela de Bellas Artes, La Esmeralda and studied under numerous great artists including Federico Cantú, Alfredo Zalce, Luís Ortiz Monasterio, and Francisco Zúñiga. In 1946 Castillo began teaching at La Esmeralda, and would continue to teach for many years. In 1949 she participated in the third International Sculpture Exhibition at the Philadelphia Museum of Art. Castillo was one of a group of teachers that founded the Talleres de Artesanías in the Ciudadela, where she taught ceramics. In 1958 she collaborated with sculptor Francisco Zúñiga on his sculptures for the Instituto Mexicano del Seguro Social. For her work as a sculptor, Castillo received several awards: El Premio de Adquisición from the Salón de la Plástica Mexicana in 1958; the Diploma and First Prize in the First Bi-annual National Sculpture Exposition for her work "La Venta". "La Venta" would later be acquired for the permanent collection of the Museo de Arte Moderno in 1962. Castillo was given the Diploma in the first exhibition of the Salón de Pintura y Escultura Contemporánea of Jalisco, where two of her sculptures were bought for the permanent collection of the Museo de Guadalajara in 1964. She received the Illustrious Sculptor Prize awarded by the government of the State of Guadalajara, and later the Prize and Acquisition by the Instituto de Artes Mexicanas for her work "Cabeza de Niño Chamula". Since 1948 Castillo participated in many exhibitions in Mexico, the United States, and Argentina. Her style is figurative and profoundly nationalist.

Rosa Castillo Santiago nació en el Municipio de Guachinango, Jalisco. En 1944 ingresó a la escuela de arte La Esmeralda en donde tuvo como maestros a: Federico Cantú, Alfredo Zalce, Luís Ortiz Monasterio y Francisco Zúñiga entre otros. En 1946 inició su cátedra como maestra de la misma escuela, dedicándose a la docencia por muchos años. En 1949 participó en la III Sculpture International en el Philadelphia Museum of Art. Rosa Castillo fue parte del grupo de profesores fundadores de los Talleres de Artesanías en la Ciudadela, en donde impartió clases de cerámica. En 1958 colaboró con el escultor Francisco Zúñiga en las esculturas creadas para el Instituto Mexicano del Seguro Social. Recibió varios premios por su trabajo escultórico, entre ellos: el Premio de Adquisición del Salón de la Plástica Mexicana en 1958; diploma y Primer premio en la 1ra Bienal Nacional de Escultura por su obra " La venta", la cual fue adquirida para la Colección del Museo de Arte Moderno en 1962; diploma en el Primer Salón de Pintura y Escultura Contemporánea Jalisciense, donde dos de sus esculturas fueron adquiridas para la Colección del Museo de Guadalajara en 1964; presea como Escultora Ilustre que le otorgó el Gobierno de Guadalajara; premio y adquisición del Instituto de Arte Mexicano en 1965 por su obra "Cabeza de niño Chamula". Desde 1948 Rosa Castillo participó en diferentes exhibiciones colectivas en México, Estados Unidos y Argentina. Su obra es fuerte, sólida, figurativa y nacionalista.

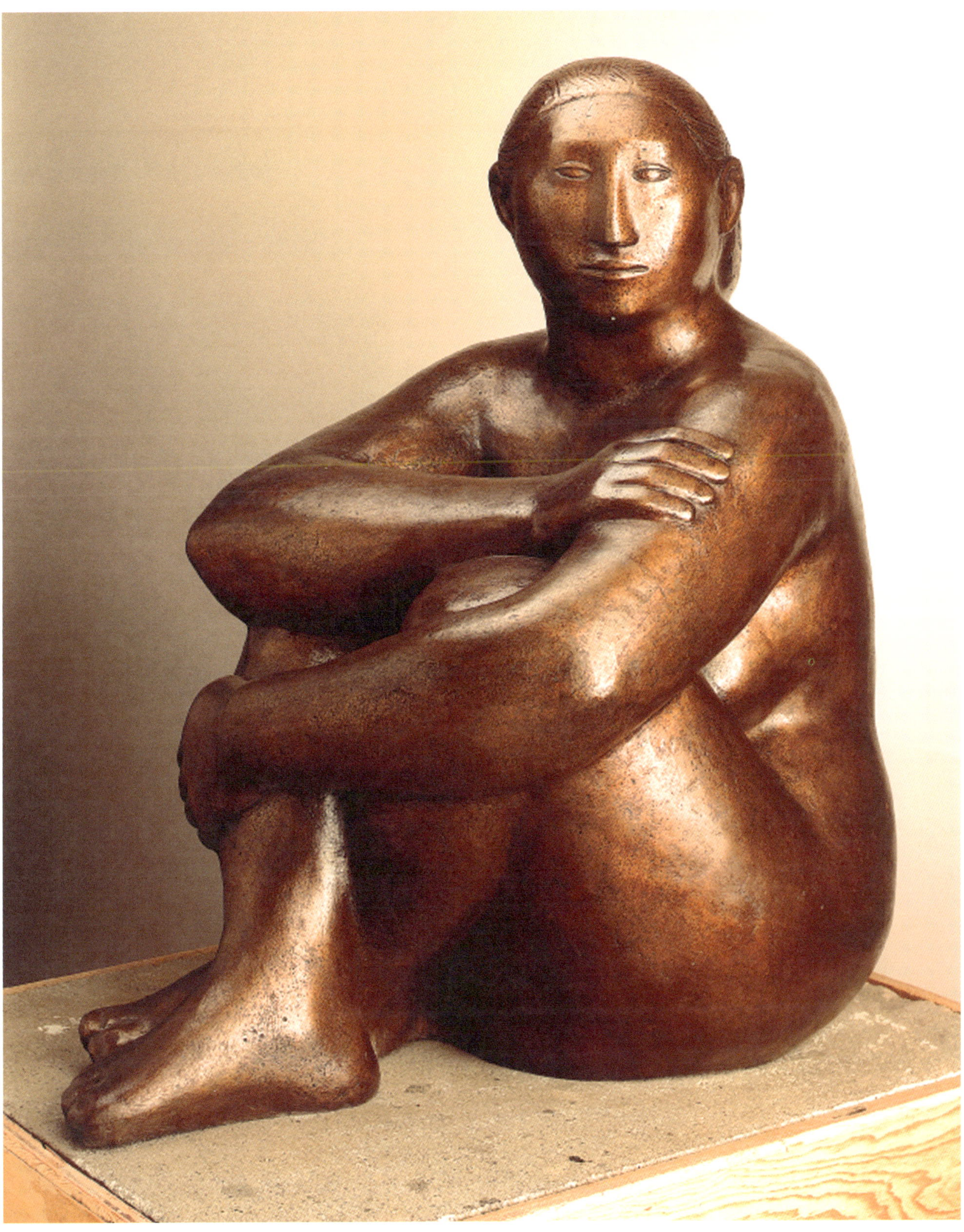

25.*
Rosa Castillo, Seated woman / *Mujer sentada*, 1961   bronze / *bronce*   29" x 23 3/8" x 17 3/4" (73.5 x 59.5 x 45 cm)   Ma. de Lourdes Castillo Castillo Collection

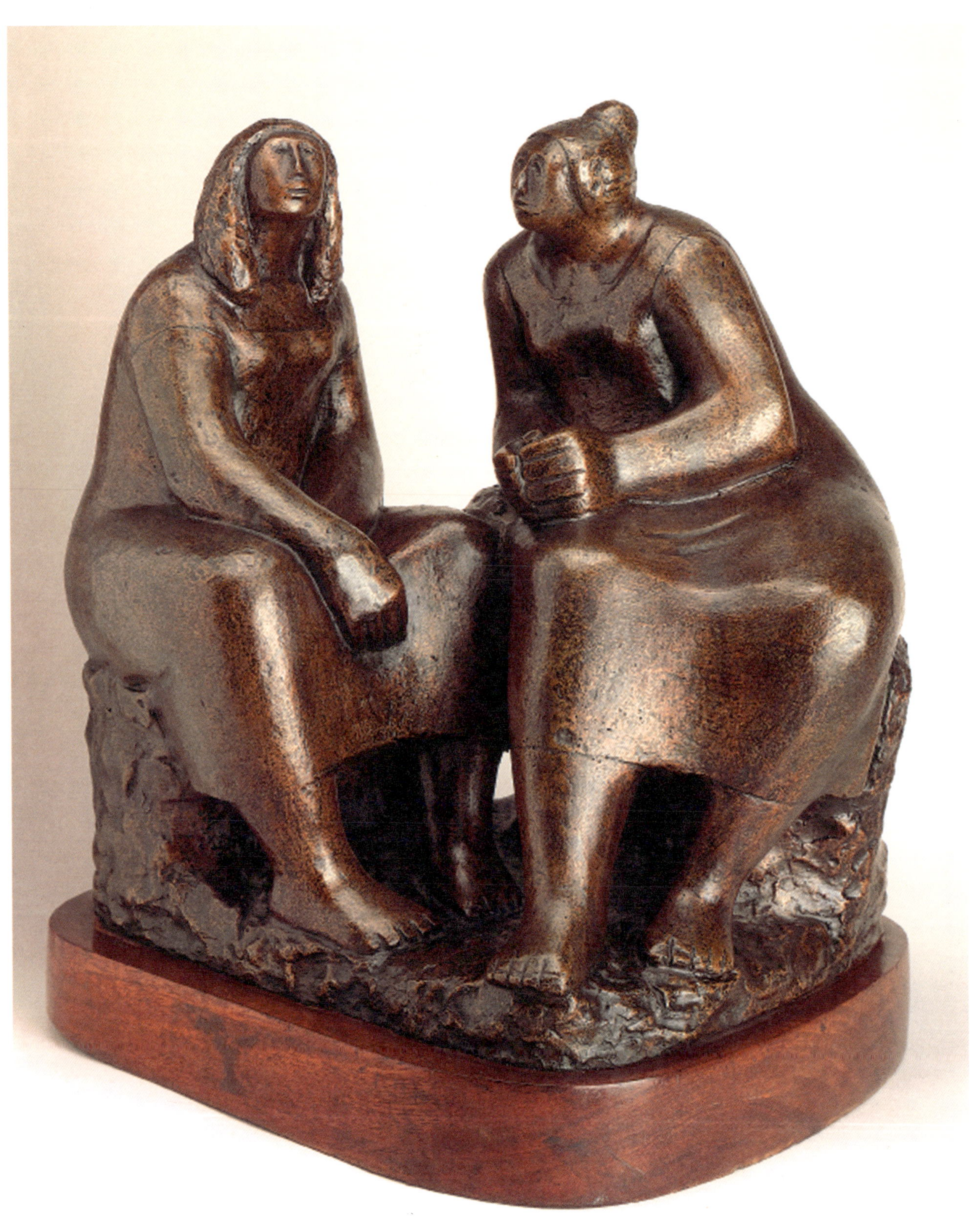

26.*
Rosa Castillo, Two Women Talking / *Dos mujeres conversando*, 1972 bronze / bronce 12" x 10 1/2" x 8" (31 x 27.5 x 20 cm)
Private Collection

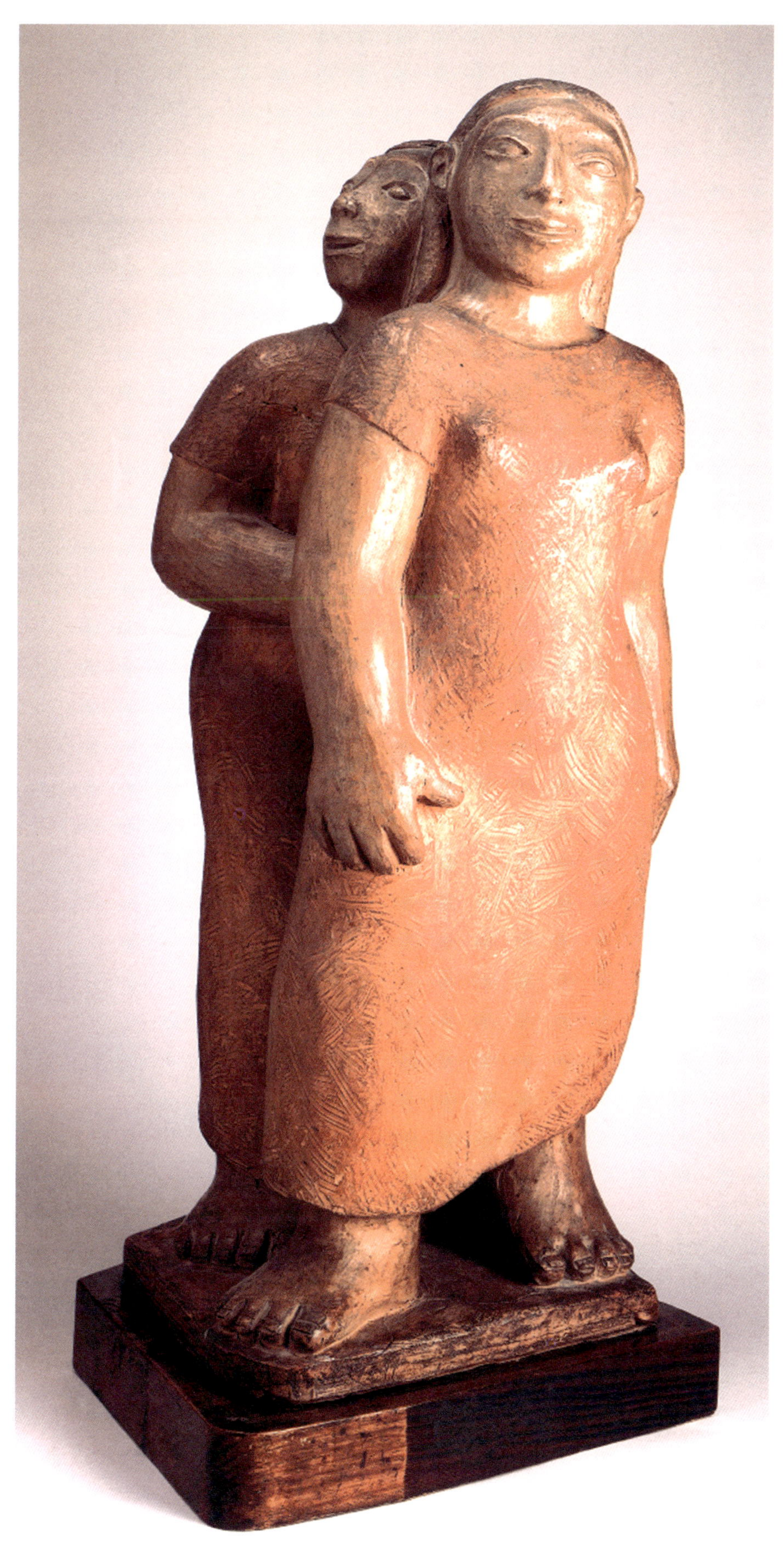

27.*
Rosa Castillo, Two women / *Dos mujeres*, 1957 clay / *barro* 22" x 9" x 11 3/4" (56 x 23 x 30 cm) Lance Aaron and Family Collection

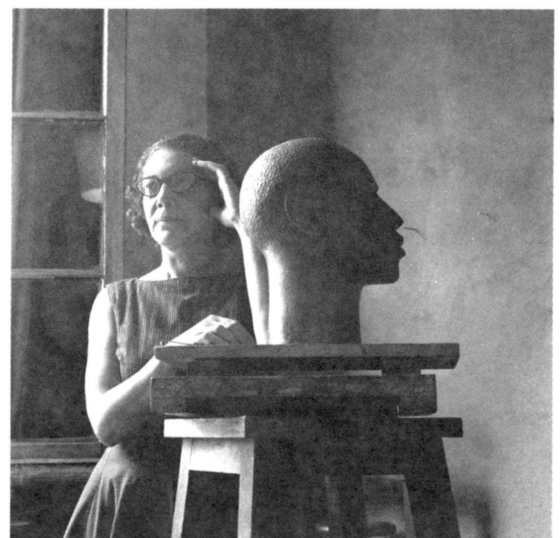

© Mariana Yampolsky

Elizabeth Catlett

1915, United States / *Estados Unidos*

Elizabeth Catlett was born in Washington, D.C. where her mother was a teacher, and her father was a math professor. Catlett's father died shortly before her birth. In 1931, determined to study art, she enrolled at Howard University in Washington. In 1940, she received her first master's degree in sculpture from the University of Iowa. Catlett then continued her studies at the Art Institute of Chicago and at the South Side Community Arts Center. She taught at Dillard University in New Orleans, and later in New York at the George Washington Carver School. In 1946, she arrived in Mexico with a scholarship to study at the Escuela de Artes Plásticas La Esmeralda. She also became a member of the Taller de Gráfica Popular, where she remained until 1966. There, she met the man that would become her second husband and the father of her three children, Francisco Mora. She left the U.S. at a time when McCarthyism was at its peak. In her work, Catlett has always exhibited her interest in the advancement of social justice and the rights of black and Mexican women. Her work continues to reflect the strength of these women, and her images have become the voice of those that have been silenced in the struggle. As she likes to put it, "Art is important only to the extent to which it helps in the liberation of our people."

Elizabeth Catlett nació en Washington, D.C. Hija de un profesor de matemáticas, -quien murió poco antes de su nacimiento- y de una maestra. En 1931 decidida a estudiar arte se inscribió en la Universidad Howard en Washington, y en la Universidad de Iowa recibió en 1940 el primer título de maestría en escultura. De ahí pasó al Instituto de Arte de Chicago y al South Side Community Arts Center. Fue profesora en la Universidad Dillard de Nueva Orleáns y en Nueva York enseñó en el George Washington Carver School. En 1946 llegó becada a México en donde estudió en la Escuela de Artes Plásticas La Esmeralda, integrándose también al Taller de Gráfica Popular, en donde permaneció hasta 1966. Allí conoció al que sería su segundo esposo, el artista Francisco Mora con quien tiene tres hijos. Elizabeth Catlett salió de los Estados Unidos justo en el momento en que la época de MacArtur estaba en todo su apogeo. A través de su obra, Elizabeth Catlett siempre ha mostrado su interés por la justicia social y los derechos de la mujer negra y mexicana. Su obra siempre ha reflejado la fuerza de su lucha y sus imágenes son la voz de los sin voz. Y como ella lo expresa: " el arte es importante solamente en la medida en que ayuda en la liberación de nuestra gente".

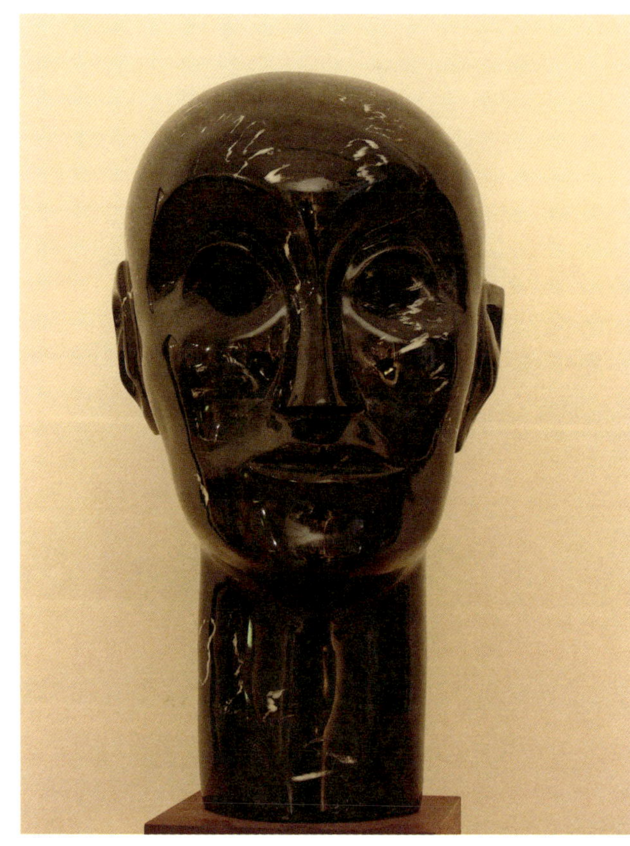

28.*
Elizabeth Catlett
Head of Man
Cabeza de hombre, 1992
black marble / *mármol negro*
signed and dated, EC
19" x 11" x 11 1/2"
(48.2 x 27.9 x 29.2 cm)
Courtesy of June Kelly Gallery, New York

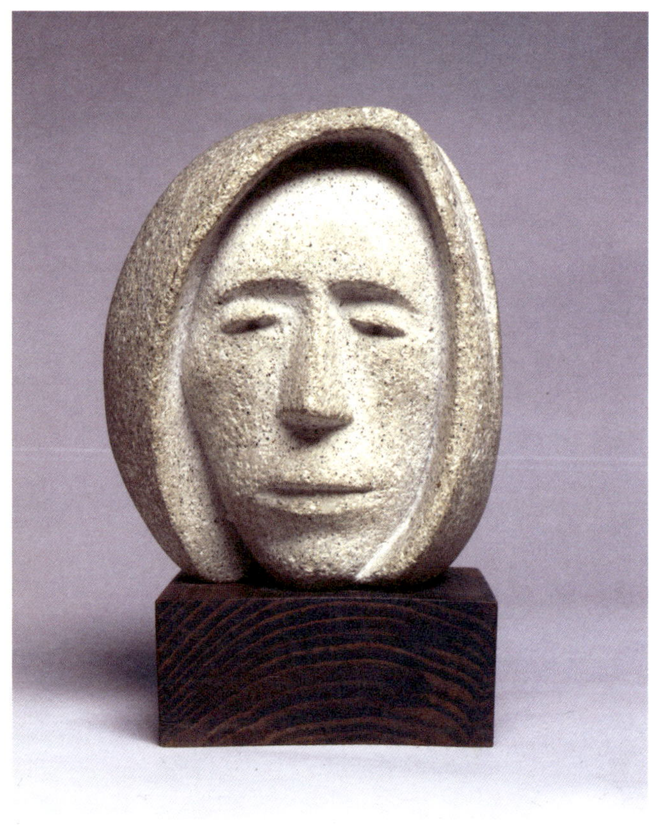

29.
Elizabeth Catlett
Untitled / *Sin título*, 1961
carving on stone / *talla en piedra*
6 1/4" x 5 1/2" x 4 1/2"
(15.2 x 12.7 x 10.1 cm)
Charles-Gene McDaniel Collection

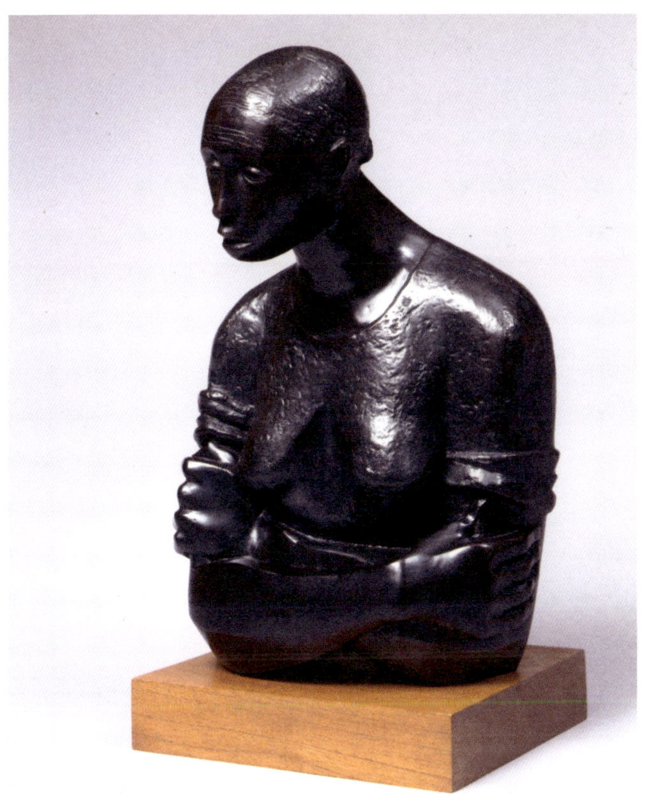

30.
Elizabeth Catlett
Pensive / *Pensativa*, 1946
bronze / *bronce*
16 3/4" x 10 1/2" x 7" (40.6 x 25.4 x 17.7 cm)
Isobel Neal Collection

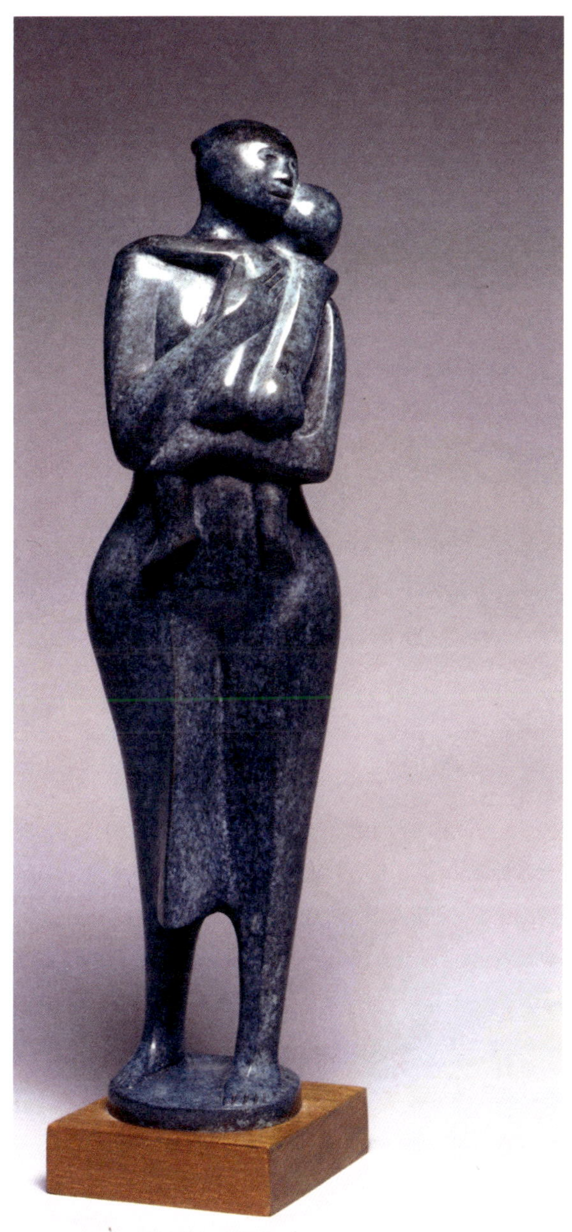

31.
Elizabeth Catlett
Mother and Child / *Madre e hijo*, n.d. / s.f.
bronze / *bronce*
16" x 5" x 3" (40.6 x 12.7 x 7.6 cm)
Langdon and Isobel Neal Collection

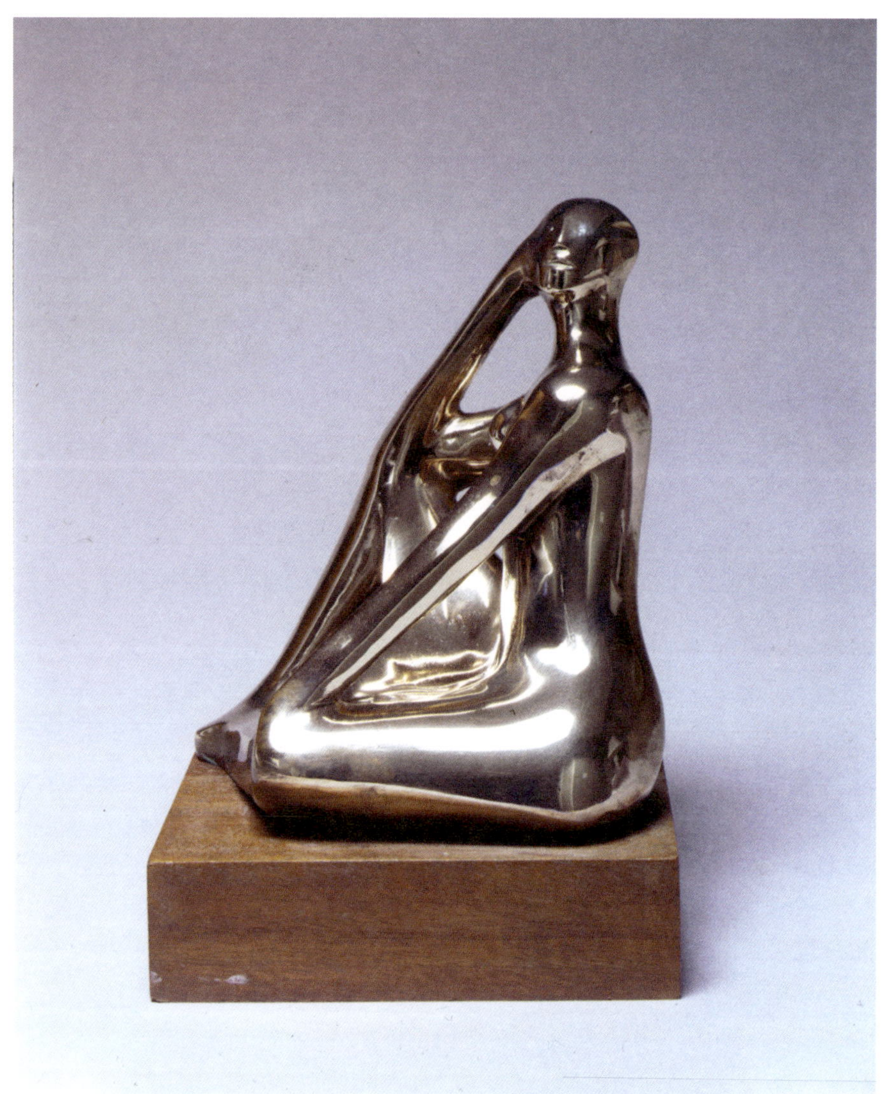

32.
Elizabeth Catlett
Seated Figure / *Figura sentada,* n.d / s.f.
bronze / *bronce*
9" x 5" x 6 3/4" (22.8 x 12.7 x 15.2 cm)
Private Collection

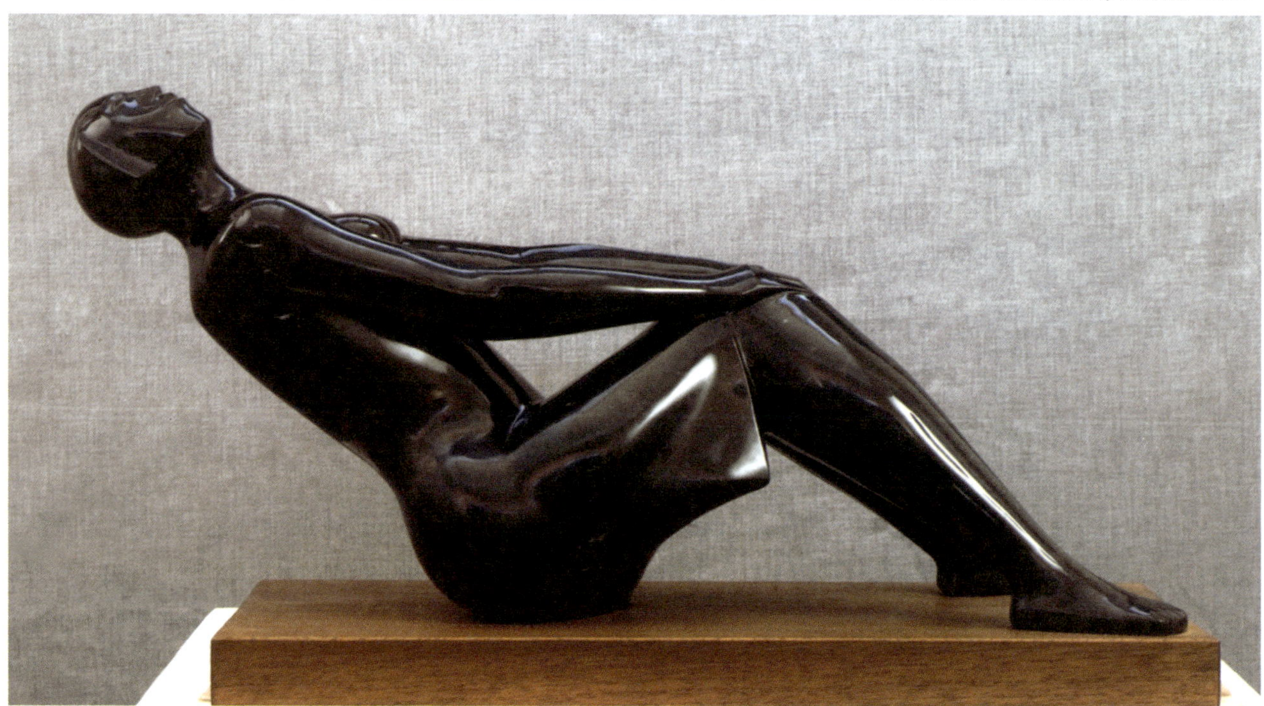

33.*
Elizabeth Catlett, Reclined Woman / *Mujer reclinada,* 2004 black marble / *mármol negro* 15 1/2" x 33" x 12" (39.4 x 83.85 x 30.5 cm)
Courtesy of the Artist

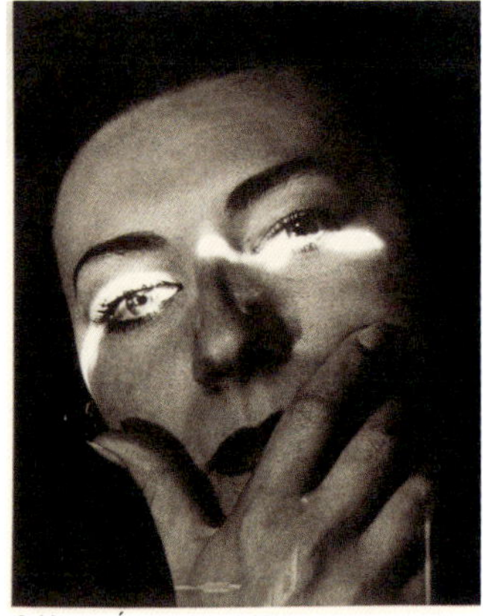

Olga Costa

Olga Kostakowsky
1913, Germany / *Alemania*
1993, Mexico / *México*

Olga Costa arrived in Mexico at the age of twelve. Costa's Russian parents fled their country in a time when Russian Jews were being persecuted. They established themselves in Germany, where Olga was born. In Germany, Olga's father, Jacobo Kostakowsky, was imprisoned several times for his political views, which led to their migration to Mexico in 1925. Kostakowsky, was a violinist, composer, and an orchestra director. He instilled a love for music in Olga, and encouraged her to study singing and piano, and to participate in the school chorus of the Colegio Alemán. In 1933, Olga enrolled in the Academia de San Carlos, which she withdrew from a short time later. It was there that she met the man that would become her husband, the artist, José Chávez Morado. Three years later, she resumed her interest in the visual arts. On several occasions she exhibited work in the Galería de Arte Mexicano, which Carolina Amor founded in 1935, and Inés Amor later directed. Olga became the director of the Galería Espiral, which she founded with a group of artists who included: Angelina Beloff, Gabriel Fernández Ledesma, Germán Cueto, Francisco Zúñiga, and Feliciano Peña. She was also part of the founding group of the Society of Modern Art, and in 1949, of the Salón de la Plástica Mexicana. She also created stage and wardrobe designs for the Waldeen Ballet and several other theatrical productions. Olga Costa is known as one of the most important colorists of Mexico. She always captured what she was feeling and depicted her unique interpretation of reality. Her artistic works include still-life paintings, landscapes, portraits, flowers, and nature. In 1952, she completed a mosaic mural called "Motivos sobre el agua". In 1990, she was given the National Award for Arts and Sciences in the Field of Fine Arts in México.

Olga Costa llegó a México a los doce años de edad. Proveniente de una familia de origen ruso, sus padres salieron huyendo de su país en el tiempo en que los judíos rusos eran perseguidos, estableciéndose en Alemania, país en donde Olga nació. En Alemania su padre fue detenido varias veces por sus ideas políticas, por lo que en 1925 decidieron emigrar a México. Su padre Jacobo Kostakowsky, era violinista, compositor y director de orquesta. Inculcó en Olga el amor por la música, motivándola a estudiar canto, piano y a participar en el coro del Colegio Alemán. En 1933 Olga se inscribió en la Academia de San Carlos, la cual abandonó tiempo después. Es ahí en donde conoció al que sería su esposo, el artista José Chávez Morado. Tres años más tarde, regresó al camino de las artes plásticas. Exhibió en varias ocasiones en la Galería de Arte Mexicano, fundada por Carolina Amor en 1935 y dirigida después por Inés Amor. Junto con un grupo de artistas, entre ellos Angelina Beloff, Gabriel Fernández Ledesma, Germán Cueto, Francisco Zúñiga y Feliciano Peña entre otros fundaron la Galería Espiral, llegando a ser Olga la directora. Fue también parte del grupo fundador de la Sociedad de Arte Moderno y en 1949 del Salón de la Plástica Mexicana. Realizó escenografías y diseños de vestuario para el Ballet Waldeen y para varias producciones teatrales. Olga Costa es conocida como una de las coloristas más importantes de México, plasmó siempre lo que sentía, interpretando la realidad desde su muy particular percepción. Su producción artística comprende: bodegones, paisajes, retratos, flores, y naturalezas. En 1952 realizó un mural en mosaico llamado " Motivos sobre el agua". En 1990 le fue otorgado el premio Nacional de Ciencias y Artes en el Campo de las Bellas Artes.

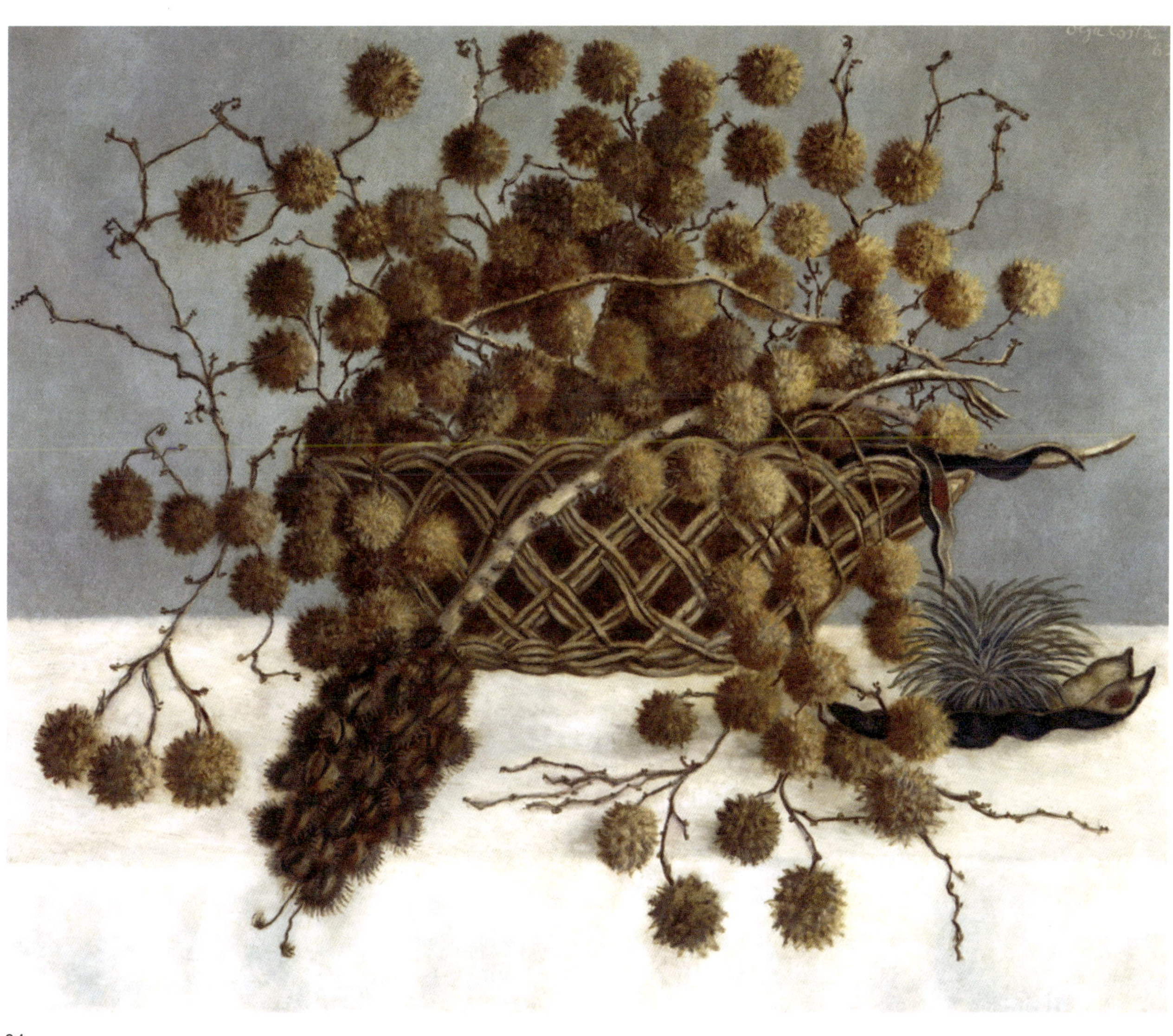

34.
Olga Costa, Dry Flowers / *Flores secas*, 1962 oil on masonite / *óleo sobre masonite* 23 1/4" x 27 1/2" (59 x 70 cm) Andrés Blaisten Collection

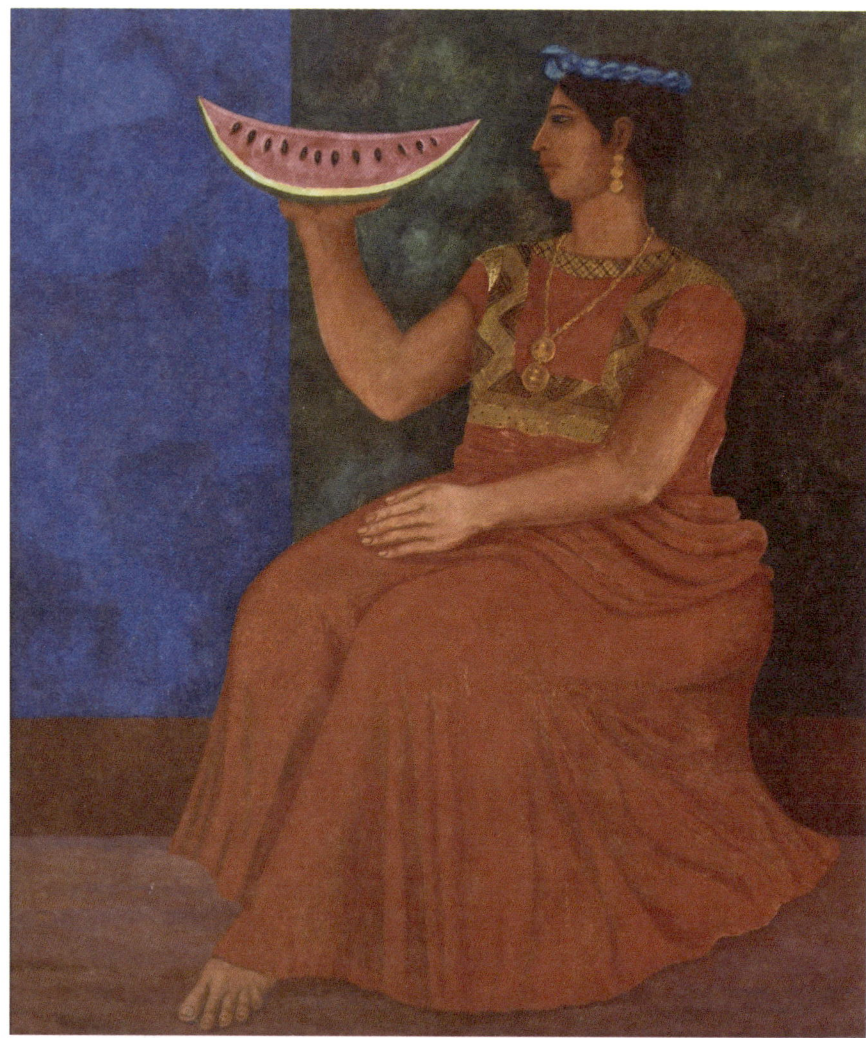

35.*
Olga Costa
Tehuana with Watermelon
Tehuana con sandía (Isabel Villaseñor)
1952
oil on canvas / *óleo sobre tela*
51 1/8" x 43 3/4" (130 x 111 cm)
Lance Aaron and Family Collection

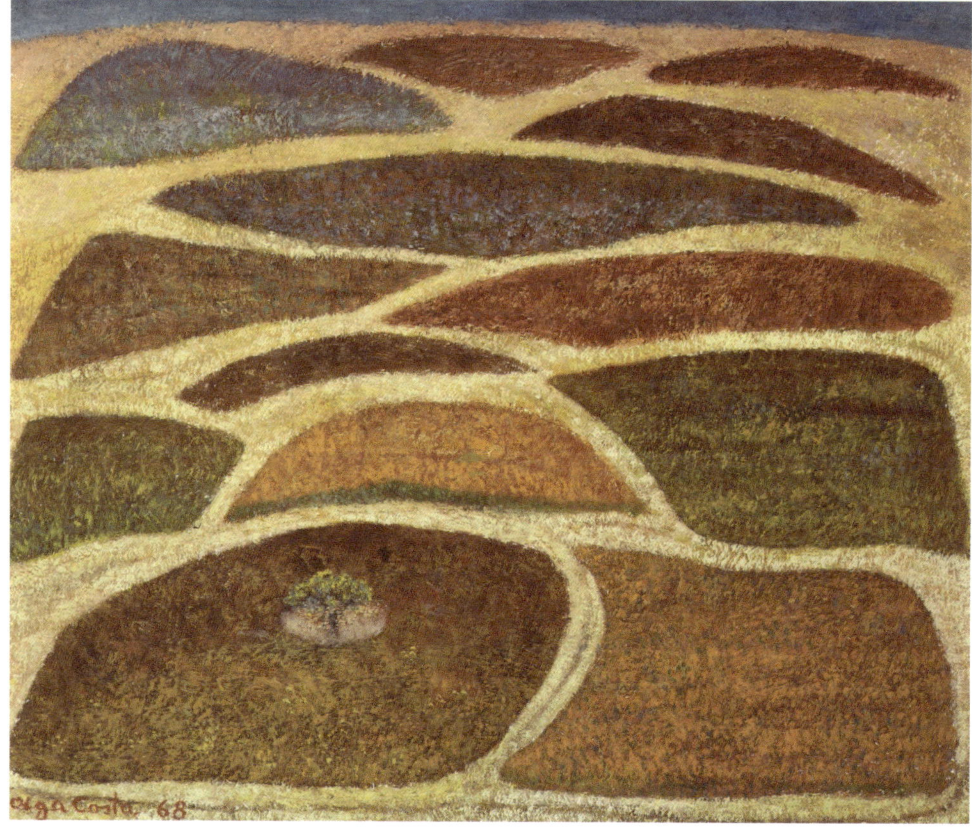

36.
Olga Costa
Planted Fields
Campos labrantíos, 1968
oil on canvas / *óleo sobre tela*
23 5/8" x 27 9/16"
(60 x 70 cm)
Museo de Arte Moderno,
CONACULTA-INBA Collection
(SIGROA 9238)

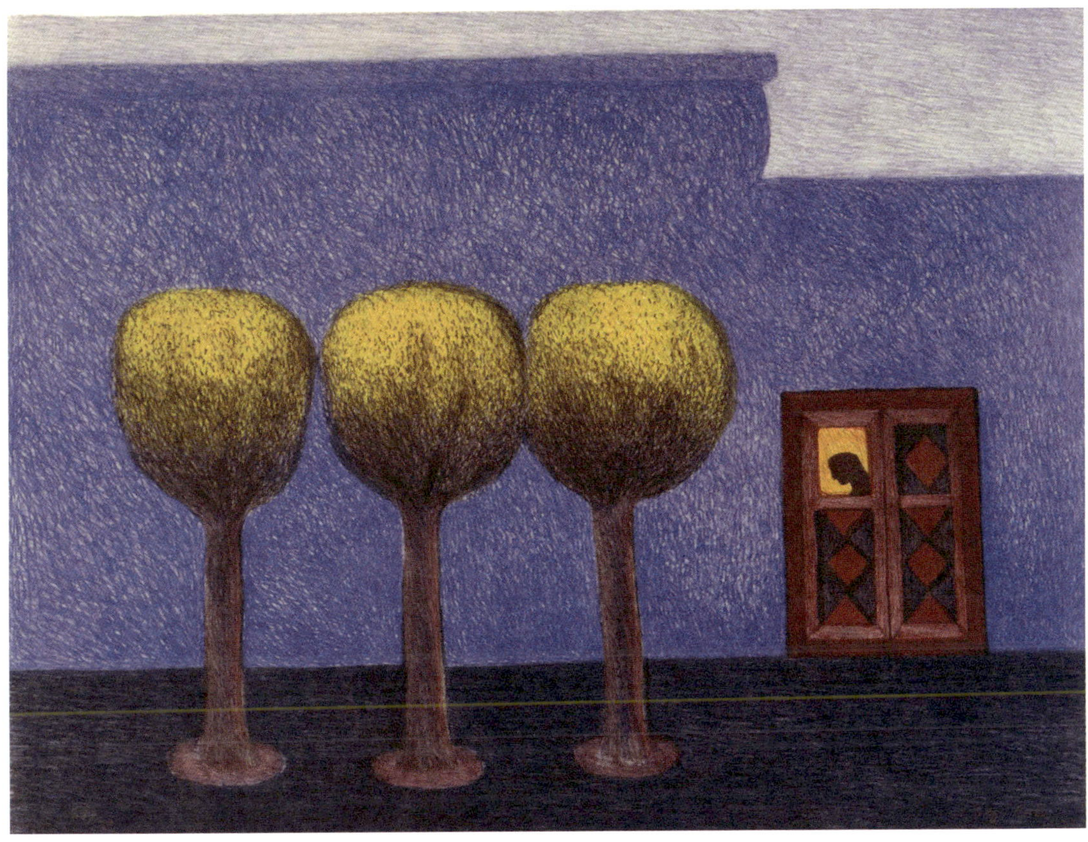

37.
Olga Costa, The Blue House / *La casa azul*, 1985 lithograph / *litografía* 27/30 19" x 25" (48.2 x 63.5 cm) (paper size)
National Museum of Mexican Art Permanent Collection, 1991.222, Gift of Aurelia Valdez

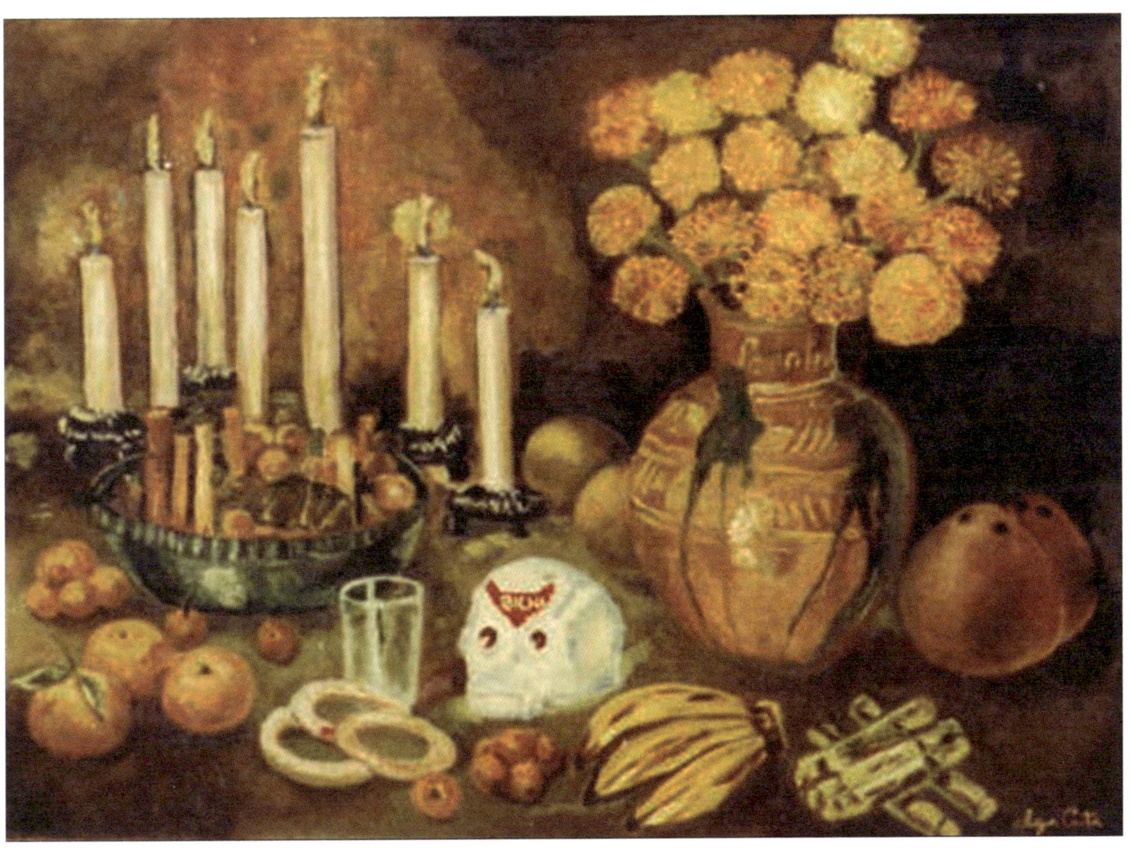

38.
Olga Costa, Day of the Dead Offering / *Ofrenda de muertos*, 1965-1967 oil on linen / *óleo sobre lino* 23 3/4" x 31 1/2" (58.4 x 78.7 cm) National Museum of Mexican Art Permanent Collection, 2005.15, Purchase made possible by J.R. Davis, Arthur R. and Joanne Velasquez, Patricia Garza, Ray Mota, Clare Muñana, Alejandro Silva and the patrons of the Cinco de Mayo 2005

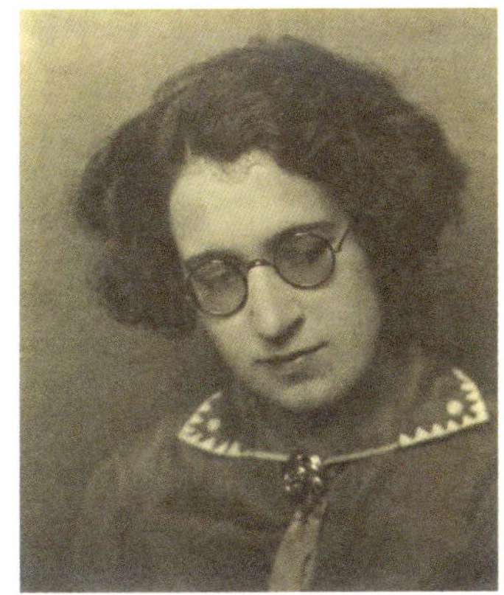

Lola Cueto

Dolores Velásquez Rivas
1897-1978, Mexico / *México*

In 1909, Lola Cueto enrolled in the Escuela Nacional de Artes Plásticas, where she studied drawing and painting. In 1913, she enrolled in the first Escuela de Pintura al Aire Libre. In 1927, she traveled throughout numerous European countries with her husband, the sculptor, Germán Cueto. They decided to stay in Paris, where they lived until 1932, when they returned to Mexico. In 1929, Cueto showed her tapestries in an exhibition that was well received by critics. Shortly after the Cuetos' arrival in Mexico, their home became the meeting place of Mexico's first puppet theater group, created with the participation of Elena Huerta, Graciela Amador, Leopoldo and Teodoro Méndez, Enrique Assad, Angelina Beloff, Germán List Arzubide, and Ramón Alva de la Canal, some of whom went on to found the Estridentista Movement. The puppet theater project was implemented in elementary schools in Mexico with the help of the Minister of Public Education at the time, Narciso Bassols, and the head of the Department of Fine Arts, Carlos Chávez. Over time, various members of the project resigned, leaving Cueto as General Director of the group, "Rin Rin", later changed to "El Nahual". Cueto was a talented and tireless artist whose work covers a broad spectrum, from embroidered tapestries, paintings, and prints, to nearly five hundred hand-made puppets. She also collaborated on several books. In her portfolio entitled "Títeres Populares Mexicanos", she reproduced popular antique toys and puppets using aquatints. Throughout most of her life, Cueto dedicated her efforts to teaching art in schools and universities, or through her puppet theater group.

Lola Cueto ingresó en 1909 a la Escuela Nacional de Artes Plásticas, en donde estudió dibujo y pintura. En 1913 se inscribió en la primera Escuela de Pintura al Aire Libre. En 1927 viajó por diferentes países de Europa junto con su esposo, el escultor Germán Cueto, estableciéndose en París hasta el año 1932, fecha de su regreso a México. En 1929 Lola Cueto expuso sus tapices en París obteniendo muy buenas críticas. Poco después de su llegada a México, en la casa de Lola y Germán Cueto, se creó el primer grupo de teatro guiñol con la participación de Elena Huerta, Graciela Amador, Leopoldo y Teodoro Méndez, Enrique Assad, Angelina Beloff, Germán List Arzubide, Roberto Lago y Ramón Alva de la Canal -algunos de ellos fundadores del Movimiento Estridentista-. Este proyecto se puso a funcionar inmediatamente en las escuelas primarias con la ayuda del entonces Ministro de Educación Pública, Narciso Bassols y Carlos Chávez, Jefe del Departamento de Bellas Artes. Después de un tiempo, varios integrantes salieron del grupo, quedándose Lola Cueto como Directora General del entonces grupo " Rin Rin" después " El Nahual". Lola Cueto fue una artista incansable, su producción abarca desde tapices bordados, pintura, gráfica, y la creación de cerca de quinientos títeres. Colaboró en varios libros. En la carpeta " Títeres Populares Mexicanos" se encargó de reproducir a través de aguatintas, los juguetes y títeres populares casi extintos. Durante la mayor parte de su vida, Lola Cueto se dedicó a la pedagogía, ya fuera dando clases de arte en diferentes escuelas y universidades, o a través de su grupo de teatro guiñol.

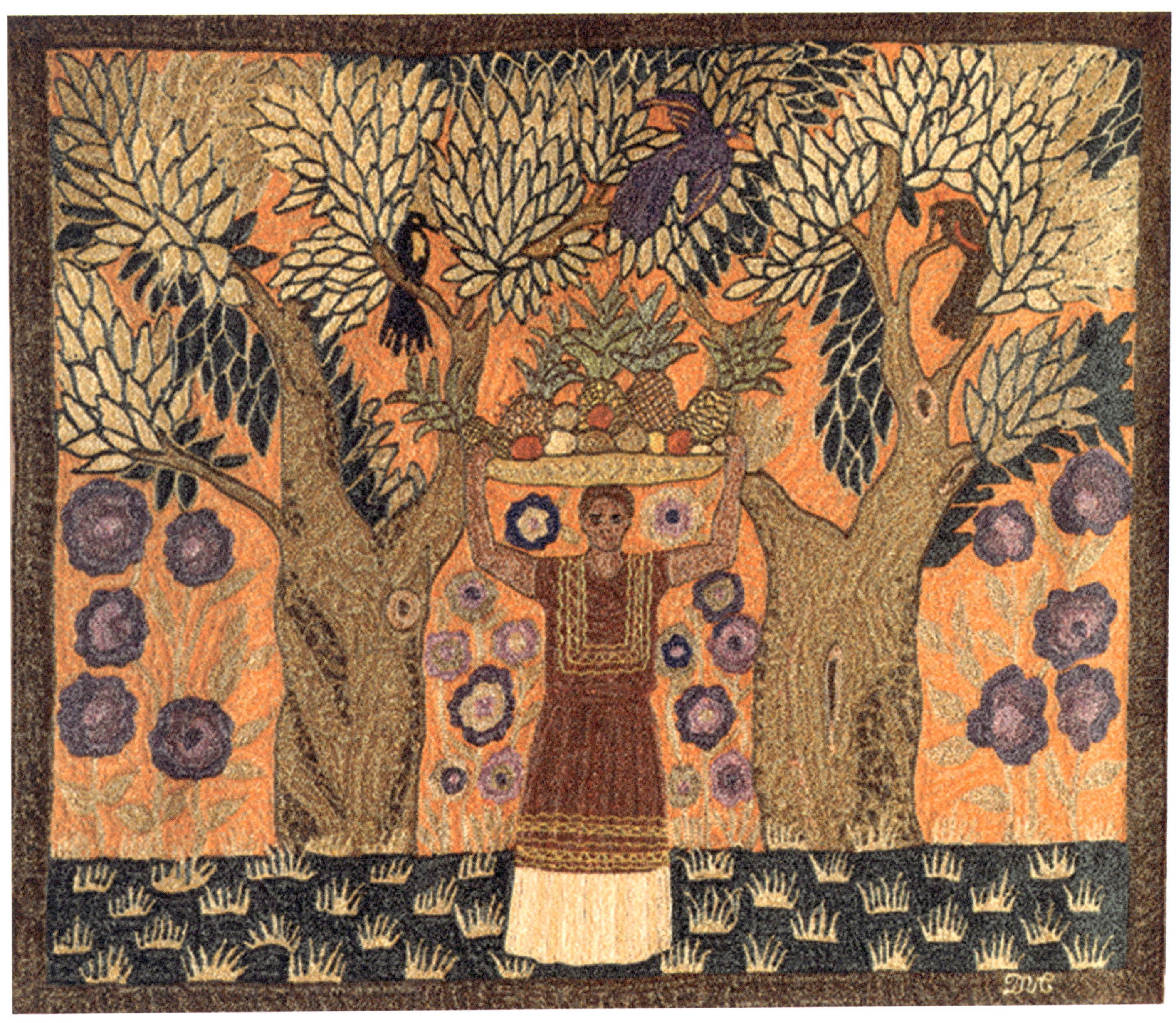

39.
Dolores Velásquez de Cueto (Lola Cueto), Woman from Tehuantepec / *Tehuana*, ca. 1923 textile. Chain stitch / *textil. Técnica de cadeneta* 19 3/4" x 22 7/16" (50 x 57 cm) Private Collection

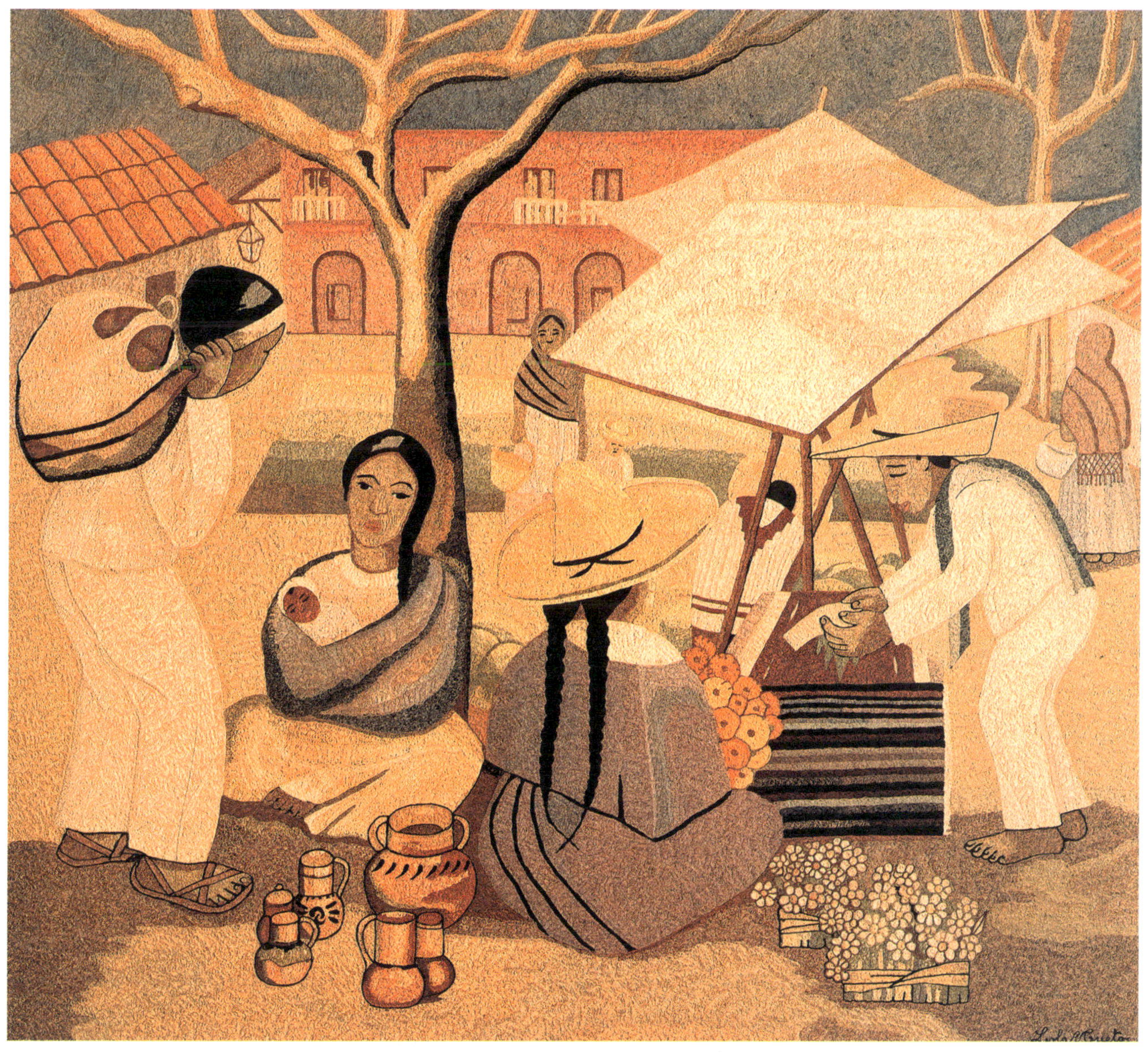

40.*
Dolores Velásquez de Cueto (Lola Cueto), Market / *Mercado,* ca. 1925 tapestry in silk over cotton backing / *tapiz de seda sobre respaldo de algodón*
48" x 52" (122 x 132 cm) Lance Aaron and Family Collection

41.*
Dolores Velásquez de Cueto (Lola Cueto), The Fountain / *La fuente*, ca. 1923 cotton and silo / *textil de algodón bordado en cera* 28 3/16" x 18 1/8" (71.5 x 46 cm) Lance Aaron and Family Collection

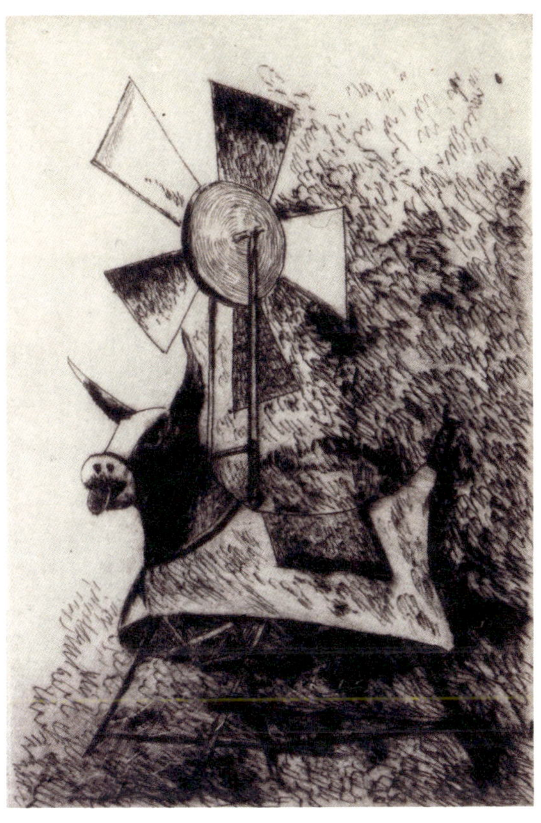

42.
Dolores Velásquez de Cueto (Lola Cueto)
The Little Bull / *El torito*, 1948
etching / *aguafuerte* 4" x 2 9/16" (10 x 6.5 cm)
Museo Nacional de Arte, INBA Collection, Donación Blanca Vemeersch de Maples Arce, 1992 (SIGROA 19346)

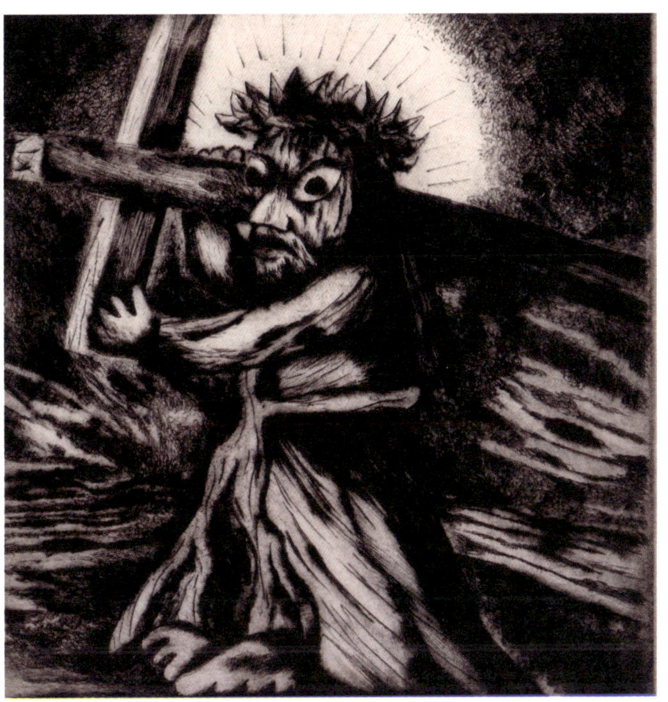

43.
Dolores Velásquez de Cueto (Lola Cueto)
The Way of the Cross / *Un Vía Crucis*, 1950
etching / *aguafuerte* 6 1/2" x 6 11/16" (16.4 x 17 cm)
Museo Nacional de Arte, INBA Collection
Donación Blanca Vemeersch de Maples Arce, 1992 (SIGROA 19350)

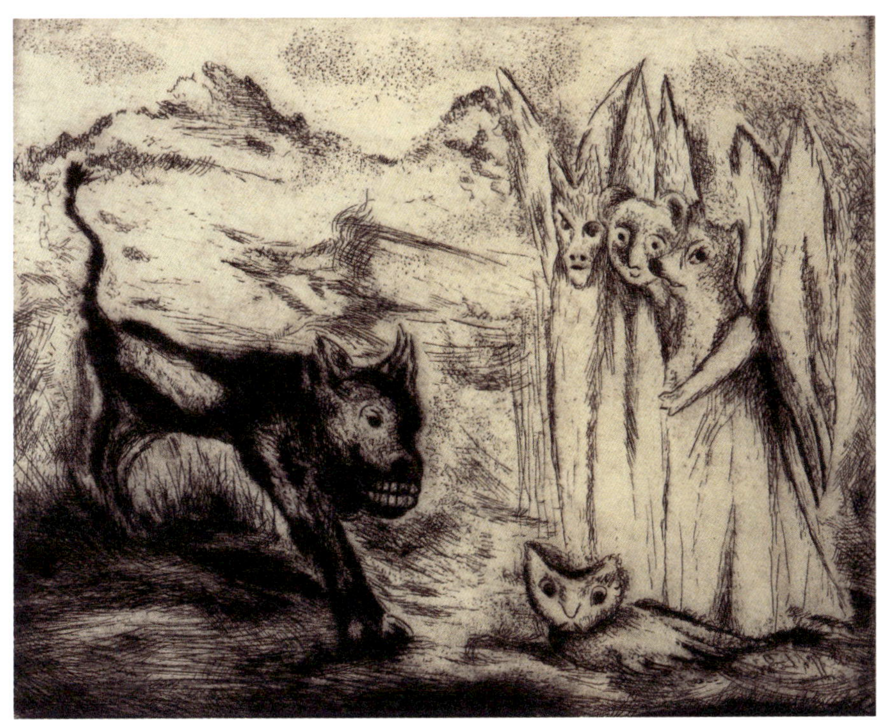

44.
Dolores Velásquez de Cueto (Lola Cueto)
Chimera # 8 / *Quimera # 8*, 1959
etching / *aguafuerte*
9 13/16" x 11 7/16" (24.8 x 29 cm)
Museo Nacional de Arte Collection
(SIGROA 51306)

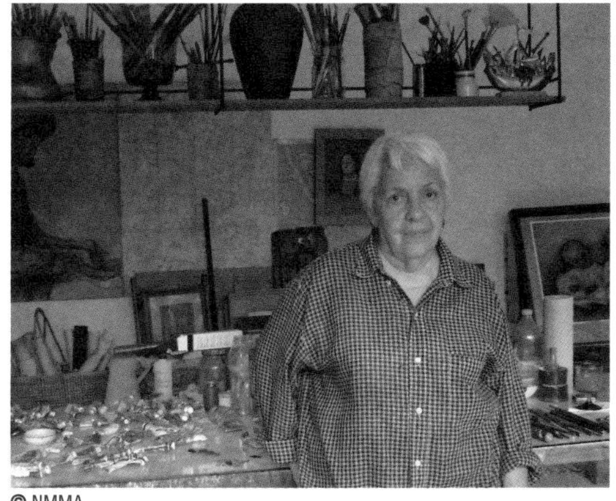
© NMMA

Andrea Gómez

1926, Mexico / *México*

Andrea Gómez was born in Mexico City in 1926. At a young age she moved with her family to Morelia, Michoacán, where she began studying art in the Department of Fine Arts at the Universidad de San Nicolás. Her grandmother was Doña Juana B. Gutiérrez de Mendoza, a well-known revolutionary author, and the first to introduce Gómez to the world of art. In 1940, Gómez returned to Mexico City where she attended the Academia de San Carlos for two years. She would continue her studies at the Escuela de las Artes del Libro, where she studied lithography with José Chávez Morado. While at school, Gómez met the artist Mariana Yampolsky, who invited her to join the Taller de Gráfica Popular. Gómez traveled extensively through Italy, France, the Czech Republic, the Slovak Republic, Armenia, Cuba, China, and finally the Soviet Union, where she studied fresco-painting techniques at the Stroganovskaya Uchílitsa in Moscow. She also worked as an illustrator on various projects, which included: the National Indigenous Institute, which gave her the opportunity to travel through different indigenous regions of the country; the Secretariat of Public Education, in their first free textbook publications; and for the culture section with the newspapers *El Nacional* and *México en la Cultura,* among others. Gómez painted the fresco murals: "Maternidad" (Maternity) and "El agua" (Water) in the public hospital of Ixmiquilpan in Hidalgo; "México indígena" (Indigenous Mexico) in the Instituto Nacional Indigenista in Chiapas; the mural "Latinoamérica" in Havana, Cuba; and "El maíz" (The Corn), a transportable mural for the Museo de Culturas Populares in Mexico City. She is the founder of the art centers Casa de la Cultura del Pueblo and the Taller de Dibujo Infantil Arco Iris in Temixco, Morelos. In 1956, she won the printmaker award, Premio Nacional de Grabado for her print "La niña de la basura" (The Girl from the Trash), and attained international recognition for "Madre contra la guerra" (Mother Against the War). In recent years, Andrea Gómez has specialized in portraiture and has undertaken the study of Flemish painting.

Andrea Gómez nació en la ciudad de México. Siendo aún una niña, su familia se fue a vivir a Morelia, Michoacán, donde Andrea inició sus estudios en la Facultad de Bellas Artes de la Universidad de San Nicolás. Su abuela fue Doña Juana B. Gutiérrez de Mendoza, escritora revolucionaria conocida, quien la introdujo al mundo del arte. En 1940, de regreso en la ciudad de México, se inscribió en la Academia de San Carlos en donde permaneció dos años. Continuó sus estudios en la Escuela de las Artes del Libro, donde estudió litografía con José Chávez Morado. Allí conoció a Mariana Yampolsky, quien la invitó a integrarse al Taller de Gráfica Popular. Viajó extensamente por varios países: Italia, Francia, Checoslovaquia, Armenia, Cuba, China y la URSS, aprendiendo en este país las técnicas del fresco en la escuela Stroganovskaya Uchílitsa de Moscú y continuando sus estudios en Pekín. Trabajó como ilustradora en diferentes proyectos: para el Instituto Nacional Indigenista, lo que le permitió viajar por las diferentes zonas indígenas del país; para la Secretaría de Educación Pública, en sus primeros libros de texto gratuitos; para el Suplemento Cultural "El Nacional" y "México en la Cultura", entre otros. Realizó los murales al fresco "Maternidad" y "El agua" en el Hospital Civil de Ixmiquilpan, Hidalgo; "México indígena" en el Instituto Nacional Indigenista en Chiapas; el mural "Latinoamérica" en la Habana, Cuba y "El maíz", mural transportable para el Museo de Culturas Populares en la Ciudad de México. Fundadora de la Casa de la Cultura del Pueblo y del Taller de Dibujo Infantil Arco Iris en Temixco, Morelos. En 1956 recibió el Premio Nacional de Grabado por "La niña de la basura" y por "Madre contra la guerra" recibió un reconocimiento internacional. En los últimos años, Andrea Gómez se ha especializado en el retrato y ha emprendido serios estudios sobre la pintura de los flamencos.

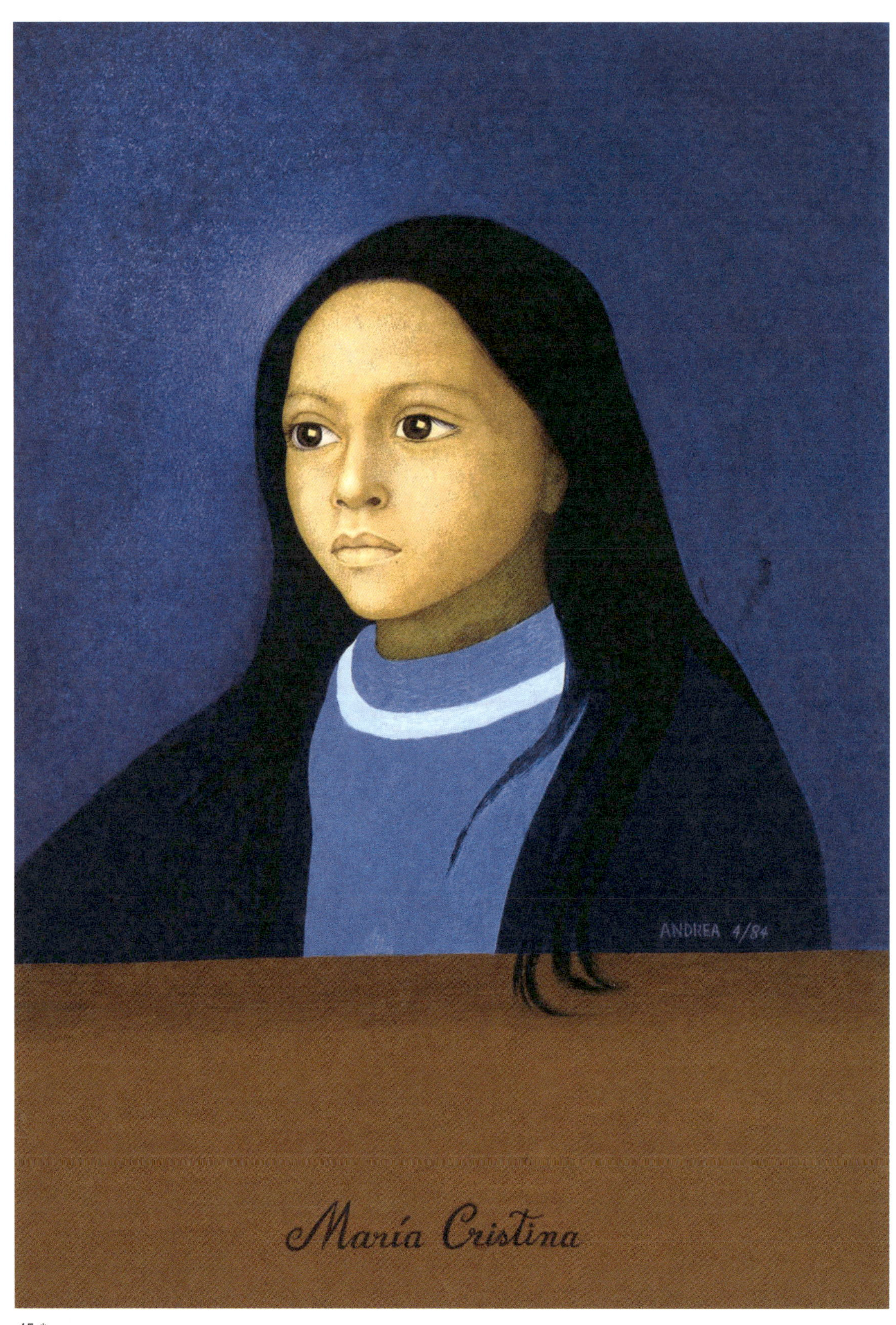

45.*
Andrea Gómez, *María Cristina*, 1994 acrylic on wood / *acrílico sobre madera* 17" x 11 3/8" (43 x 29 cm) Courtesy of the Artist

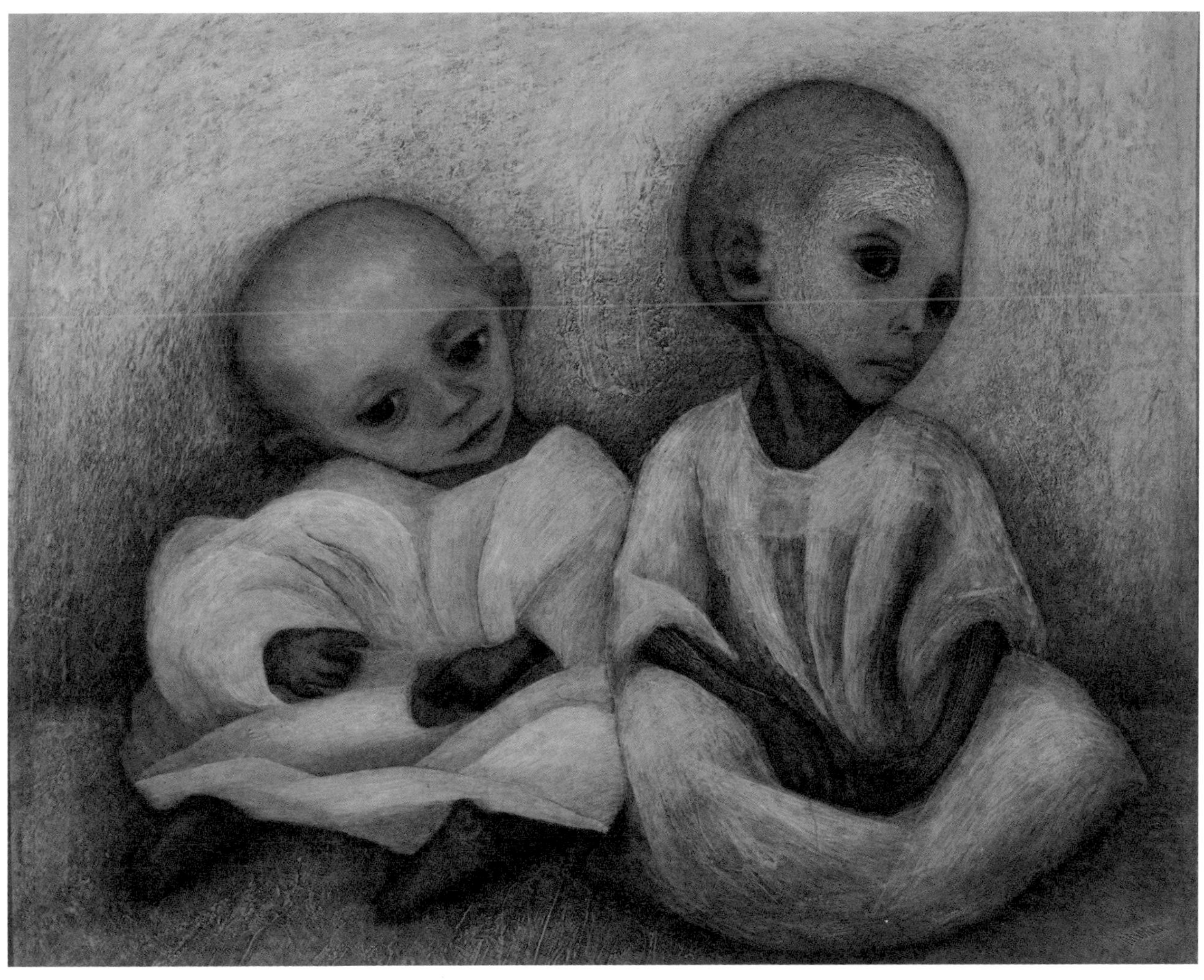

46.
Andrea Gómez, Children from Mezquital / *Niños del Mezquital*, ca. 1990 acrylic on wood / *acrílico sobre madera* 23 5/8" x 29 1/2" (60 x 75 cm)
Courtesy of the Artist

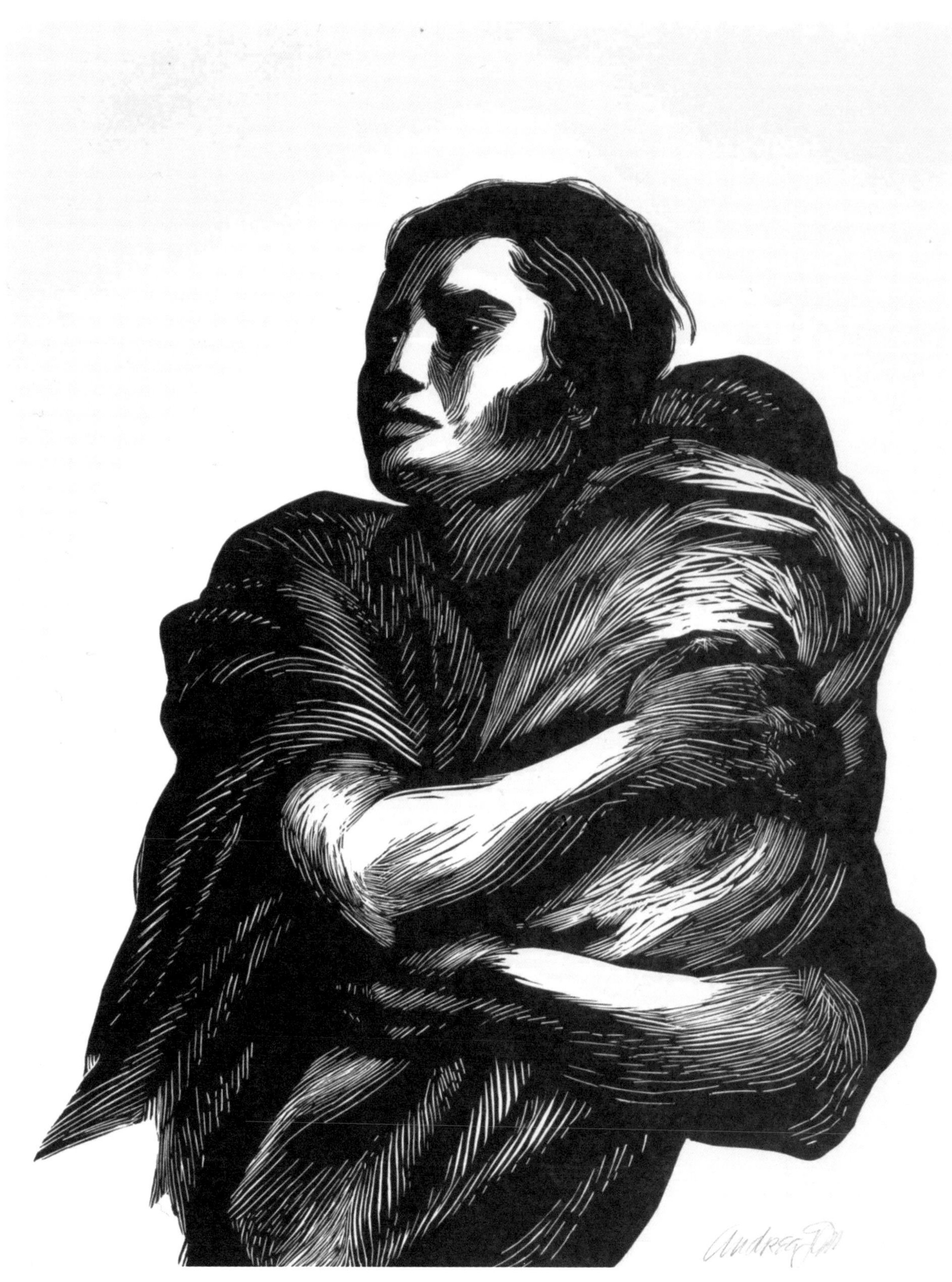

47.
Andrea Gómez, Mother Against the War / *Madre contra la guerra,* n.d. / s.f. linocut / *linóleo* 23/25 and 57/60 22 3/4" x 17 3/4" (55.8 x 43.1 cm) (paper size) National Museum of Mexican Art Permanent Collection, 2006.114, Museum Purchase Fund

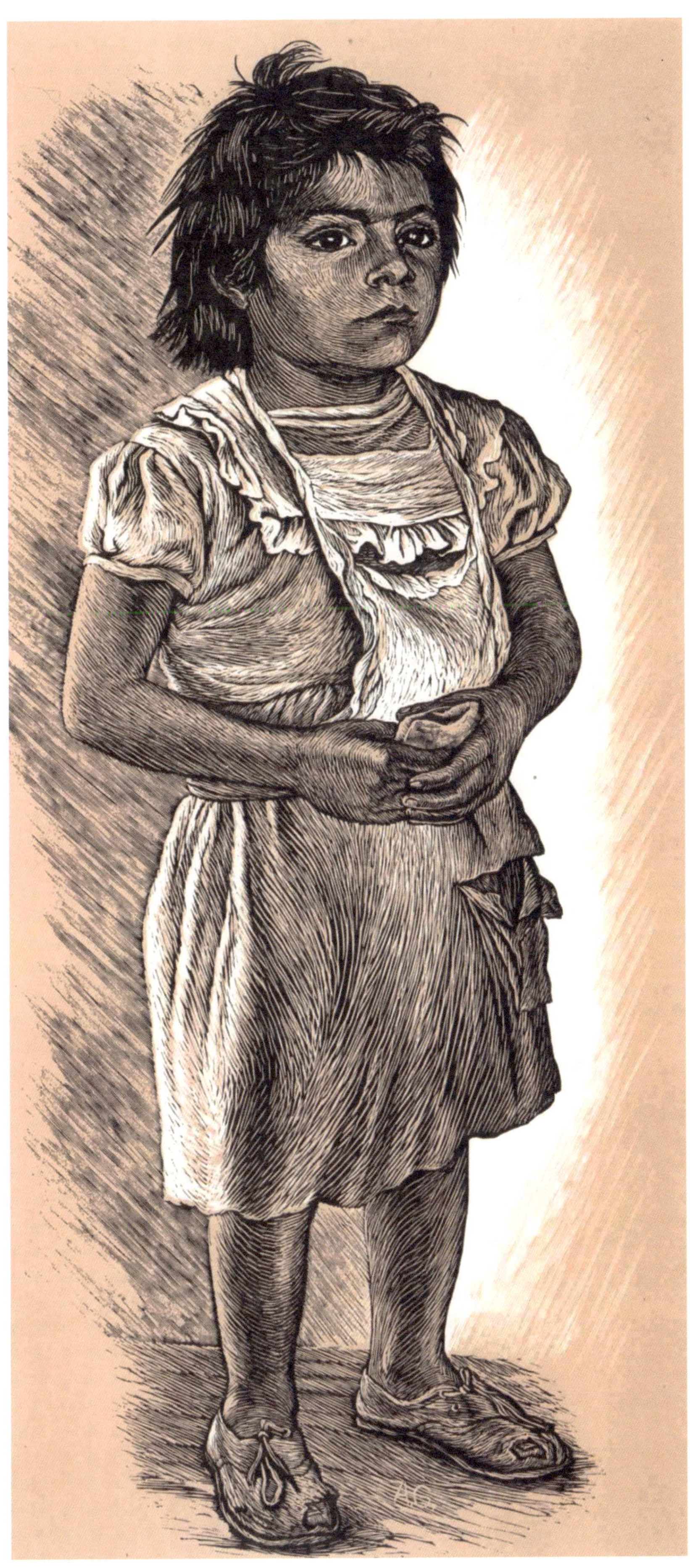

48.*
Andrea Gómez
The Girl from the Trash
La niña de la basura, n.d. / s.f.
linocut / *linóleo*, 4/25 and 60/06
30 1/8" x 16 1/4" (76.2 x 40.6 cm) (paper size)
National Museum of Mexican Art Permanent Collection, 2006.115, Museum Purchase Fund

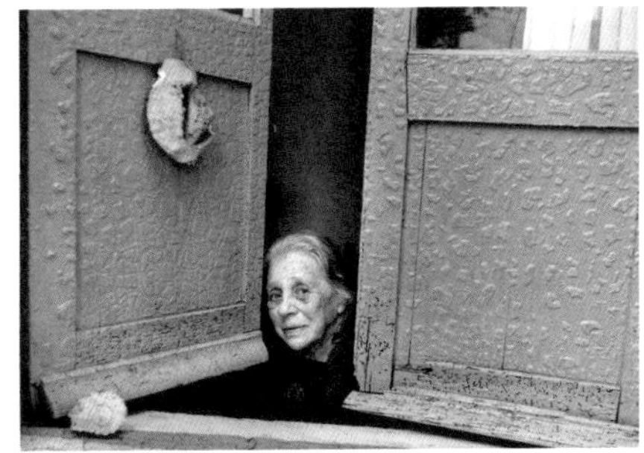
© Kati Horna

Kati Horna

1912, Hungary / *Hungría*
2000, Mexico / *México*

Kati Horna was born in Budapest, and studied photography under the famous Hungarian photographer, Pesci. In 1933, she fled to Paris, where she worked for the French company, Agence Photo. It was with Agence Photo that she shot her first photo essays: "El mercado de las pulgas" (The Flea Market), in 1933; and "Los cafes de Paris" (The Parisian Cafés), in 1934. Horna went to Spain in 1937, where the Republican Government commissioned her to shoot a series of publicity photographs to be sent abroad. She worked for different publications, most of which were anarchic, including *Mujeres Libres*, *Tiempos Nuevos*, and *Tierra y Libertad*. During the Spanish Civil War, she photographed the fight from the frontlines to the rearguard. Horna's work reflects the daily life of a country deeply affected by war. At the war's end and with the defeat of the Spanish Republican Regime, Horna returned to Paris with husband and Spanish painter José Horna, whom she had met in Spain. In 1939, the couple fled France and went on to Mexico, where they would live until their deaths. In Mexico, Horna befriended a group of surrealist artists. She also worked for several magazines such as *Nosotros*, *Mujeres y Perfumes*, and *Modas*, and collaborated with the magazine *Todo*. Horna became one of the founders of the magazine *S.nob*. In 1939, she published "Lo que va al cesto" (What Goes in the Wastebasket), her first photo essay shot in Mexico. For many years Horna worked in education as an instructor of photography at the Escuela Nacional de Artes Plásticas, the Academia de San Carlos, and at the Universidad Iberoamericana. She photographed some of the most distinguished personalities of the 1960's for the magazines *Mujeres* and *S.nob*. Horna also created important visual narratives including "Oda a la necrofilia" (Ode to Necrophilia), "Impromptu con arpa" (Impromptu with a Harp), and "Paraísos Artificiales" (Artificial Paradises), and several disturbing studies that include "Títeres en la Penitenciaria" (Puppets in Jail), and "La Castañeda".

Nacida en Budapest, Kati Horna aprendió fotografía en el estudio del famoso fotógrafo Pesci. En 1933 huyó a París, en donde trabajó para la compañía francesa Agence Photo realizando allí sus primeros reportajes gráficos, "El mercado de las pulgas" (1933) y "Los cafés de París" (1934). En 1937 llegó a España en donde el Gobierno Republicano le comisionó un álbum para la propaganda exterior. Trabajó para diferentes publicaciones sobre todo anarquistas como: "Mujeres Libres", "Tiempos Nuevos", y "Tierra y Libertad". Durante la Guerra Civil Española, fotografió la contienda desde el frente y la retaguardia; sus fotografías de esta época nos muestran la vida cotidiana de un país en guerra. Al terminar la Guerra Civil Española y a la derrota del régimen republicano, regresó a París junto con el pintor español José Horna, a quien había conocido en España y con quien se casó. En 1939 salieron huyendo de Francia y llegaron a México, el cual hicieron su país de residencia hasta su muerte. En México hizo amistad con el grupo de los surrealistas. Trabajó en varias revistas: "Nosotros", "Mujeres y Perfumes", y "Modas"; también colaboró con la revista "Todo" además de ser una de las fundadoras de la revista "S.nob". En 1939 publicó en México "Lo que va al cesto", siendo este su primer reportaje gráfico en este país. Durante muchos años trabajó en la docencia impartiendo clases de fotografía en la Escuela Nacional de Artes Plásticas, así como en la Academia de San Carlos y en la Universidad Iberoamericana. Retrató a las más destacadas personalidades de los años sesentas para la revista "Mujeres" y "S.nob". Kati Horna realizó significativos cuentos visuales como: "Oda a la necrofilia", "Impromptu con arpa" y "Paraísos artificiales", así como sus inquietantes estudios: "Títeres en la Penitenciaria" y "La Castañeda".

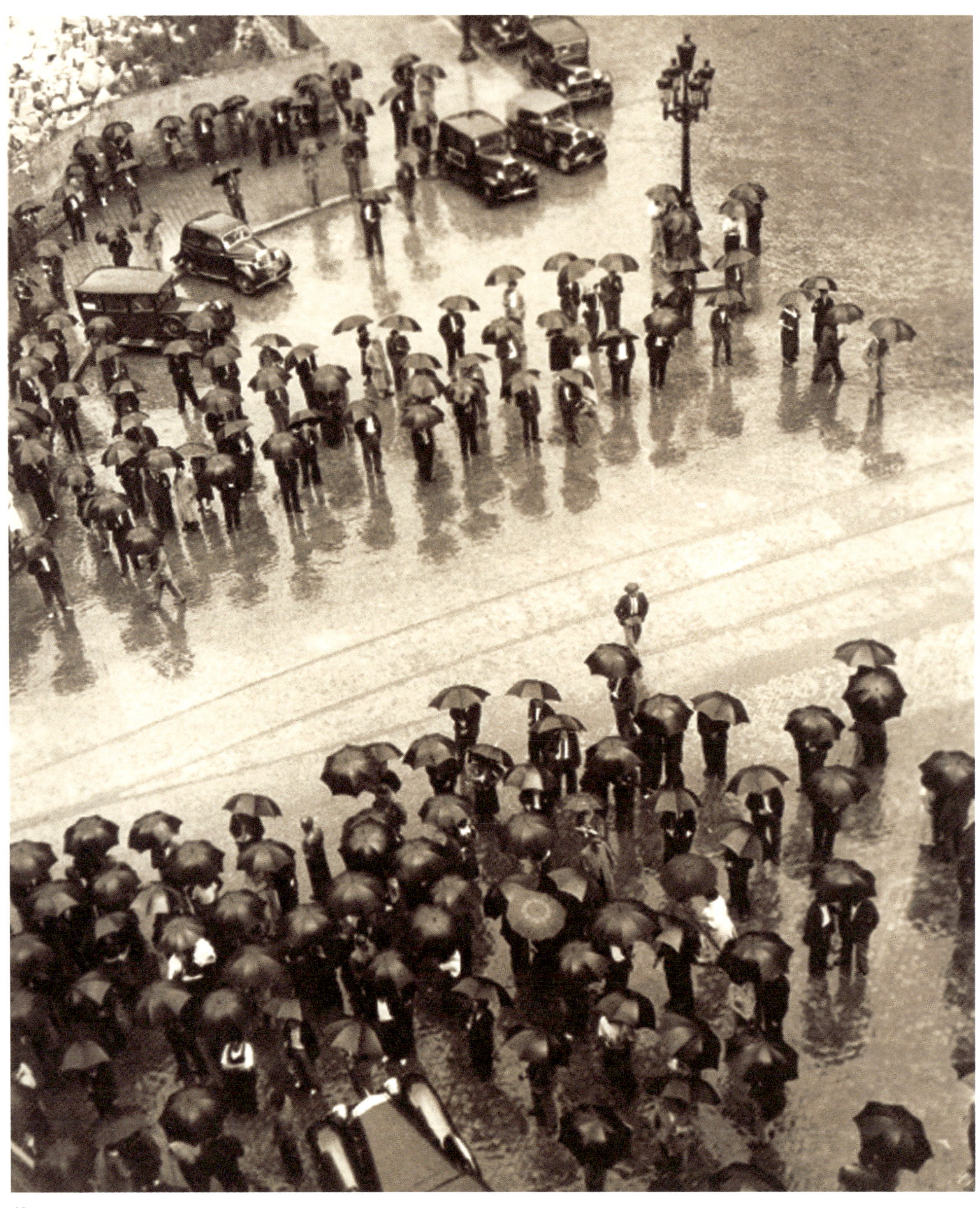

49.
Kati Horna, Umbrellas / *Paraguas*, 1937   Vintage. Photograph / *fotografía*   8" x 10" (20.3 x 25.4 cm)   Kati Horna / Private Collection

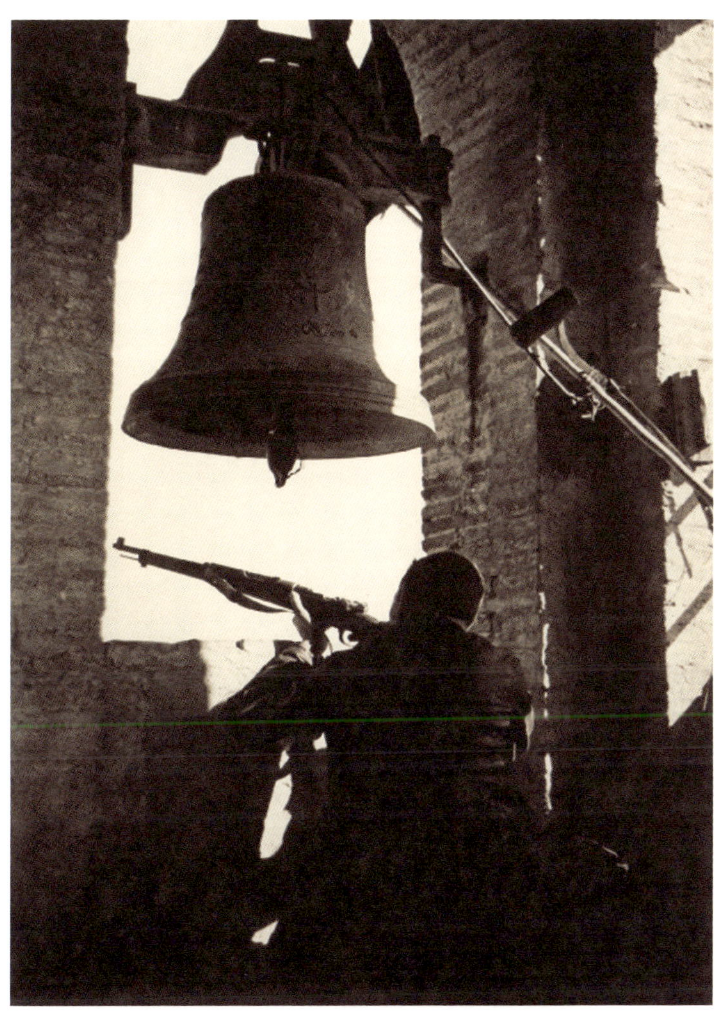

50.
Kati Horna
Mercenary in the Church / *Mercenario en iglesia*, 1937
Vintage. Photograph / *fotografía*
5" x 7" (12.7 x 17.7 cm)
Kati Horna / Private Collection

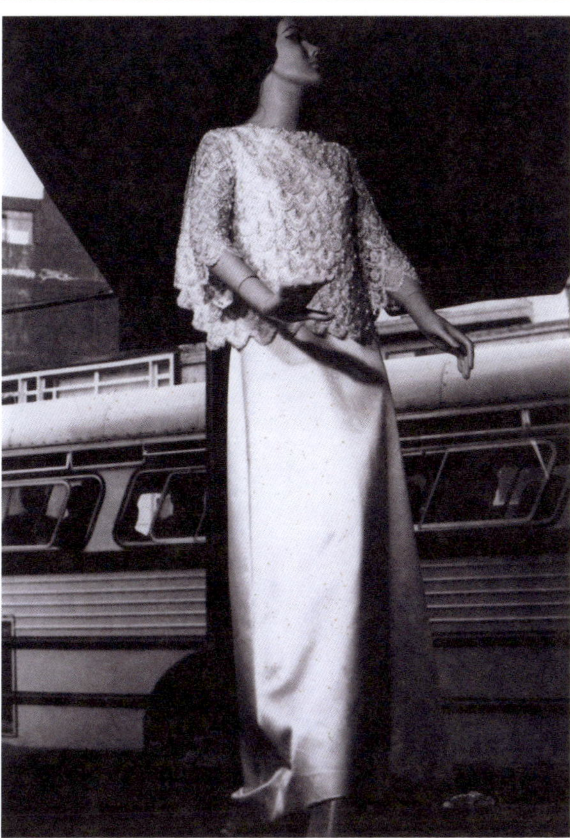

51.
Kati Horna
Untitled (Independence Street) / *Sin título (Calle Independencia)*, 1941-1943
silver gelatin print / *plata sobre gelatina*
9 7/8" x 7 7/8" (25 x 20 cm)
Museo Nacional de Arte, INBA Collection
(SIGROA 15302)

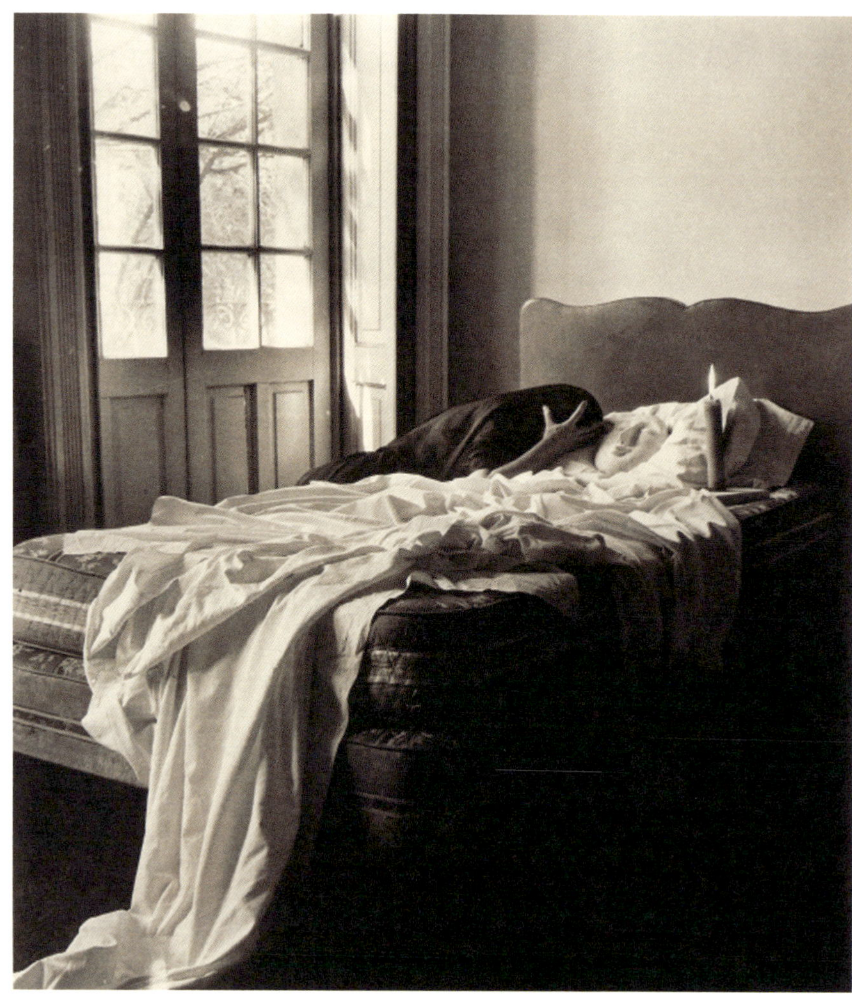

52.*
Kati Horna
Ode to Necrophilia / *Oda a la Necrofilia*, 1962
Vintage. Photograph / *fotografía*
8" x 10" (20.3 x 25.4 cm)
Kati Horna / Private Collection

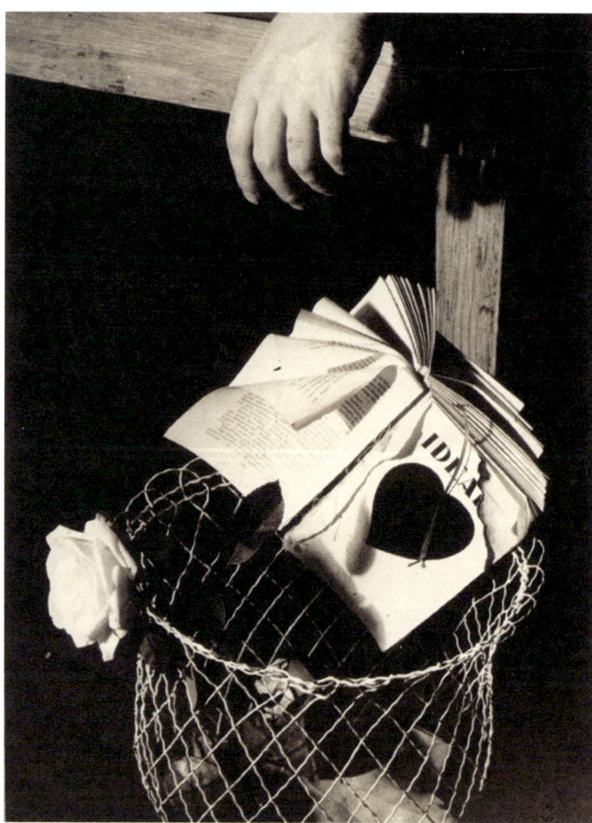

53.*
Kati Horna
What Goes into the Waste Basket / *Lo que va al cesto*, 1939
Vintage. Photograph / *fotografía*
8" x 10" (20.3 x 25.4 cm)
Kati Horna / Private Collection

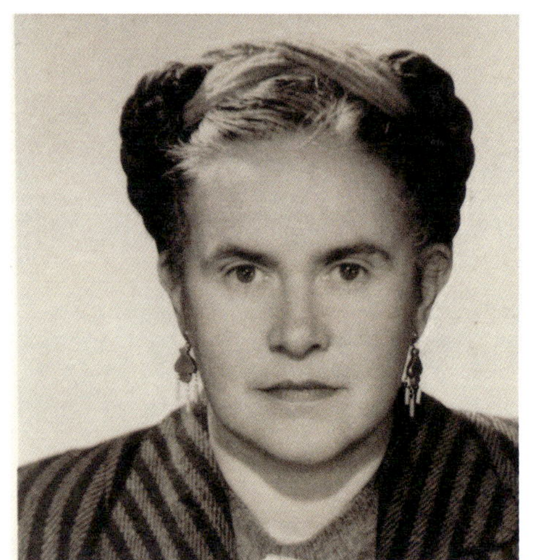

Anonymous CENIDIAP/INBA

Elena Huerta Múzquiz

1908-1997, Mexico / *México*

Elena Huerta was born in Saltillo, Coahuila, Mexico. Her father was revolutionary General, Adolfo Huerta Vargas. She began her study of art at the Academia de Pintura de Saltillo. In 1927, she moved to Mexico City and was enrolled for the next three years at the Academia de San Carlos, where she took drawing, painting, and printmaking classes. Beginning in 1929, Huerta taught art classes at the Secretariat of Public Education, as many other artists did at the time. In 1933, she became a founding member of the League of Revolutionary Writers and Artists (LEAR). In partnership with Lola and Germán Cueto, Graciela Amador, Leopoldo Méndez, Angelina Beloff, and Germán List Arzubide, she began the first puppet theater group of Mexico. During World War II, Huerta lived and traveled throughout Europe. Upon her return to Mexico, she joined the Taller de Gráfica Popular. She went on to exhibit in various countries in both group and solo exhibitions. She also became a member of the Salón de la Plástica Mexicana. Huerta became the first director of the Galería José María Velasco, which was founded in 1951 by the Instituto Nacional de Bellas Artes with the aim of promoting the dissemination of culture. In 1960, she published and illustrated a book about rural Mexican women. For Huerta, art was meant to belong and remain within the masses.

Elena Huerta Múzquiz nació en Saltillo, Coahuila. Su padre fue el general revolucionario Adolfo Huerta Vargas. Fue en la Academia de Pintura de Saltillo en donde inició sus primeros estudios de arte. Se trasladó a la ciudad de México en 1927. Durante tres años, asistió como alumna libre a la Academia de San Carlos en donde tomó clases de dibujo, pintura y grabado. Como muchos otros de sus contemporáneos impartió clases de arte en las escuelas de la Secretaría de Educación Pública, comenzando en la docencia en el año 1929. Fue miembro fundador en 1933 de la Liga de Escritores y Artistas Revolucionarios (LEAR). Junto a Lola y Germán Cueto, Graciela Amador, Leopoldo Méndez, Angelina Beloff y Germán List Arzubide creó el primer grupo de teatro guiñol. Viajó por Europa en donde permaneció durante la guerra. A su regreso a México ingresó al Taller de Gráfica Popular. Exhibió en varios países en forma individual y colectiva. Fue miembro del Salón de la Plástica Mexicana. Elena Huerta fue la primera directora de la ahora Galería José María Velasco, la cual fue fundada en 1951 por el Instituto Nacional de Bellas Artes con el propósito de descentralizar la cultura. En 1960 publicó un libro sobre la mujer campesina con ilustraciones sobre el tema. Para Elena Huerta, el arte debería llegar y pertenecer a las masas.

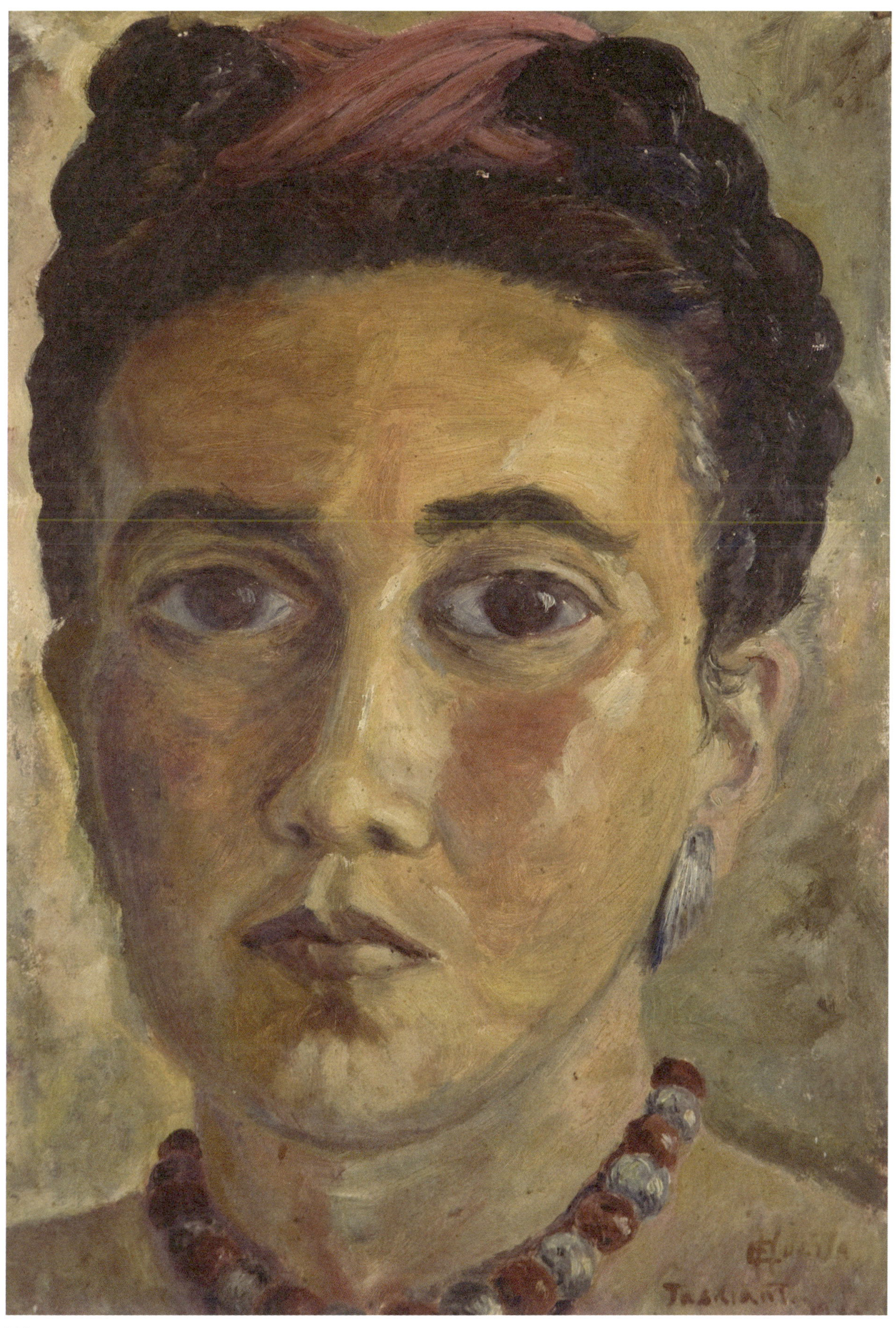

54.*
Elena Huerta, Self portrait / *Autorretrato*, 1953 oil on board / *óleo sobre fibracel* 19 11/16" x 15 3/4" (50 x 40 cm) Cynthia González Collection

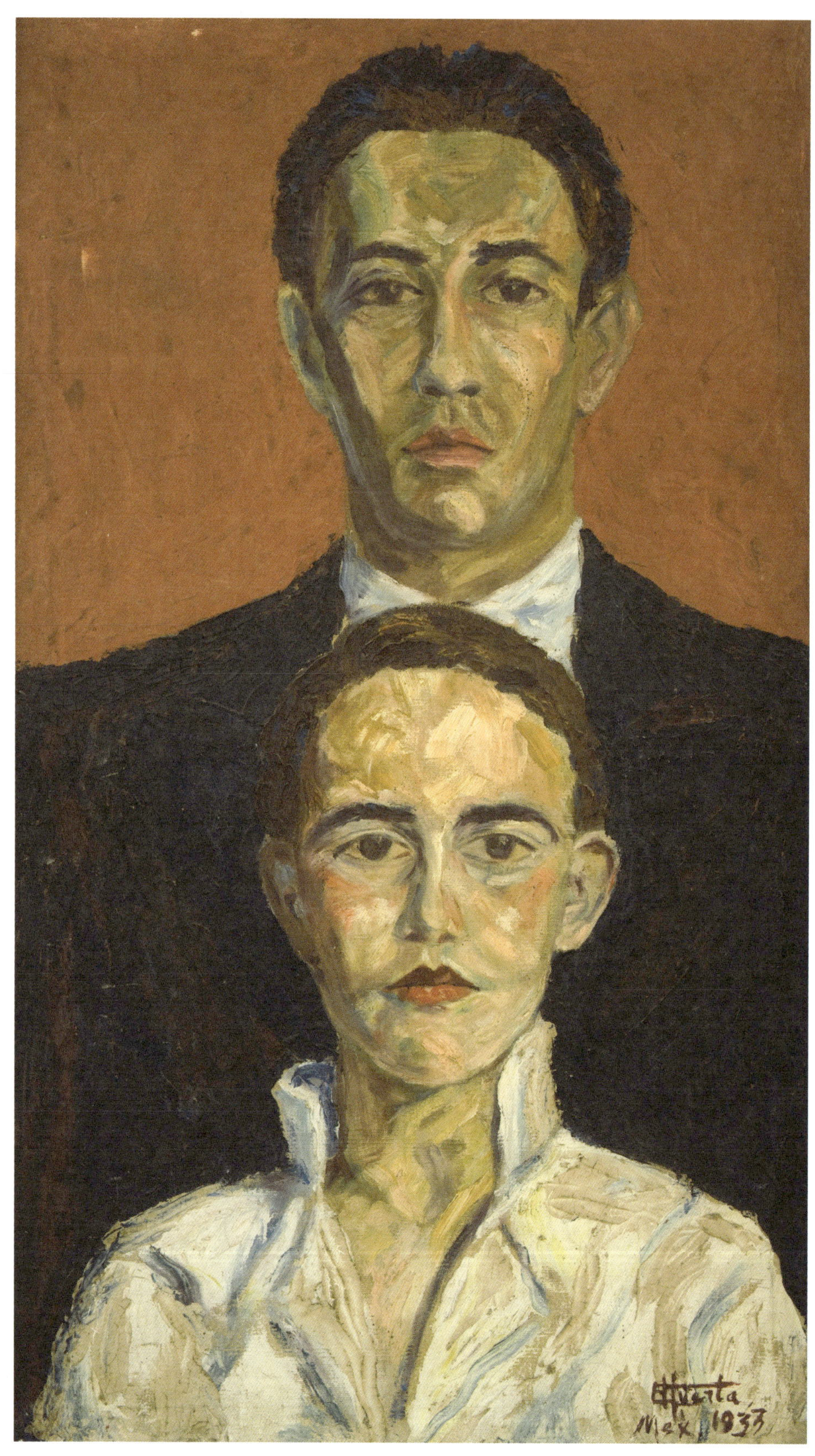

55.*
Elena Huerta, My siblings / *Mis hermanos,* 1933 oil on canvas / *óleo sobre tela* 35 7/16" x 19 11/16" (90 x 50 cm) Sandra Maldonado Collection

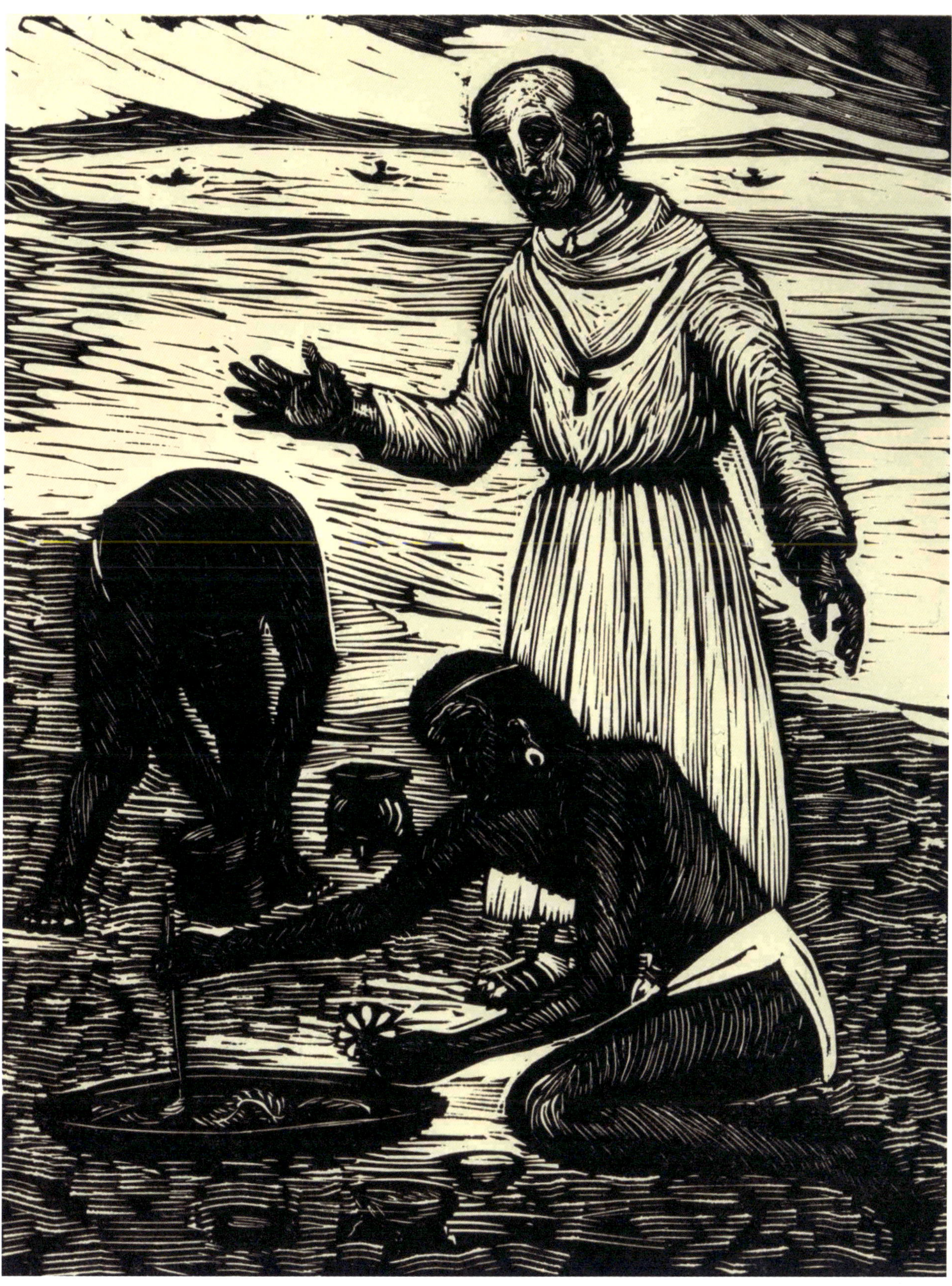

56.
Elena Huerta Múzquiz, Vasco de Quiroga (from the "450 Years of Struggle: Homage to the Mexican Pueblo" Portfolio)
Vasco de Quiroga (del portafolio "450 Años de lucha: homenaje al pueblo mexicano"), 1960 reproduction from original linocut
reproducción del linóleo original, n.n., 15 3/4" x 10 5/8" (38.1 x 25.4 cm) (paper size) National Museum of Mexican Art Permanent Collection, 1998.36.08, Anonymous Gift

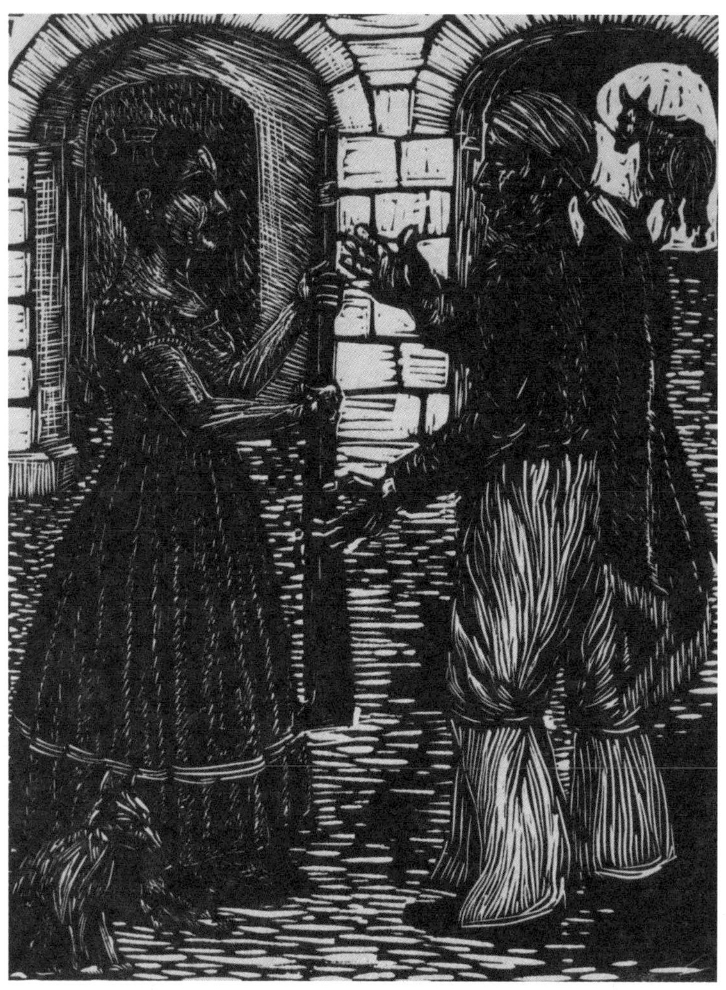

57.
Elena Huerta Múzquiz
Leona Vicario (from the "450 Years of Struggle: Homage to the Mexican Pueblo" Portfolio)
Leona Vicario (del portafolio "450 Años de lucha: homenaje al pueblo mexicano"), 1960
reproduction from original linocut / *reproducción del linóleo original, n.n.*
15 3/4" x 10 5/8" (38.1 x 25.4 cm) (paper size)
National Museum of Mexican Art Permanent Collection, 1998.36.20, Anonymous Gift

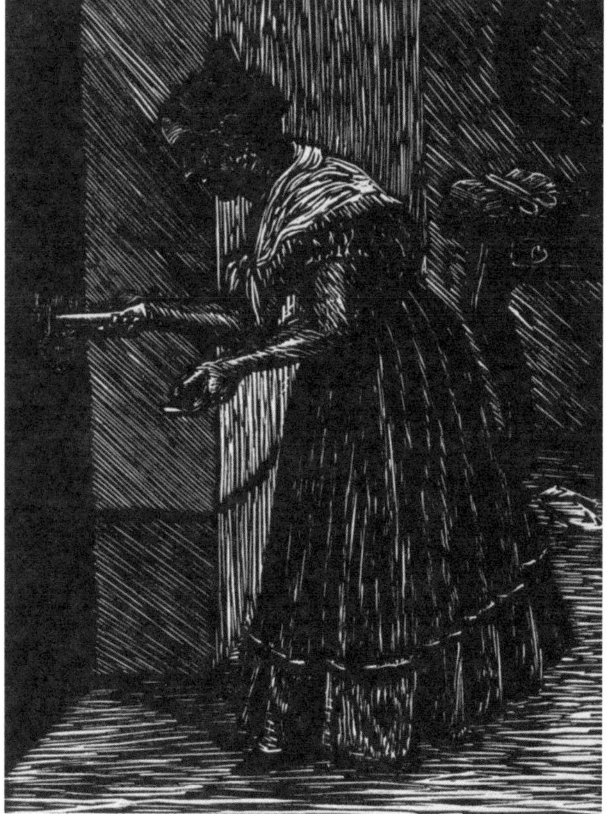

58.
Elena Huerta Múzquiz
Doña Josefa Ortiz Domíngùez (from the "450 Years of Struggle: Homage to the Mexican Pueblo" Portfolio)
Doña Josefa Ortiz Domínguez (del portafolio "450 Años de lucha: homenaje al pueblo mexicano"), 1960
reproduction from original woodcut
reproducción del grabado en madera original, n.n.
15 3/4" x 10 5/8" (38.1 x 25.4 cm) (paper size)
National Museum of Mexican Art Permanent Collection, 1998.36.15, Anonymous Gift

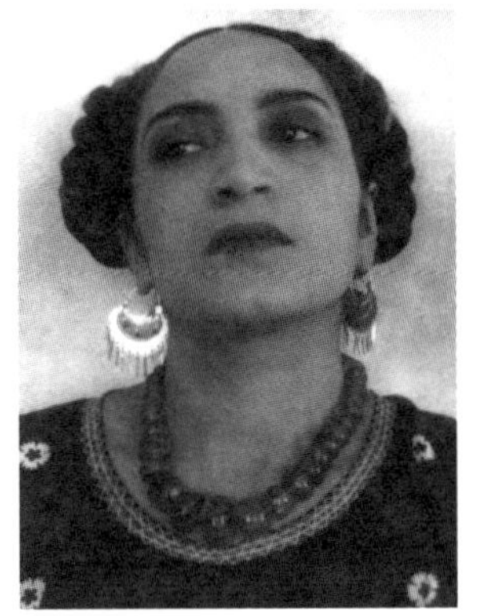
María Izquierdo: ca 1928 Archivo María Izquierdo

María Izquierdo

1902-1955, Mexico / *México*

María Izquierdo was born in San Juan de los Lagos, Jalisco. At her mother's behest, she married a military serviceman, Candido Posadas, when she was fourteen. Three children were born from this short-lived marriage. In Mexico City, she studied at the Escuela Nacional de Bellas Artes from 1928 to 1929, during a time when the academy was undergoing great changes. Diego Rivera, who was Director of the Escuela Nacional de Bellas Artes at the time, gave her favorable criticism on her work. Izquierdo's instructor during this period was the painter, German Gedovius. In 1929, she displayed a solo exhibition of her work for the first time at the Galería de Arte Moderno. She went on to exhibit at The Art Center of New York, and in Paris in 1933, to great acclaim. There, she was able to sell all of her artwork. Since 1929, she had shared a workshop with her lover, Rufino Tamayo, until 1934, when he married Olga Flores Rivas. During the time after their breakup, Izquierdo's work began to reflect a profound sadness and became deeply symbolic. Following this period, her art took on a unique style described as Mexican surrealism. Izquierdo also wrote articles on art to contribute to numerous magazines. The art critic, Justino Fernández, described her as "the best contemporary Mexican painter." The French playwright, Antonin Artaud wrote numerous articles praising Izquierdo's work as well. In 1945, she was commissioned by the head of the Department of the Federal District to paint a fresco for the monumental stairs and platform of the Government Palace. The project was canceled after David Alfaro Siqueiros and Diego Rivera voiced their opinion that Izquierdo did not have sufficient experience to paint murals. In 1947, she suffered an embolism, which led her to begin painting with her left hand, determined not to quit. Izquierdo divorced the Chilean painter, Raúl Uribe Castillo, a year before her death.

María Izquierdo nació en San Juan de Los Lagos, Jalisco. A sugerencia de su madre, contrajo nupcias con el militar Cándido Posadas cuando María tenía catorce años de edad. Tres hijos nacieron de este matrimonio el cual duró poco tiempo. En la ciudad de México estudió en la Escuela Nacional de Bellas Artes de 1928 a 1929, justo en el momento en que la Academia pasaba por grandes cambios. Antes de su llegada a México, María estudio pintura en provincia. Diego Rivera -en su corto paso como Director de la Escuela Nacional de Bellas Artes- expresó comentarios favorables sobre su obra. Su maestro en esa época fue German Gedovius. En 1929, expuso individualmente por primera vez en la Galería de Arte Moderno; en 1930, en The Art Center en Nueva York, y en 1933, con gran éxito en Paris, en donde vendió toda su obra. Desde 1929 compartió taller y vida con Rufino Tamayo hasta que él, en 1934, se casó con Olga Flores Rivas. Después de la ruptura, la pintura de María Izquierdo reflejó dolor y coincidentemente es a partir de este momento cuando su obra se percibe llena de simbolismos. Después de esta etapa la obra de María acoge un surrealismo muy mexicano. Colaboró en diferentes revistas escribiendo artículos sobre arte. El crítico de arte Justino Fernández la consideró" la mejor pintora contemporánea mexicana" al igual que Antonin Artaud, quien escribió numerosos artículos elogiando su obra. En 1945, el encargado del Departamento Central del Distrito Federal le comisionó un fresco para la escalera monumental y los plafones del Palacio de Gobierno, pero poco tiempo después el proyecto fue cancelado a sugerencia de David Alfaro Siqueiros y Diego Rivera, quienes opinaron que María Izquierdo no tenia experiencia para pintar murales. En 1947 sufrió una embolia, pero ella no dejó de pintar, siguió pintando con la mano izquierda. Se divorció del pintor chileno Raúl Uribe Castillo un año antes de su muerte.

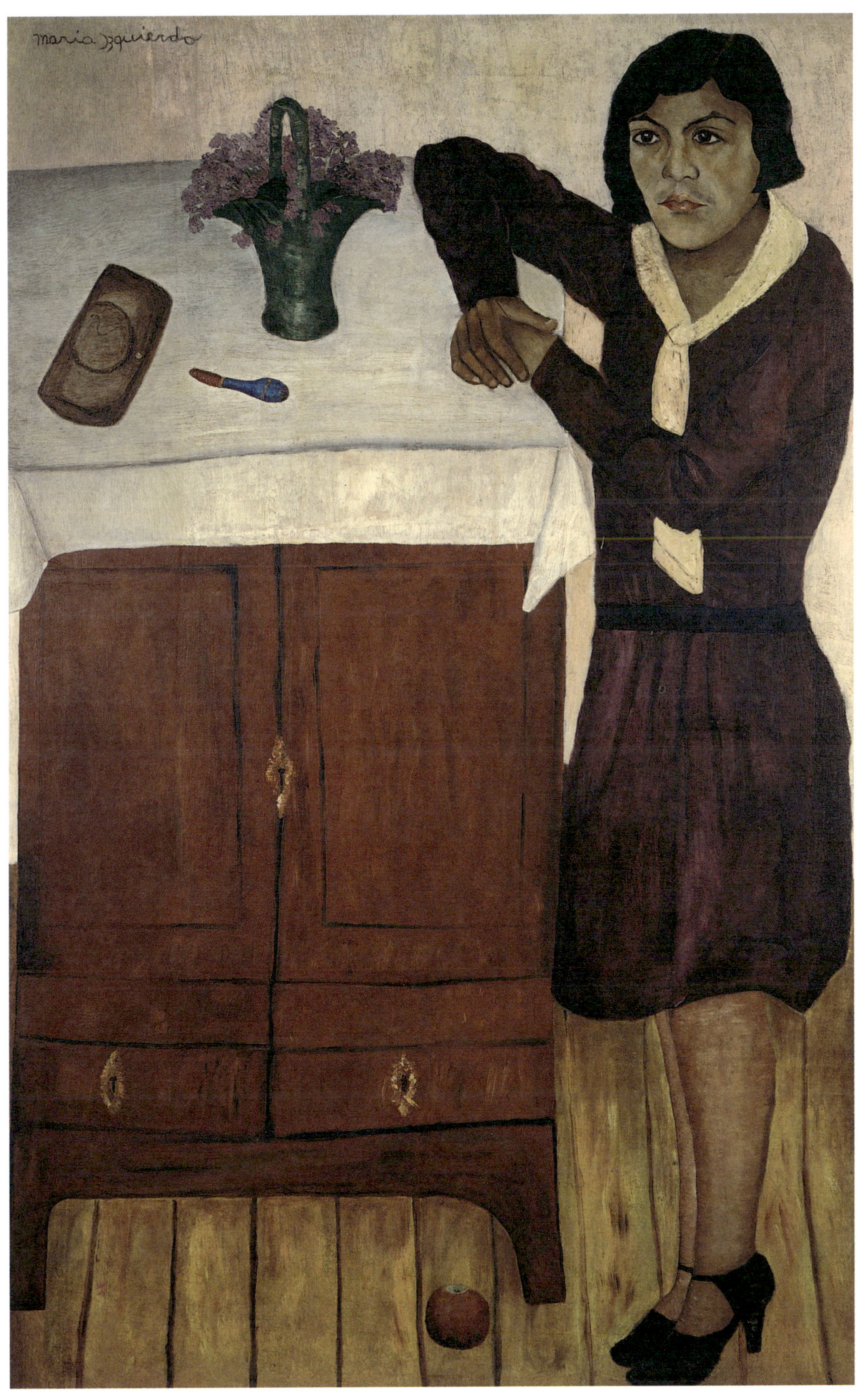

59.
María Izquierdo, Portrait of Belém / *Retrato de Belém*, 1928 oil on canvas / *óleo sobre tela* 59 7/8" x 37" (152 x 94 cm)
Andrés Blaisten Collection

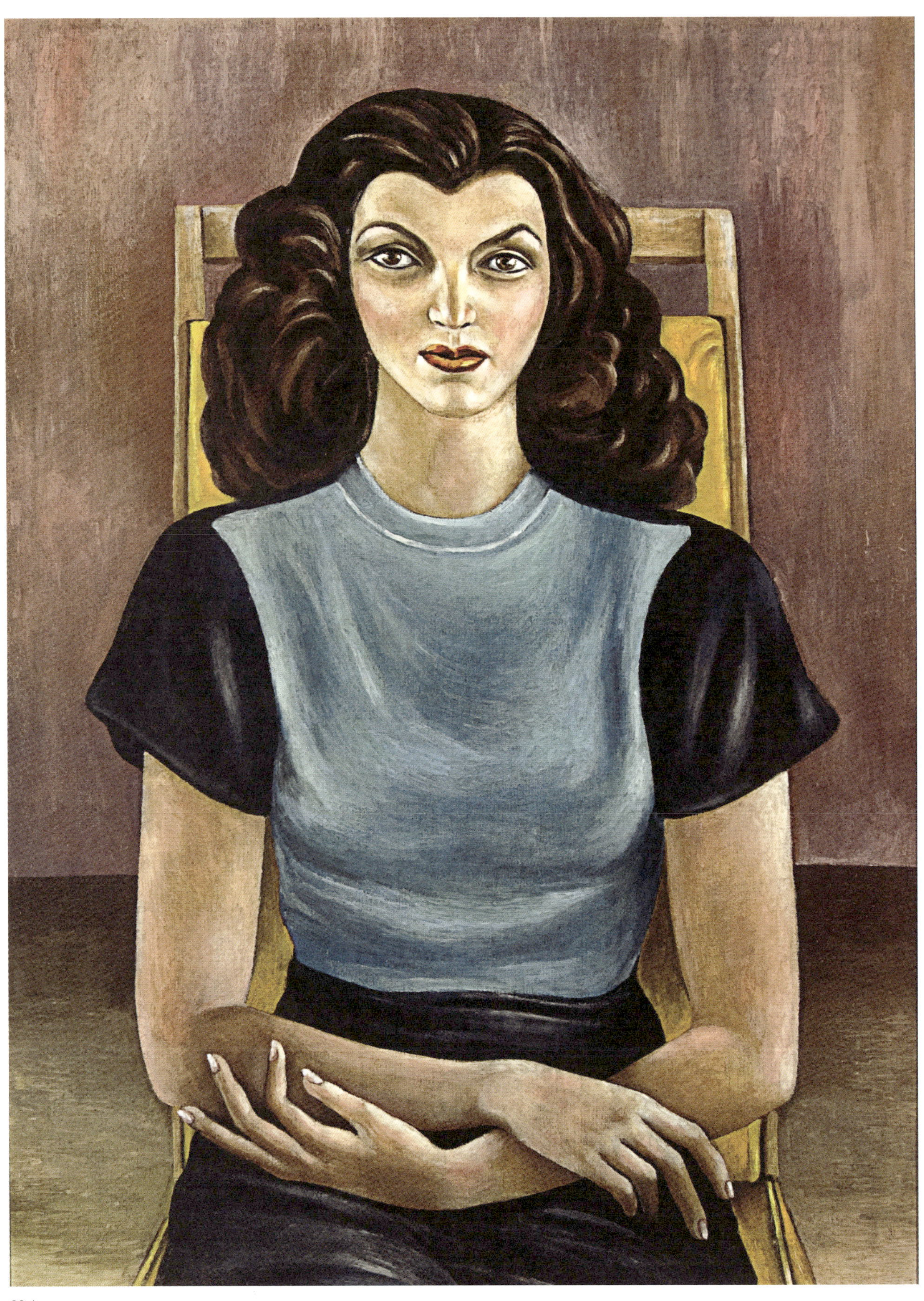

60.*
María Izquierdo, Portrait of Déme Moya / *Retrato de Déme Moya*, 1945 oil on canvas / *óleo sobre tela* 32 11/16" x 23 7/16" (83 x 59.5 cm)
Andrés Blaisten Collection

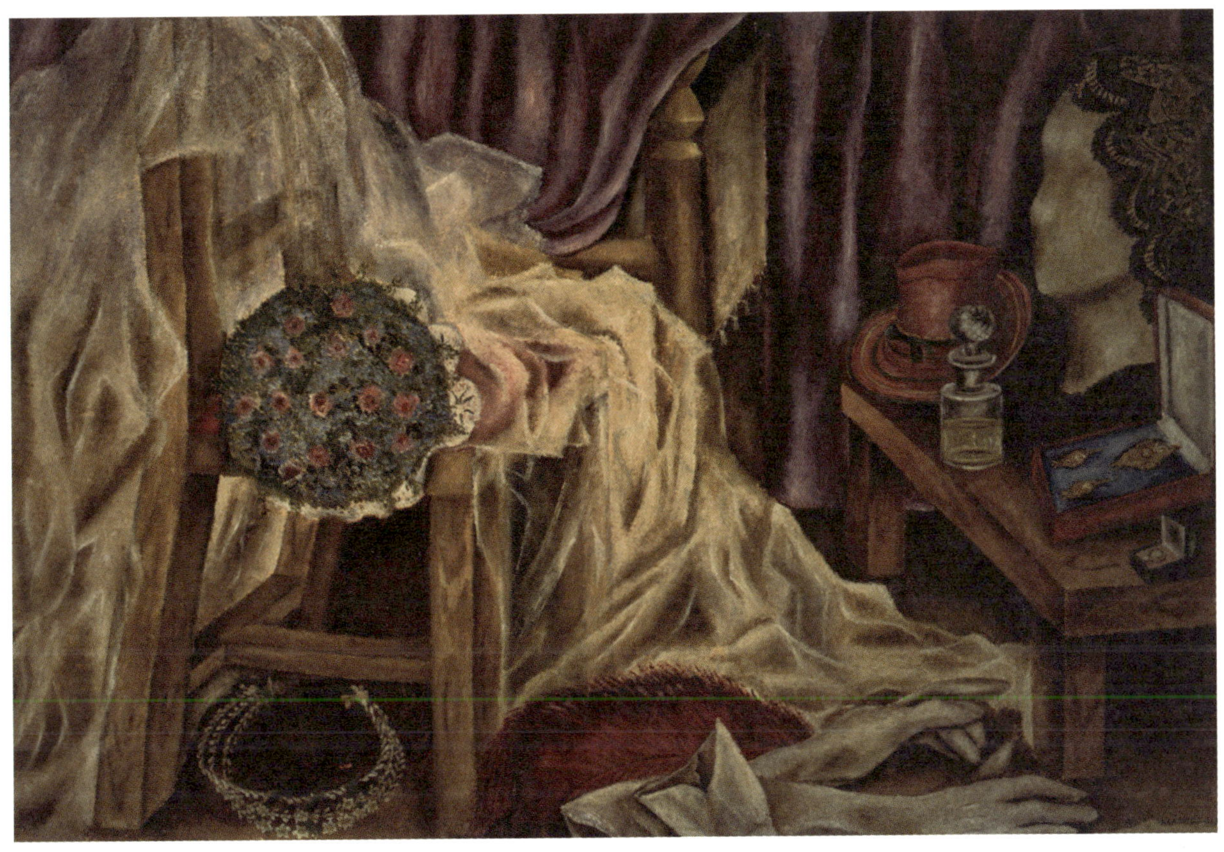

61.
María Izquierdo, Bridal Veil / *Velo de novia*, 1943 oil on panel / *óleo sobre panel* 26 3/8" x 38 1/4" (67 x 97 cm) Private Collection

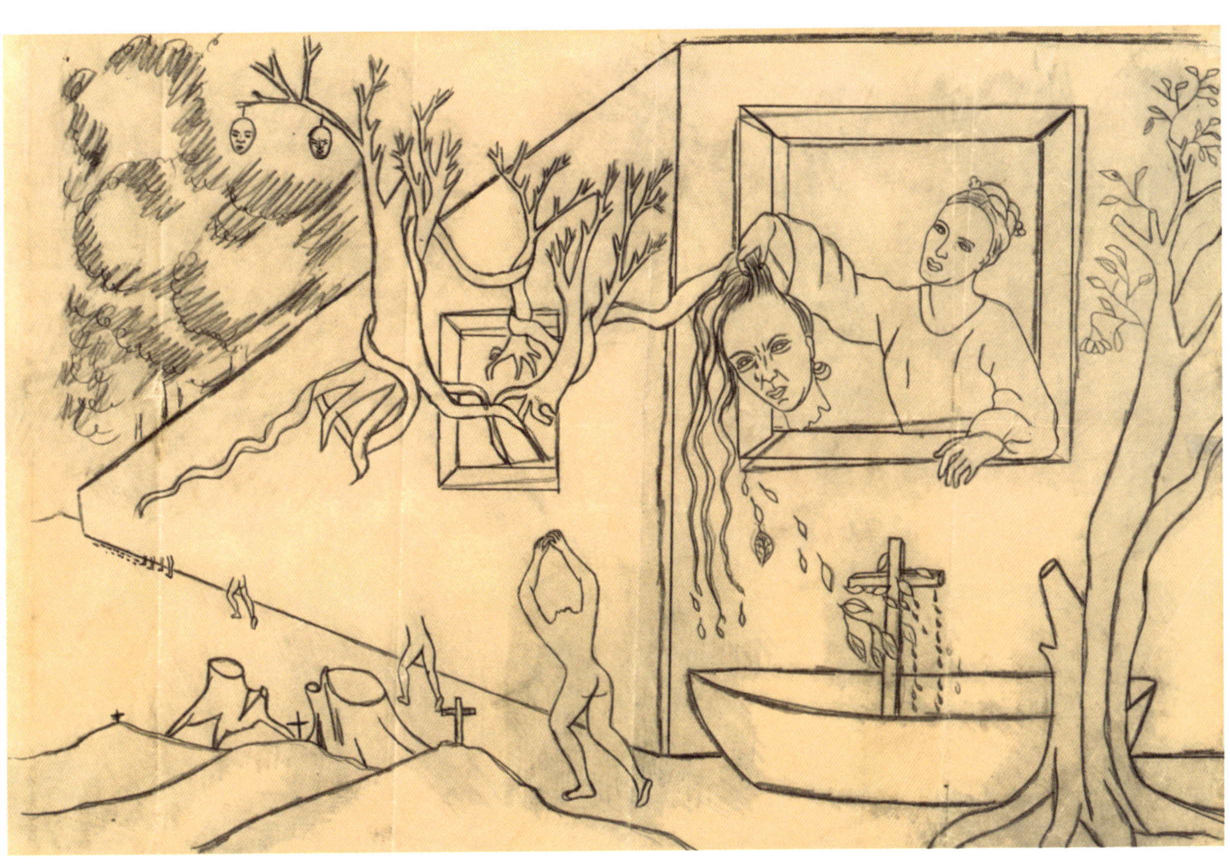

62.
María Izquierdo, Sketch for Dream and Premonition / *Dibujo para sueño y premonición*, 1947 pencil on tracing paper / *lápiz sobre papel mantequilla* 16 1/8" x 24" (41 x 61 cm) Private Collection

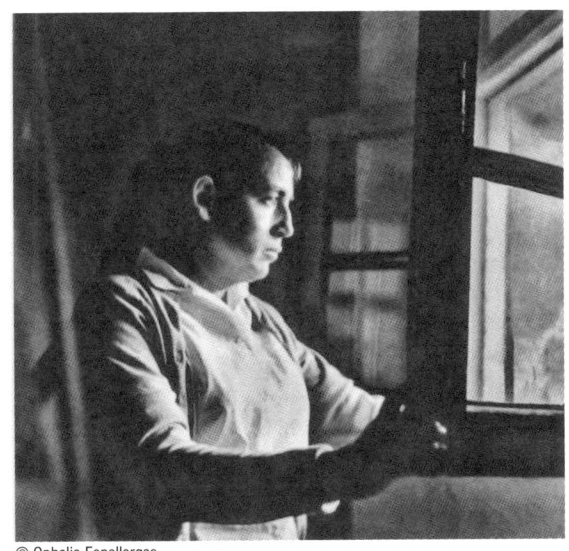

© Ophelia Espallargas

Sarah Jiménez Vernis

1927, Mexico / *México*

Sarah Jiménez was born in Piedras Negras, Coahuila, Mexico. She later moved to Mexico City and in 1947, she enrolled in La Esmeralda, the art school where she would study until 1953. Two of her drawing instructors were the artists, Arturo Estrada and Raúl Anguiano. She was an active member of the Taller de Gráfica Popular during its most successful years. Jiménez was also a member of the Salón de la Plástica Mexicana, until 1981. She participated in several collective exhibitions in various countries around the world including the Biennial of Liubliana, Yugoslavia (1957 - 1963), the First Pan-American Biennial of Painting and Printmaking in Mexico (1958), Casa de Las Américas in Cuba (1960), and many more. For four consecutive years, Sarah received a scholarship from the Instituto Nacional de Bellas Artes. Much of Jimenez's work focuses on social, political, and economic issues. Her work often highlights her concern for the Mexican rural population and working class. Jiménez, a tireless traveler through the states of Mexico, has been able to observe, absorb, and consequently express in her works, the innumerable scenes of everyday life of the regions she has visited. Sarah Jiménez has imparted her artistic wisdom and knowledge to new generations of artists she teaches in her drawing classes.

Sarah Jiménez nació en Piedras Negras, Coahuila. Años después se trasladó a la ciudad de México, en donde ingresó a la escuela La Esmeralda en el año 1947, y en donde estudiaría hasta 1953. Arturo Estrada y Raúl Anguiano fueron dos de sus maestros de dibujo. Participó activamente en el Taller de Gráfica Popular en los mejores años del Taller. Miembro además del Salón de la Plástica Mexicana hasta el año 1981. Participó en diversas exhibiciones colectivas por varios países del mundo, algunas de ellas fueron: las Bienales de Liubliana, Yugoslavia, entre 1957 y 1963; Primera Bienal Interamericana de Pintura y Grabado en México, en el año 1958; Casa de Las Américas, Cuba, en 1960 y muchas más. Recibió una beca del Instituto Nacional de Bellas Artes durante cuatro años. El enfoque que Sarah Jiménez a dado a su obra ha sido siempre las problemáticas sociales, políticas y económicas apreciándose en su obra una preocupación constante por los campesinos y las clases populares. Viajera constante por los estados de la República Mexicana ha sabido observar, captar y en consecuencia plasmar en sus obras las innumerables escenas de la vida cotidiana de las regiones en las que ha estado. Sarah Jiménez ha transmitido sus conocimientos a nuevas generaciones de artistas a través de las clases de dibujo que impartió en la Casa del Lago y en la Secretaría de Educación Pública.

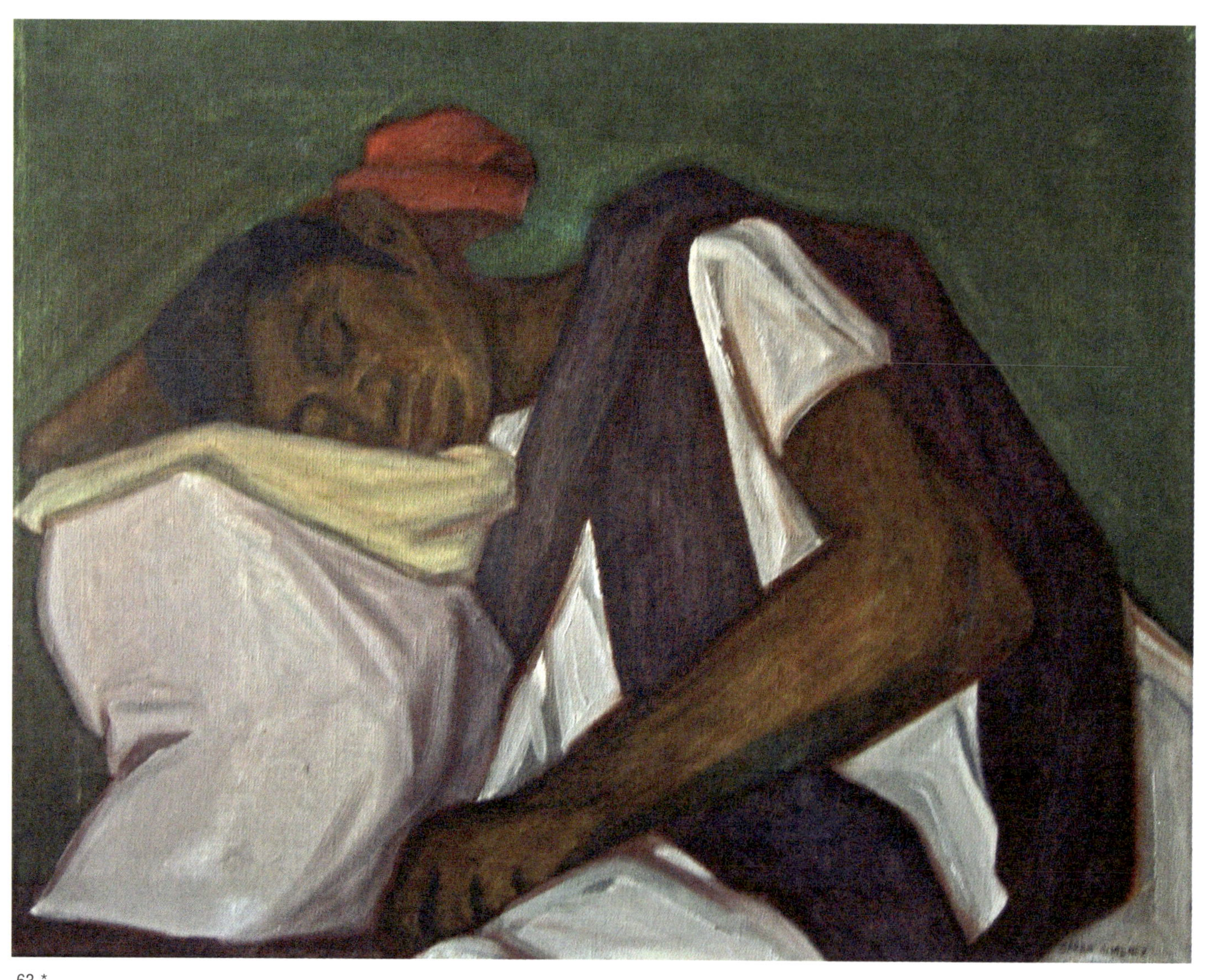

63.*
Sarah Jiménez Vernis, The Dream / *El sueño,* 1960's oil on canvas / *óleo sobre tela* 16" x 20" (40 x 50 cm) Ophelia Espallargas Collection

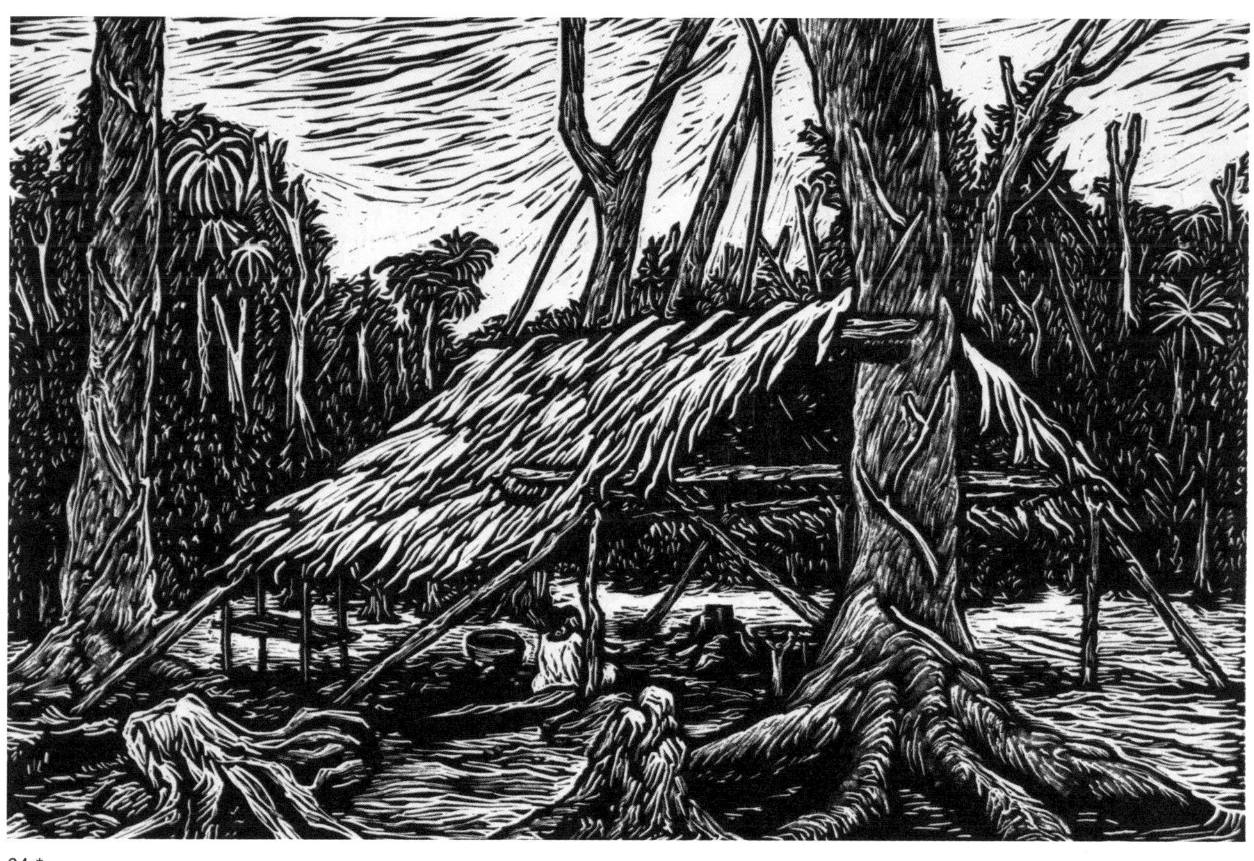

64.*
Sarah Jiménez Vernis, Group of Gum Collectors from Quintana Roo / *Hato chiclero Quintana Roo*, n.d. / s.f. linocut / *linóleo*, n.n.
12 7/8" x 18 3/4" (30.4 x 45.7 cm) (paper size), National Museum of Mexican Art Permanent Collection, 1999.337, Gift of the Rogovin Family

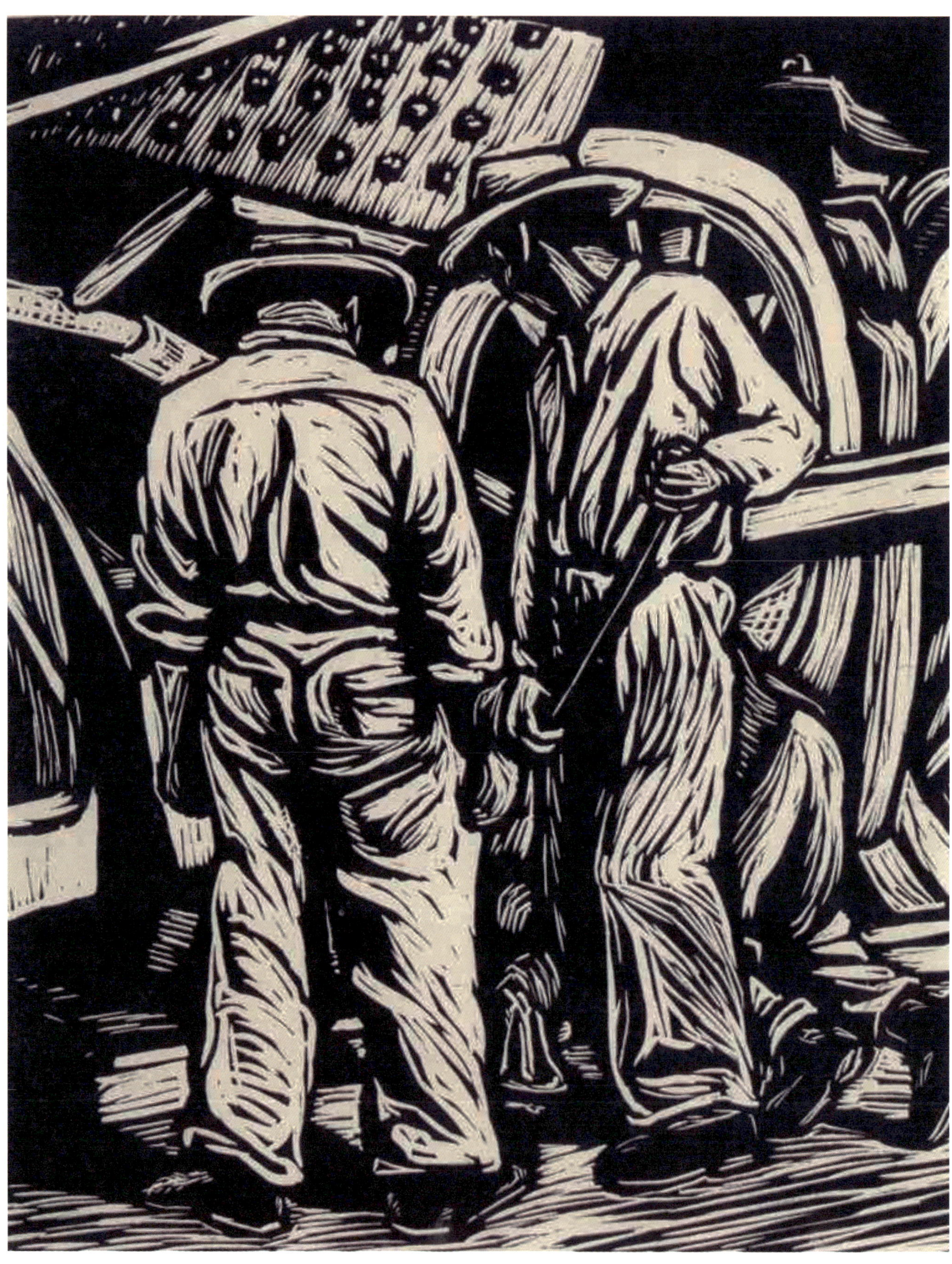

65.*
Sarah Jiménez Vernis, Rail Road Workers / *Ferrocarrileros*, 1957 linocut / *linóleo*, n.n. 13" x 10 1/4" (33 x 25.4 cm) (paper size)
National Museum of Mexican Art Permanent Collection, 1999.328, Gift of the Rogovin Family

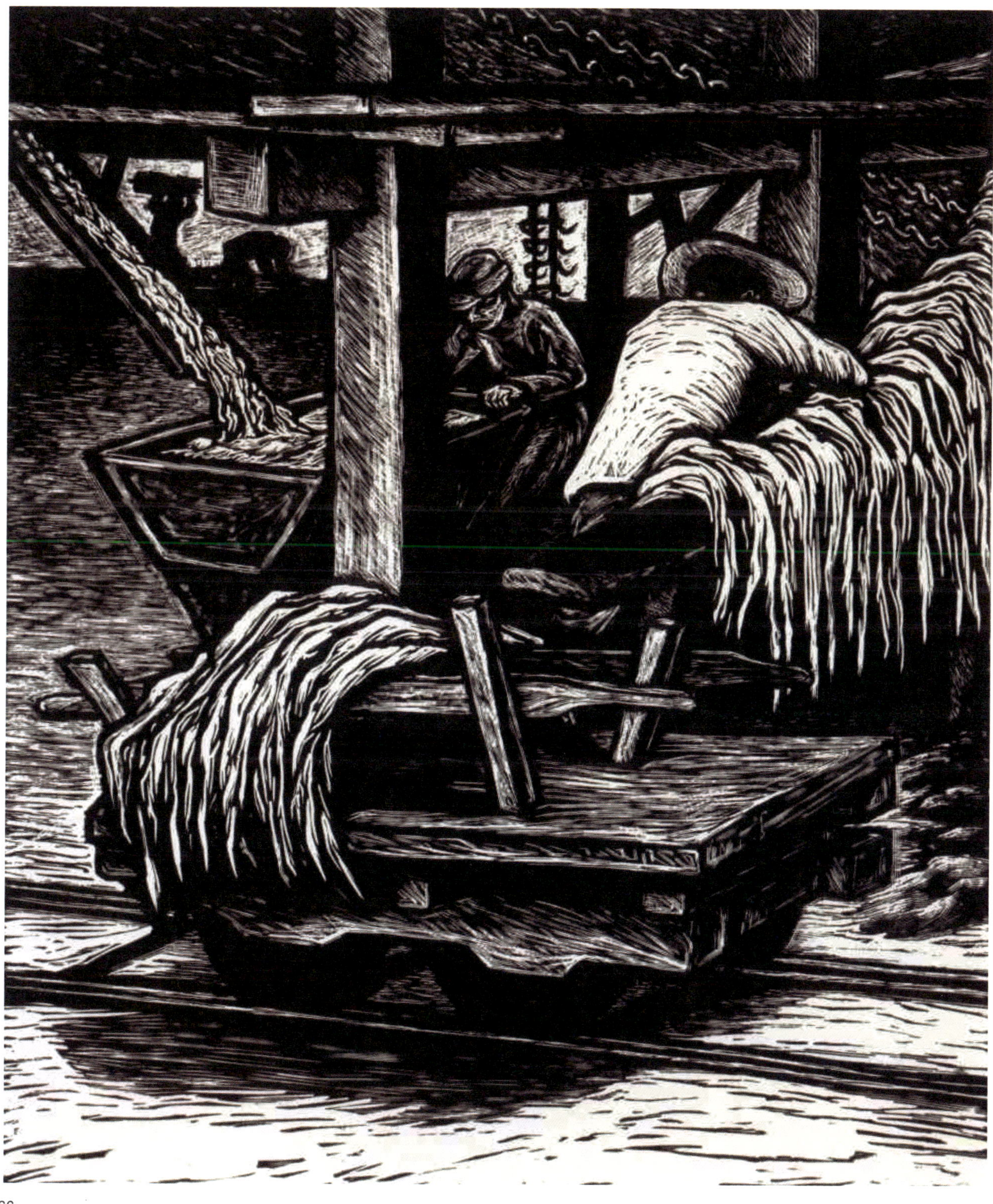

66.
Sarah Jiménez Vernis, Processing Henequen / *Beneficios del henequén*, 1958 linocut / *linóleo*, n.n. 18 3/4" x 12 7/8" (45.7 x 30.4 cm) (paper size)
National Museum of Mexican Art Permanent Collection, 1999.339, Gift of the Rogovin Family

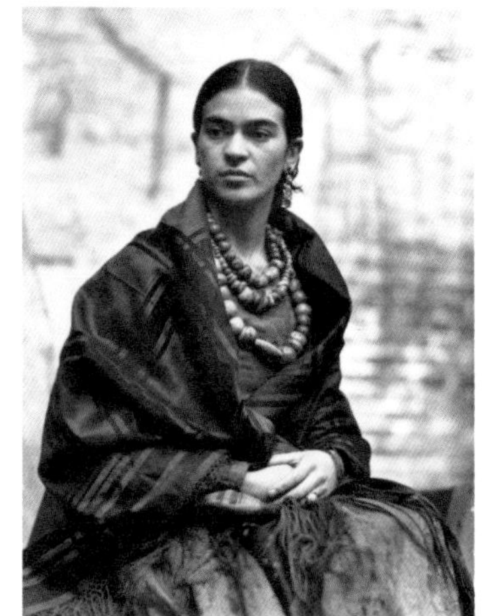
© Edward Weston

Frida Kahlo

Magdalena Carmen Frida Kahlo y Calderón
1907-1954, Mexico / *México*

Frida was born in Coyoacan, Mexico in 1907. However, she always said she was born in 1910, the year in which the Mexican Revolution began. She was the third daughter of German photographer, Guillermo Kahlo and Matilde Calderón González. The physical suffering she endured when she contracted polio at age six, and again when she was in a bus accident in 1925, would scar her entire life. She studied at the Escuela Nacional Preparatoria, where she met the artist who would become her husband, Diego Rivera. The two were married in 1929. During her long convalescence, she began painting, and finished her first self-portrait in 1926. This was the first in a series of self-portraits she would paint during her lifetime, as she stated: "I paint myself because I spend a lot of time alone and because I am the subject I know best." In 1940, Frida and Diego divorced, only to be remarried a year later. Due to her injuries, it was impossible for her to have children. She later became an art teacher at the art school, La Esmeralda. Diego and Frida lived in New York and Detroit from 1931 to 1934, as Rivera completed the murals he was commissioned. In 1938, Kahlo held her first solo exhibition in New York at the Julian Levy Gallery. One year later, she was invited by André Bretón to exhibit at the Renou et Colle Gallery in Paris. In 1953, the Galería de Arte Contemporáneo of Mexico City organized a large exhibition of her work, which Kahlo attended on her hospital bed. Frida Kahlo died in Coyoacan in 1954, her wake was held at the Palacio de Bellas Artes. Her ashes are kept at the Casa Azul, the house where she was born. Among her most important works are: "Mi nana y yo", "Autorretrato de Tehuana", "La venadita" and "Las dos Fridas", among others. Several museums in Mexico, Europe, and the United States have purchased her work. The last sentence in her diary reads: "I await the end with joy and hope never, ever to return."

Nació en Coyoacán en 1907, aunque ella decía haber nacido en 1910, año del inicio de la Revolución Mexicana. Fue la tercer hija del fotógrafo alemán Guillermo Kahlo y de Matilde Calderón González. Su vida quedó marcada por el sufrimiento físico que comenzó con la polio que contrajo a los seis años seguido por el accidente de autobús en 1925. Estudió en la Escuela Nacional Preparatoria lugar en donde conocería al que seria su marido, el pintor Diego Rivera, con el cual se casó en 1929. Durante su larga convalecencia comenzó a pintar. En 1926 y todavía convaleciente pintó su primer autorretrato, el primero de una serie que haría a lo largo de toda su vida, porque como ella lo dijo: "me retrato a mí misma porque paso mucho tiempo sola y porque soy el motivo que mejor conozco". En 1940 Frida y Diego se divorciaron volviéndose a casar un año después. Debido a sus lesiones quedó imposibilitada para tener hijos. Fue maestra de pintura en la escuela de Artes Plásticas La Esmeralda. Entre 1931 y 1934 Diego y Frida vivieron en Nueva York y Detroit por los murales que se le habían comisionado a Diego. En 1938 realizó su primera exposición individual en la Galería Julián Levy de Nueva York y en 1939 fue invitada por André Bretón a exhibir en la Galería Renou et Colle. En el año 1953 la Galería de Arte Contemporáneo de la Ciudad de México le organizó una exhibición. Pese a su mala salud, Frida se presentó a ella en una cama de hospital. Frida Kahlo murió en Coyoacán en 1954, fue velada en el Palacio de Bellas Artes. Sus cenizas se conservan en la Casa azul, lugar que la vio nacer. De su obra sobresalen "Mi nana y yo", "Autorretrato de tehuana", "La venadita", "Las dos Fridas" entre otras. Varios museos de México, Europa y los Estados Unidos poseen obra suya. Las últimas palabras que ella escribió en su diario fueron: "Espero alegre la salida y espero no volver jamás".

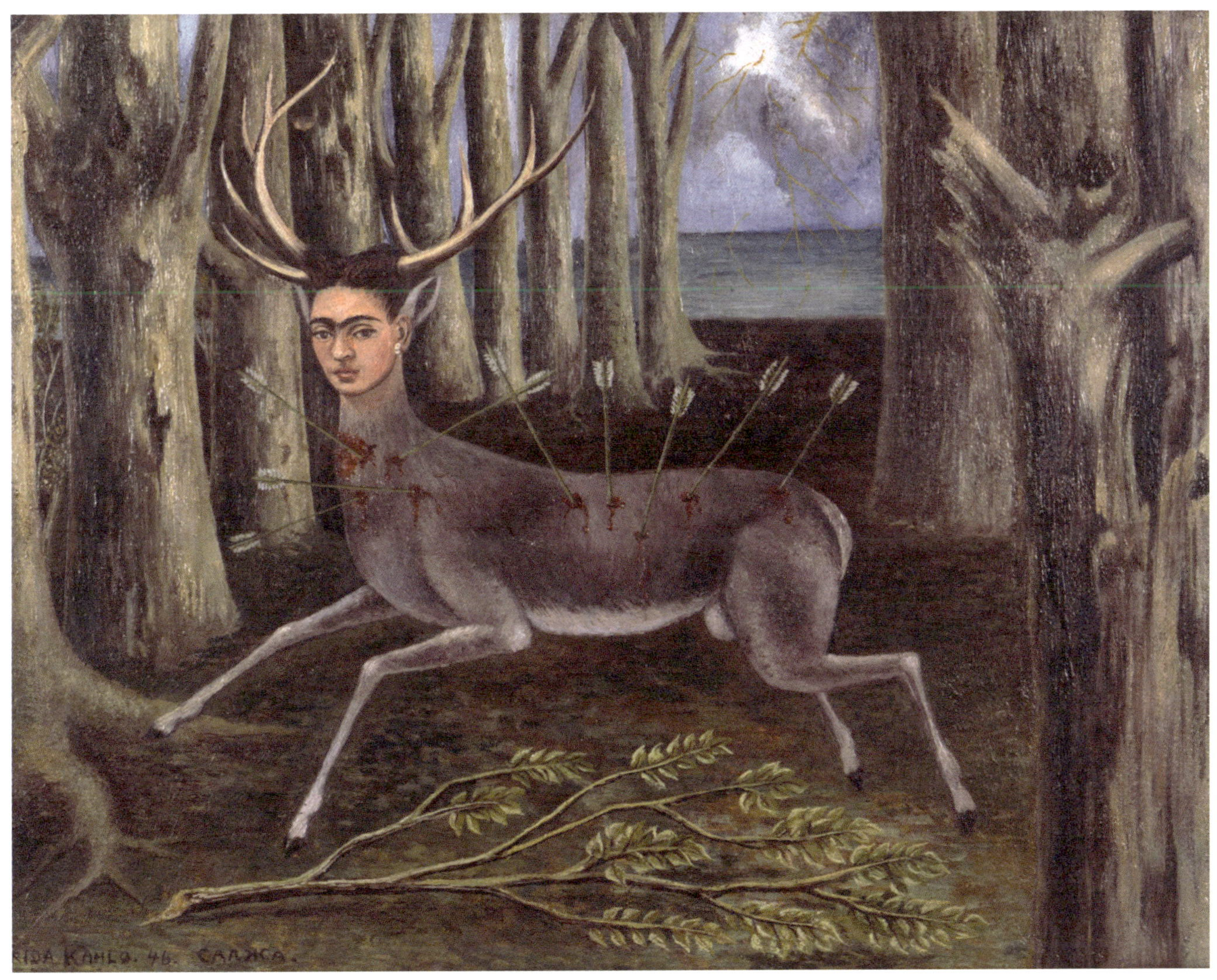

67.
Frida Kahlo, The Little Deer / *La venadita*, 1946   oil on canvas / *óleo sobre tela*   8 7/8" x 11 7/8" (22.4 x 30 cm)   Private Collection

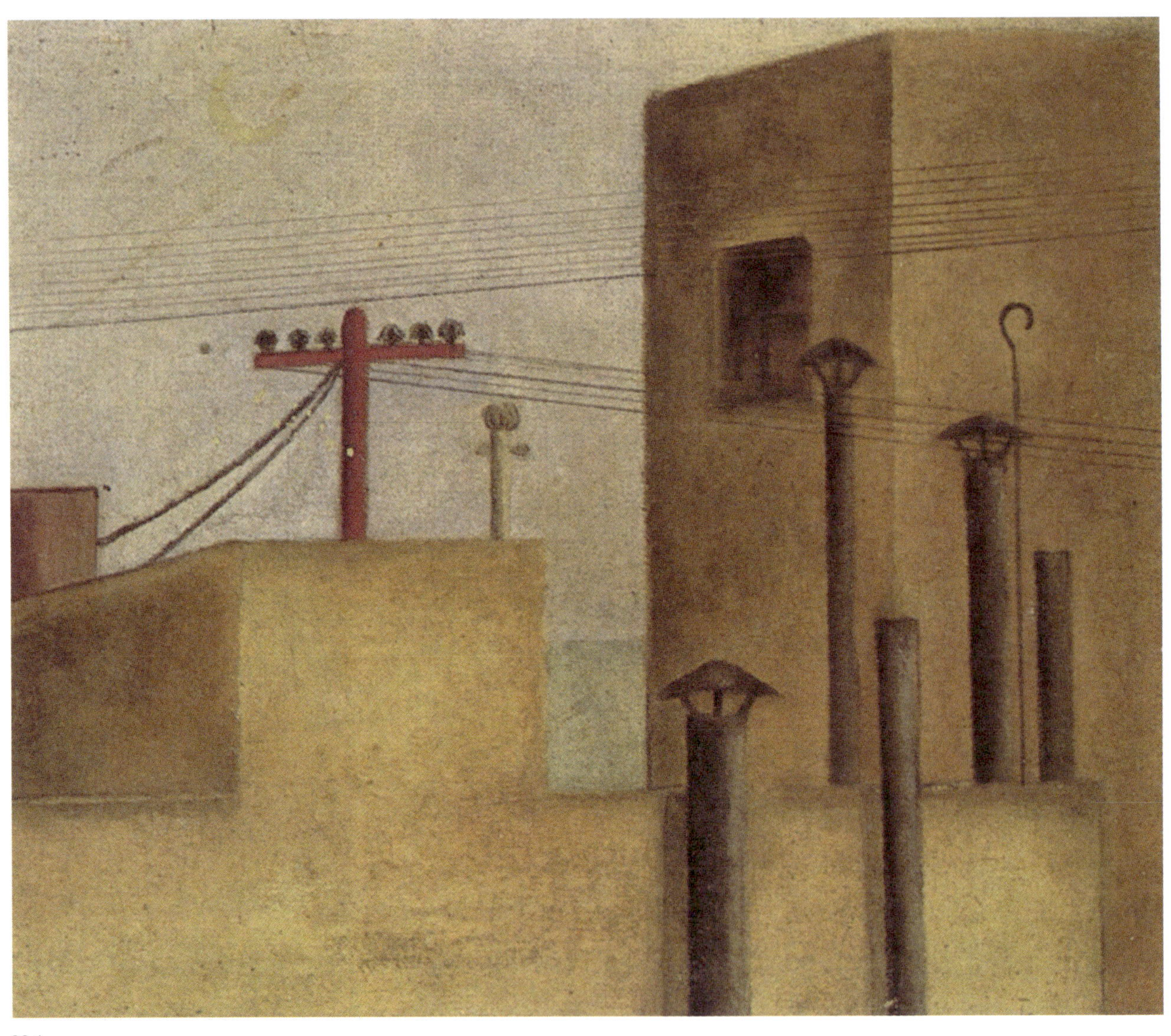

68.*
Frida Kahlo, Urban Landscape / *Paisaje urbano,* ca. 1925 oil on canvas / *óleo sobre tela* 13 5/16" x 15 1/2" (34.4 x 40.2 cm)
Private Collection. Courtesy Enrique Guerrero Gallery, Mexico

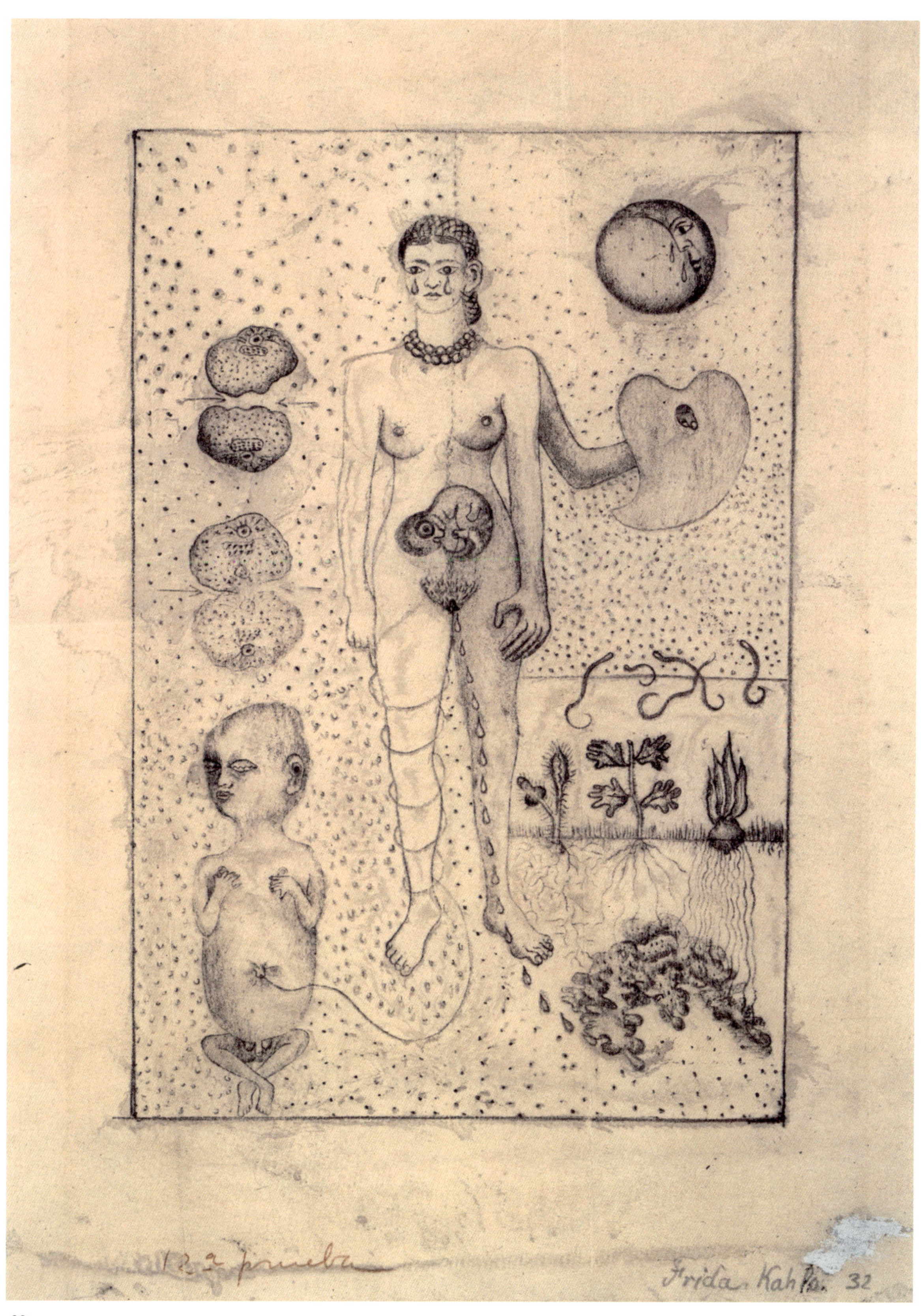

69.
Frida Kahlo, Frida and the Abortion / *El aborto*, 1932   lithograph on paper / *litografía sobre papel*   12 1/2" x 9 1/2" (30.4 x 22.8 cm)
Private Collection

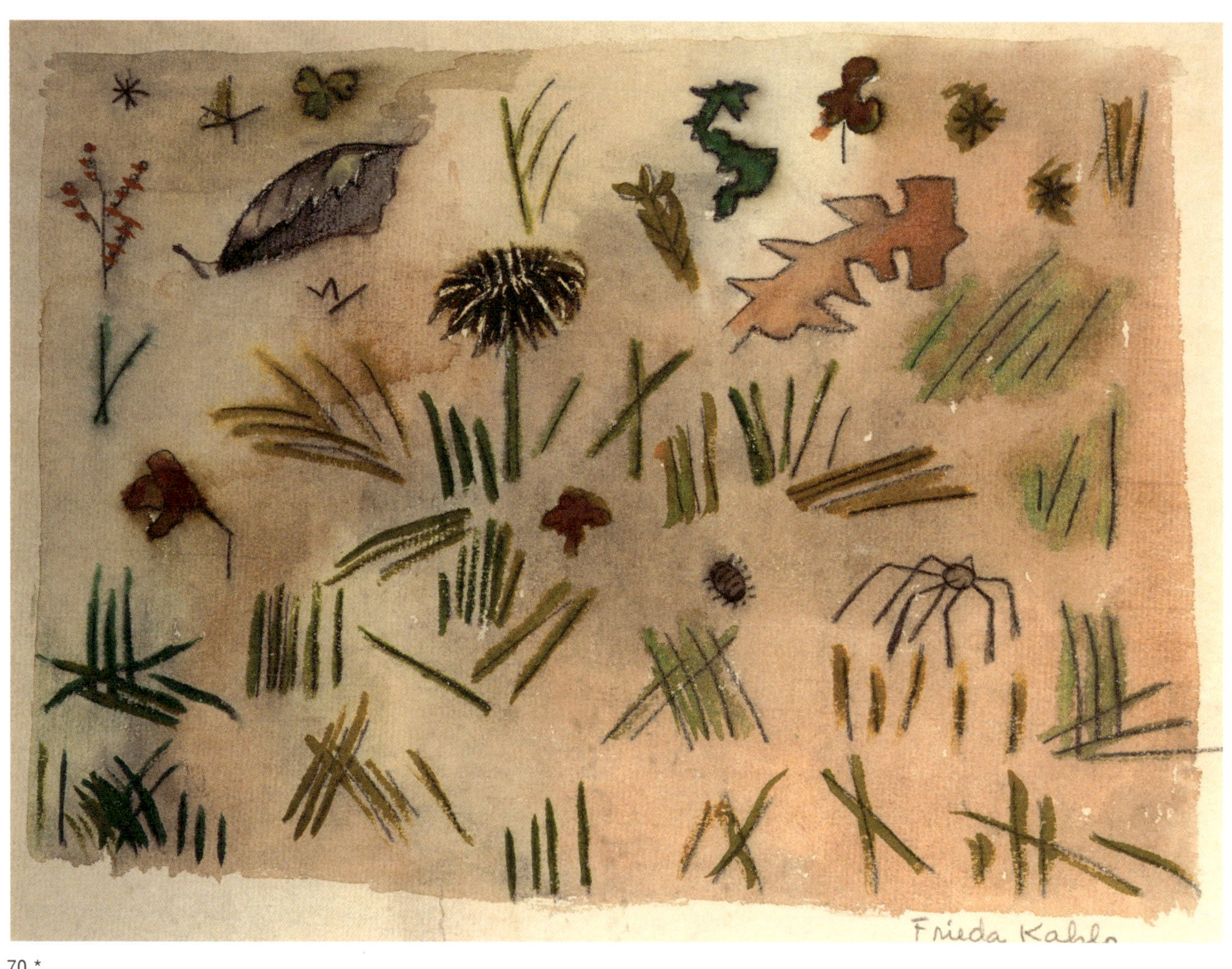

70.*
Frida Kahlo, Small Life / *Vida pequeña*, n.d. / s. f. watercolor on paper / *acuarela sobre papel* 8 5/8" x 10 7/8" (22 x 27.8 cm) Private Collection

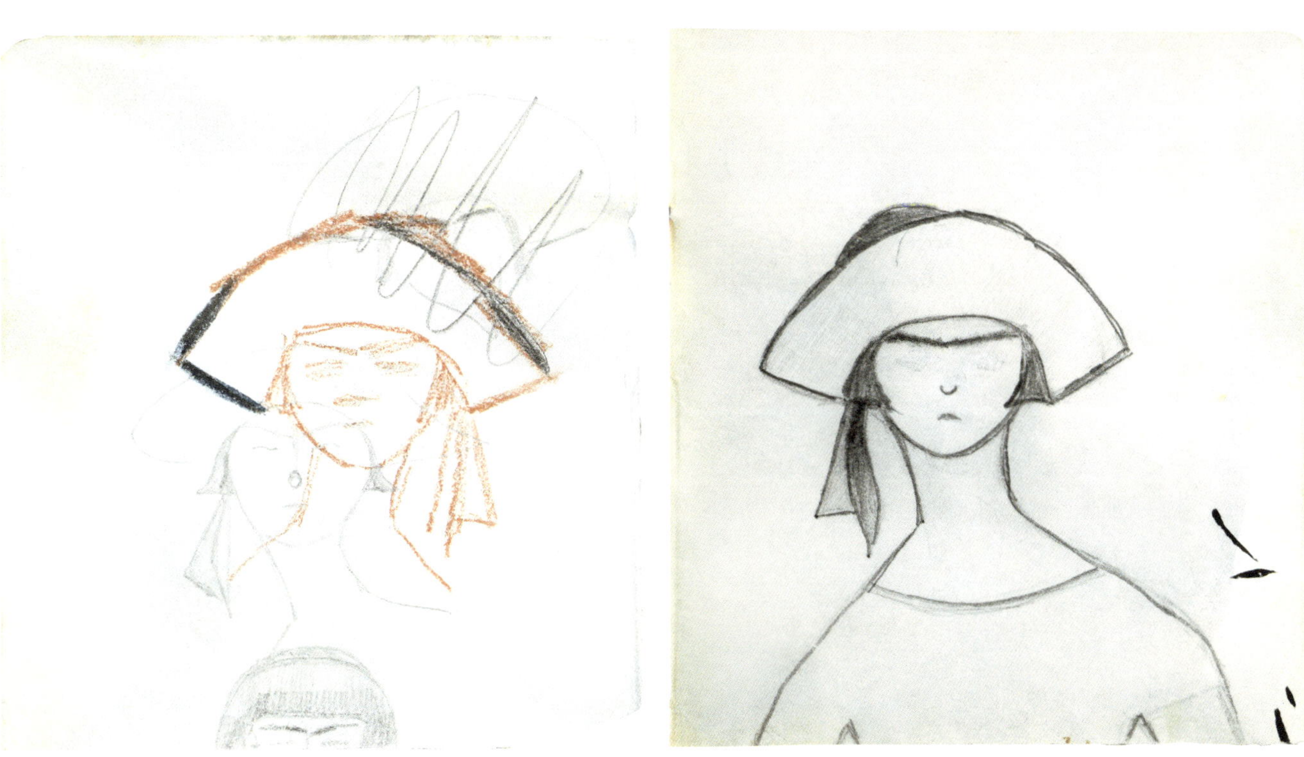

71.*
Frida Kahlo, Self-portraits drawn in her notebook / *Autorretratos dibujados en su cuaderno*, 1926 Graphite pencil on paper, two-tone on reverse side
Lápiz de gráfito sobre papel en anverso y reverso bicolor 4 3/4" x 3 7/8" (12 x 10 cm) Private Collection

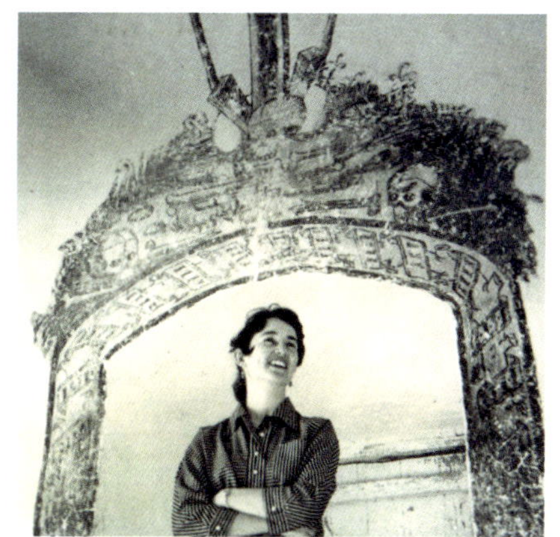

Rina Lazo

Rina Melanie Lazo Wasem
1928, Guatemala

Rina Lazo began her studies in night school at the Academia de Bellas Artes de Guatemala. In the 1940's she moved to Mexico with a scholarship to continue her studies, which the Ministry of Education of Guatemala had awarded her. Lazo was later admitted to La Esmeralda, where she was a pupil of the artists, Alfredo Zalce and Carlos Orozco Romero. A short time later, Diego Rivera invited her to be his apprentice for the famous mural "Sueño de una tarde dominical en la Alameda Central" (Dream of a Sunday Afternoon in the Central Alameda), located in the lobby of the Hotel del Prado. Lazo worked as Rivera's assistant for ten years on many of his murals. She married the artist, Arturo Garcia Bustos, who had studied under Frida Kahlo and from whom she learned printmaking techniques. She received the first prize for printmaking in the World Youth Festival in Bucharest, Romania. Lazo painted the mural "Los hombres del maíz" (The Men of Corn), in the Museo de Arqueología in Guatemala and made replicas of the Mayan paintings from Bonampak for the Museo Nacional de Antropología in Mexico City. Years later, she made a series of prints that were studies of prehistoric cave paintings of Baja California, México. Lazo was a member of the Salón de la Plástica Mexicana and the Taller Gráfico de Coyoacán. She taught at the School of Restoration of the Instituto Nacional de Bellas Artes and in La Casa del Lago. In 1953, Lazo returned to Guatemala with her husband who had been commissioned to found and establish a print house at the Escuela de Bellas Artes en Guatemala. Lazo was awarded the Medal of Peace by the Guatemalan government for promoting, defending, and conserving cultural heritage. Lazo was also imprisoned for her participation in the student uprisings in 1968 in Mexico City. She belonged to the Escuela Mexicana and much of her work consists of landscapes and still-life paintings.

Rina Lazo inició sus estudios en la Academia de Bellas Artes de Guatemala, en donde asistía a clases nocturnas. Obtuvo una beca del Ministerio de Educación de Guatemala para estudiar en México, a donde llegó en la década de los 40's. Se inscribió en la escuela La Esmeralda en donde tomó clases con Alfredo Zalce y Carlos Orozco Romero. Al poco tiempo fue invitada para ser ayudante de Diego Rivera en el mural " Sueño de una tarde dominical en la Alameda Central" que el artista realizó en el Hotel del Prado. Durante diez años fue asistente de Diego Rivera en diversos proyectos murales. Rina Lazo se casó con el artista Arturo García Bustos -discípulo de Frida Kahlo- y de quien aprendió las técnicas del grabado. Obtuvo el Primer Premio de Grabado en el Festival Mundial de la Juventud, en Bucarest, Rumania. Rina creó el mural " Los hombres del maíz" para el Museo de Arqueología de Guatemala y realizó las réplicas de las pinturas mayas de Bonampak para el Museo Nacional de Antropología de la ciudad de México. Años después creó una carpeta de grabados con estudios de las pinturas rupestres de Baja California Sur, México. Fue miembro del Salón de la Plástica Mexicana y del Taller Gráfico de Coyoacán. Impartió clases en la escuela de Restauración del Instituto Nacional de Bellas Artes y en la Casa del Lago. En 1953 regresó a Guatemala por un tiempo acompañando a García Bustos, a quien se le comisionó la fundación e instalación del Taller de Grabado en la Escuela de Bellas Artes en Guatemala. Rina Lazo recibió del gobierno Guatemalteco la Medalla de la Paz, por su promoción, defensa y protección del patrimonio cultural. Durante el movimiento estudiantil de 1968 en México fue encarcelada. Perteneció a la Escuela Mexicana. Su obra figurativa, se concentra principalmente en los paisajes y las naturalezas muertas.

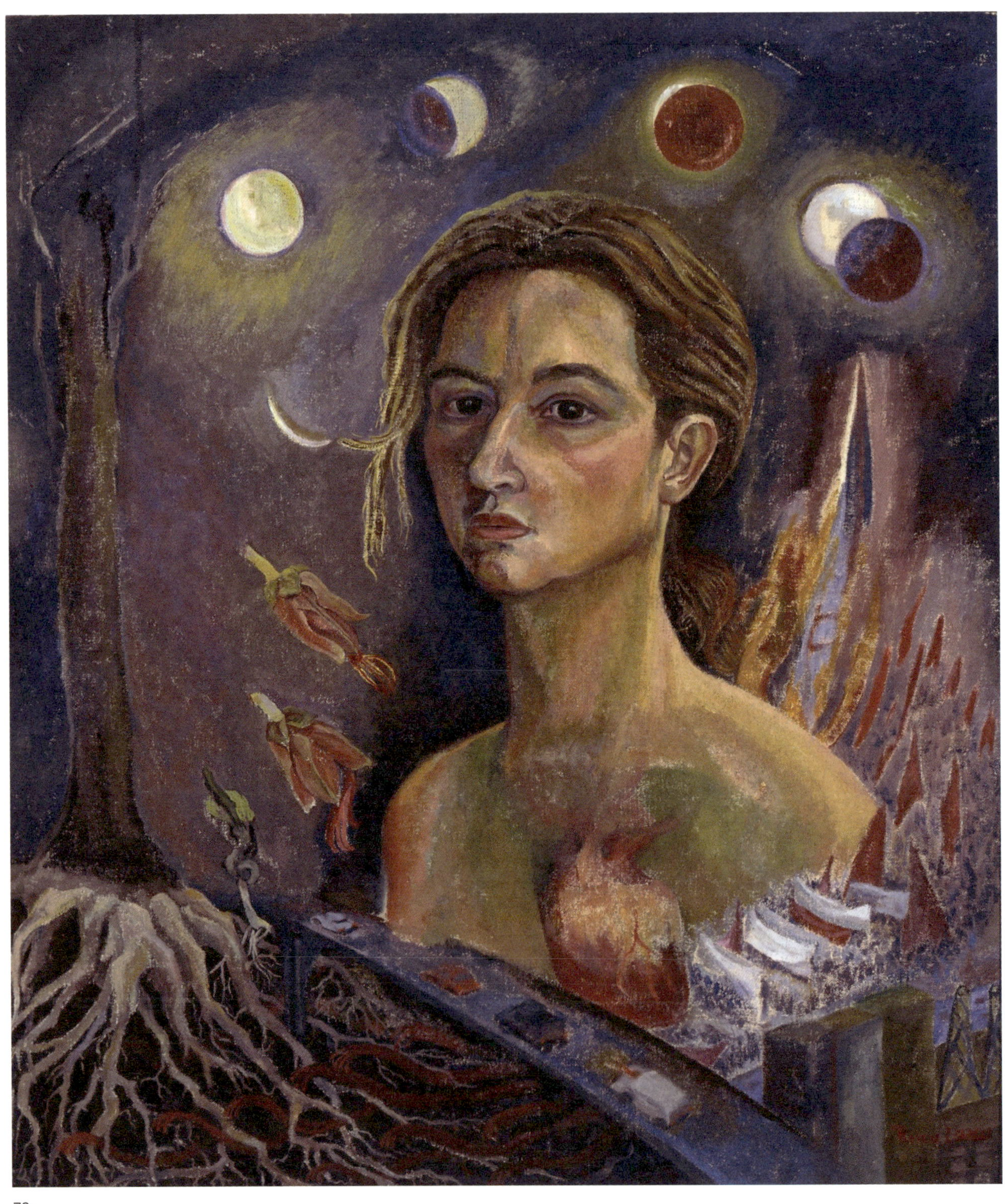

72.
Rina Lazo, Self-portrait / *Autorretrato*, 1968 oil on canvas / *óleo sobre tela* 27 1/2" x 23 5/8" (70 x 60 cm) Courtesy of the Artist

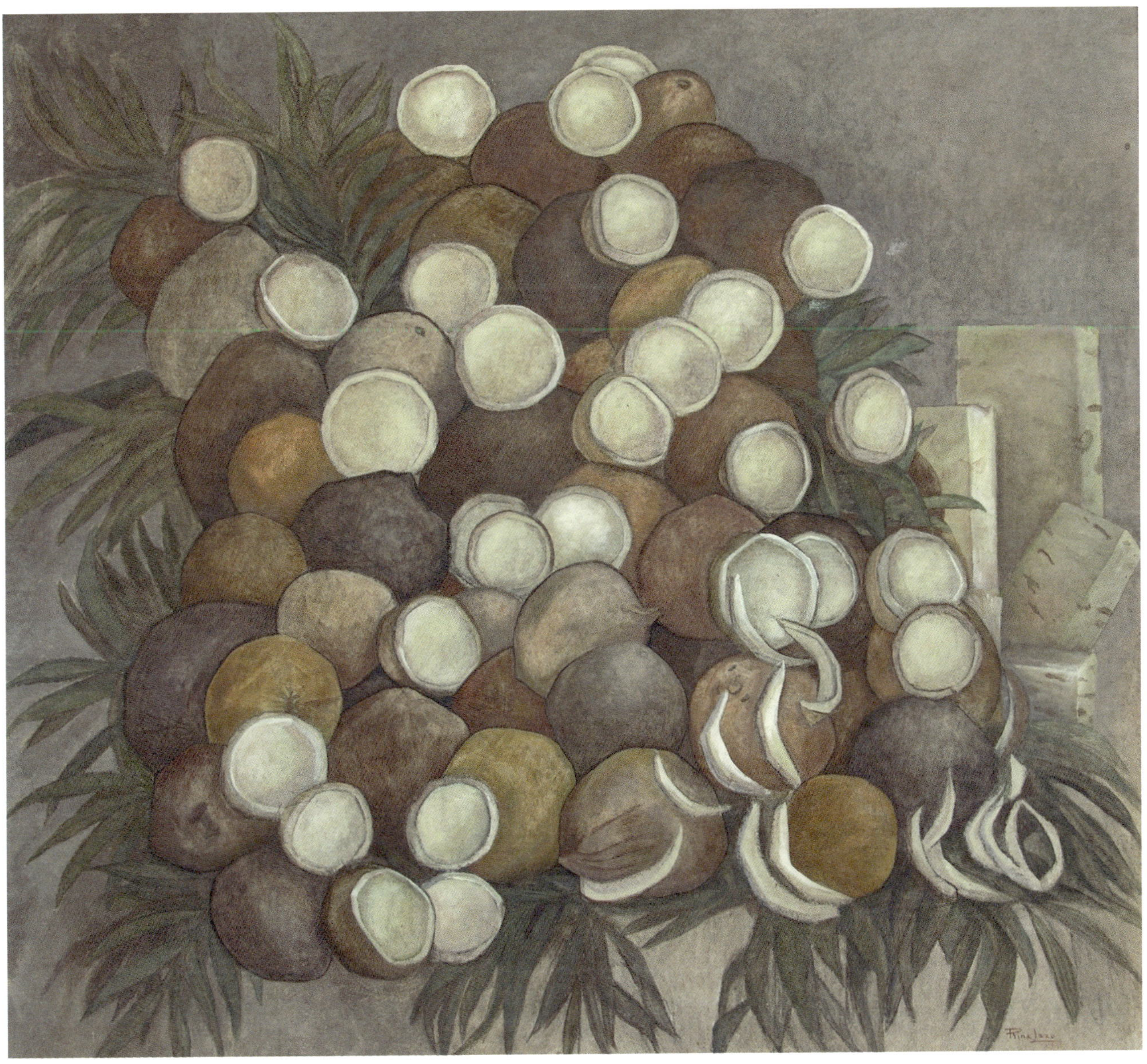

73. *
Rina Lazo, Coconut Stand at La Merced / *Puesto de cocos en la Merced*, 1973 tempera on particle board / *pintura al temple sobre conglomerado*
44 7/8" x 44 1/8" (114 x 122 cm) Courtesy of the Artist

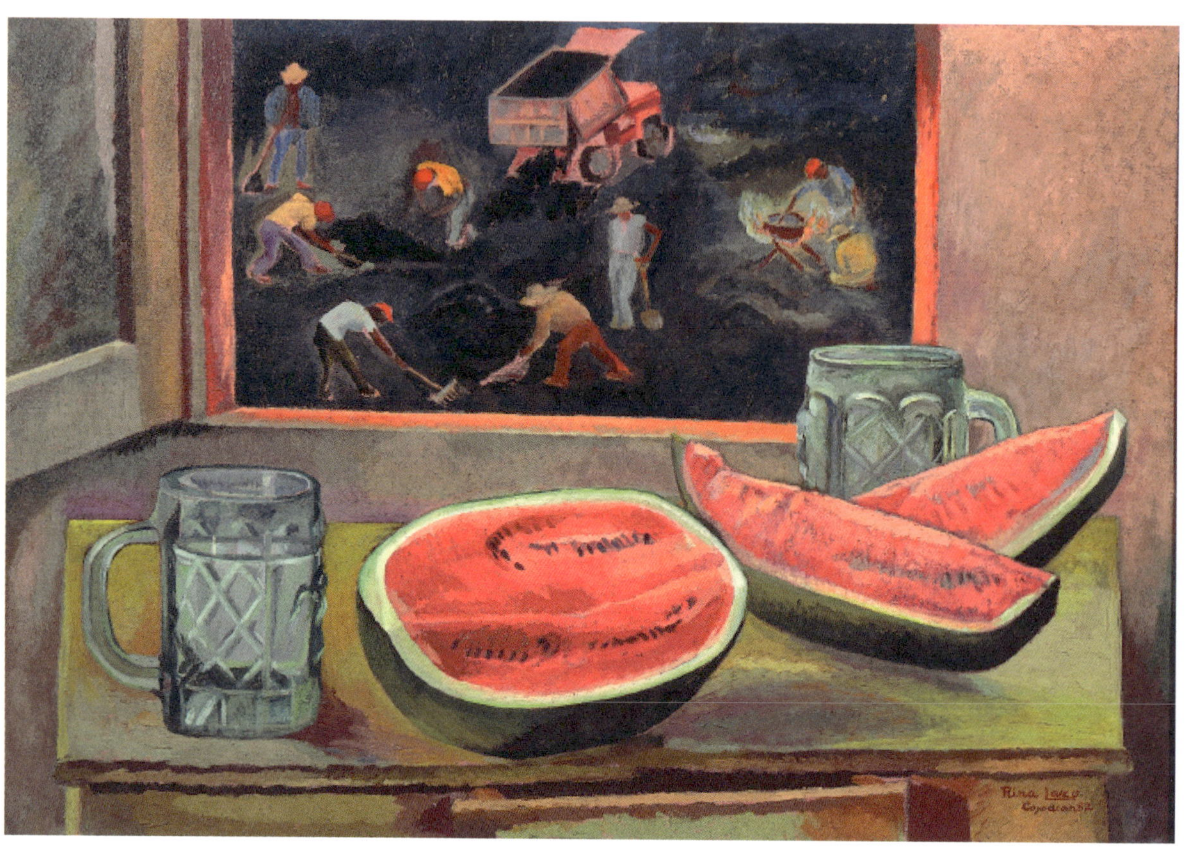

74.
Rina Lazo, Jars and Watermelons at the Window with Asphalt Workers / *Tarros y sandías en la ventana con trabajadores del asfalto*, 1982
oil on canvas / *óleo sobre tela* 24" x 34 5/8" (61 x 88 cm) Colección Pago en Especie, SHCP Recaudación 1982 (3738756)

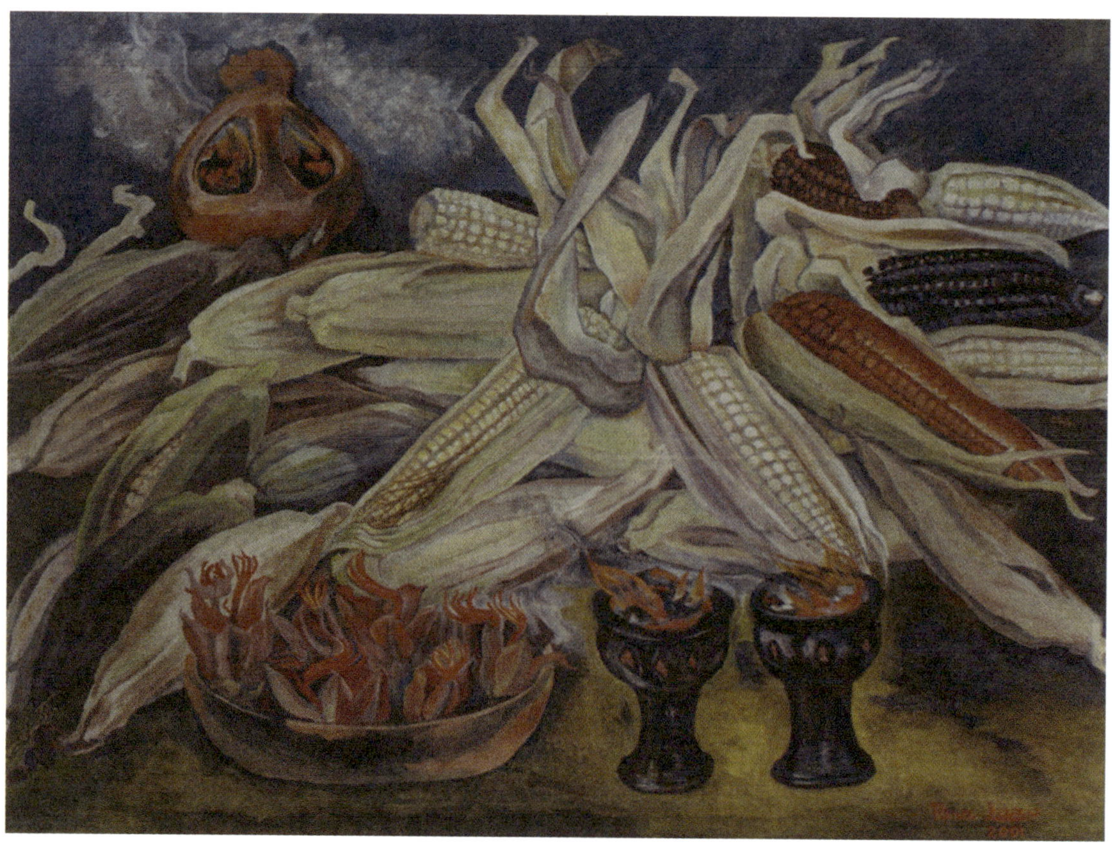

75. *
Rina Lazo, An Offering of Corn / *Ofrenda de mazorcas*, 2001 oil on canvas / *óleo sobre tela* 27 1/2" x 33 1/2" (70 x 85 cm)
Courtesy of the Artist

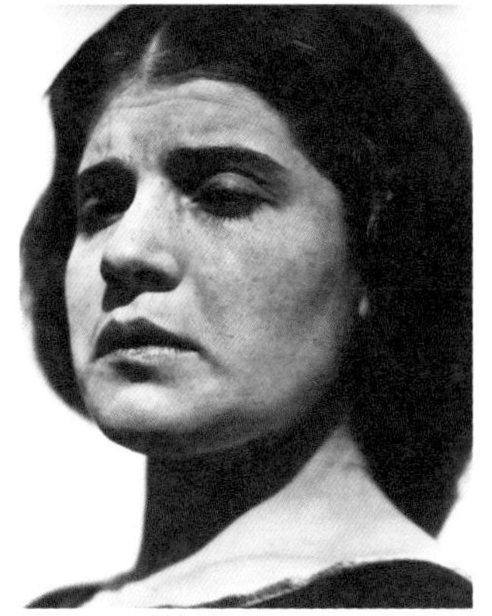
© Edward Weston

Tina Modotti

Asunta
Adelaida Luigia Modotti Mondini
1896, Italy / *Italia*
1942, Mexico / *México*

Tina Modotti was born in Udine, Italy. Both her father, with his socialist political ideals and her uncle, who was a photographer, would greatly influence her. At sixteen, Modotti immigrated to the United States with her father, where she began acting on stage and in movies, and also as a model for artists. In 1918, she married the painter and anarchist poet Roubaix de l' Abrie "Robo" who died in Mexico in 1922. Modotti became the lover of the photographer, Edward Weston, and traveled to Mexico with him in 1923. Determined to become a professional photographer, Modotti assisted Weston in the photography studio he opened in Mexico in exchange for his instruction. Edward Weston later decided to return to the United States, while Modotti chose to stay in Mexico. In 1927, Modotti joined the Communist Party, and remained an activist until her death. Due to her political affiliations, her work became increasingly socially critical. Also in 1927, she received a commission to photograph the murals of the Mexican Muralist Movement. In 1929, Modotti held her first solo exhibition at the Biblioteca Nacional. She had begun a relationship with the founder of the "internationalized" Cuban Communist Party, Julio Antonio Mella, who was assassinated in front of her that same year. The Mexican government tried to implicate her in the murder. In 1930, she was extradited by the Mexican government for allegedly taking part in a conspiracy to murder the Mexican President at the time, Pascual Ortiz Rubio. It was under these circumstances that she decided to abandon photography and dedicate herself to her political ideals. She would go on to travel through Germany, the Soviet Union, and Spain, where she lived under the pseudonym "María" during the Spanish Civil War. Modotti secretly returned to Mexico in 1939, where she lived in anonymity. Many of her friends and acquaintances from her first stay in Mexico did not become aware of her return until the media announced her tragic death in 1942. She was a member of the Communist Party until the very end.

Tina Modotti nació en Udine, Italia. Tendrían gran influencia en ella su padre de ideas políticas socialistas y un tío fotógrafo. A los dieciséis años emigró a los Estados Unidos junto con su padre. Comenzó actuando en teatro y después en cine, además de trabajar como modelo para varios artistas. En 1918 se casó con el pintor y poeta anarquista Roubaix de l'Abrie" Robo" quien murió en México en 1922. Tina Modotti se hizo amante del fotógrafo Edward Weston y con él viajó a México en 1923. Ya decidida a ser una fotógrafa profesional, le ayudó a Weston en el estudio fotográfico a cambio de clases de fotografía. Edward Weston decidió regresar a los Estados Unidos, mientras que Tina Modotti determinó quedarse en México. En 1927 se integró al Partido Comunista permaneciendo militante hasta su muerte. Debido a su filiación política su obra se fue volviendo más crítica. En 1927 se le comisionó retratar los murales del Movimiento Muralista Mexicano. Su primera exhibición individual la realizó en la Biblioteca Nacional en 1929. Fue compañera del cubano Julio Antonio Mella quien fue asesinado ese mismo año frente a ella. El gobierno mexicano trató de implicarla en el asesinato. En 1930 el gobierno mexicano la extraditó argumentando que Tina había sido parte del complot para asesinar al entonces presidente mexicano Pascual Ortiz Rubio. En esta época decidió dejar la fotografía para dedicarse a sus ideales políticos. Viajó por Alemania, la Unión Soviética y en España vivió la Guerra Civil Española con el seudónimo de" María". En 1939 regresó a escondidas a México viviendo en el anonimato. Muchos de sus amigos y conocidos de su primera estancia en México no se enteraron de su regreso, hasta que los medios comunicaron su trágica muerte en 1942. Perteneció al Partido Comunista hasta el final.

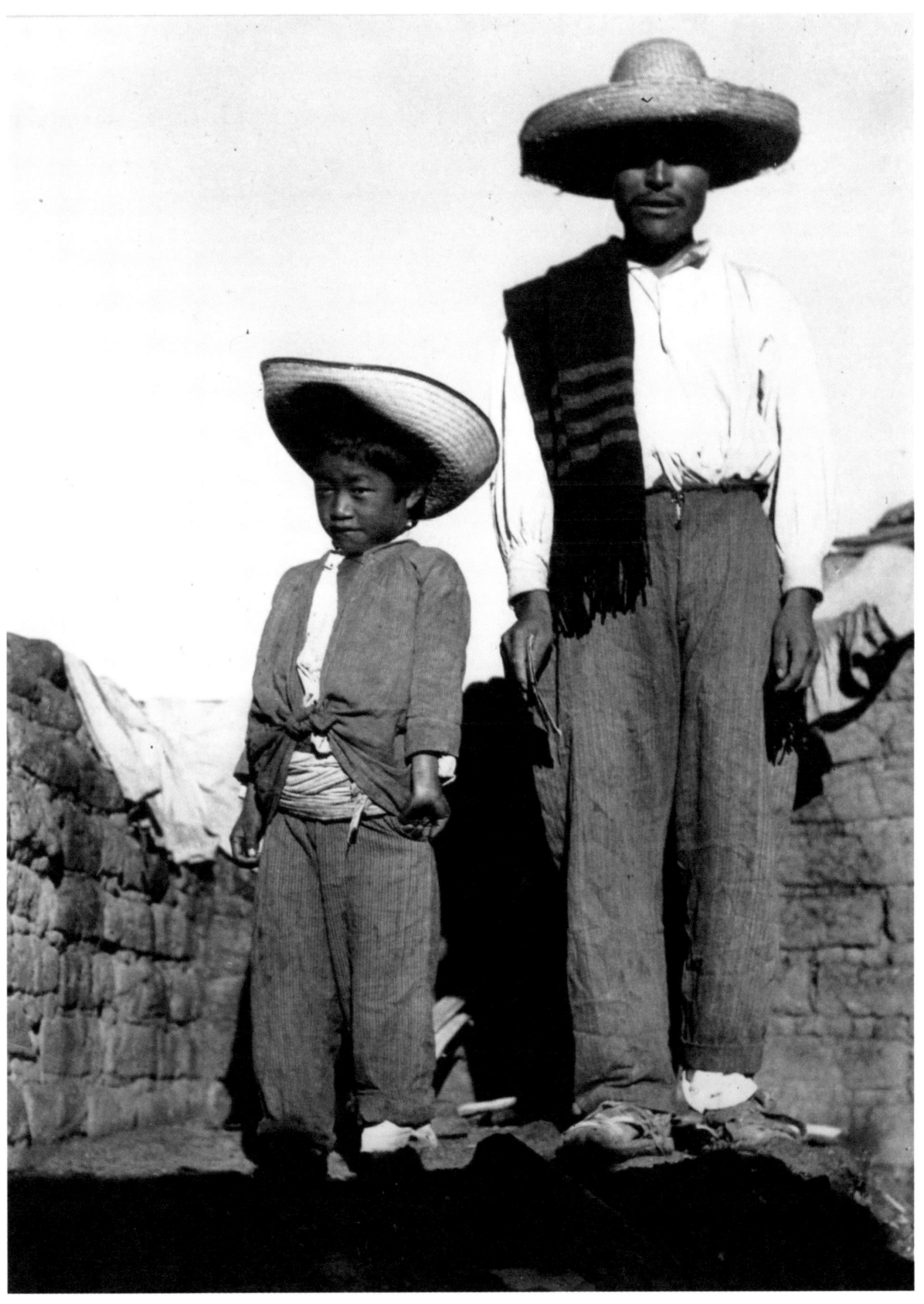

76.
Tina Modotti, Country Boys / *Muchacho y niño campesino,* 1923-24 silver gelatin print / *plata sobre gelatina* 9 17/32" x 7 1/2" (24.2 x 19 cm)
Museo Nacional de Arte, INBA Collection, Donación Galeria de Arte Whitechapel, Londres, 1983, (SIGROA 13787)

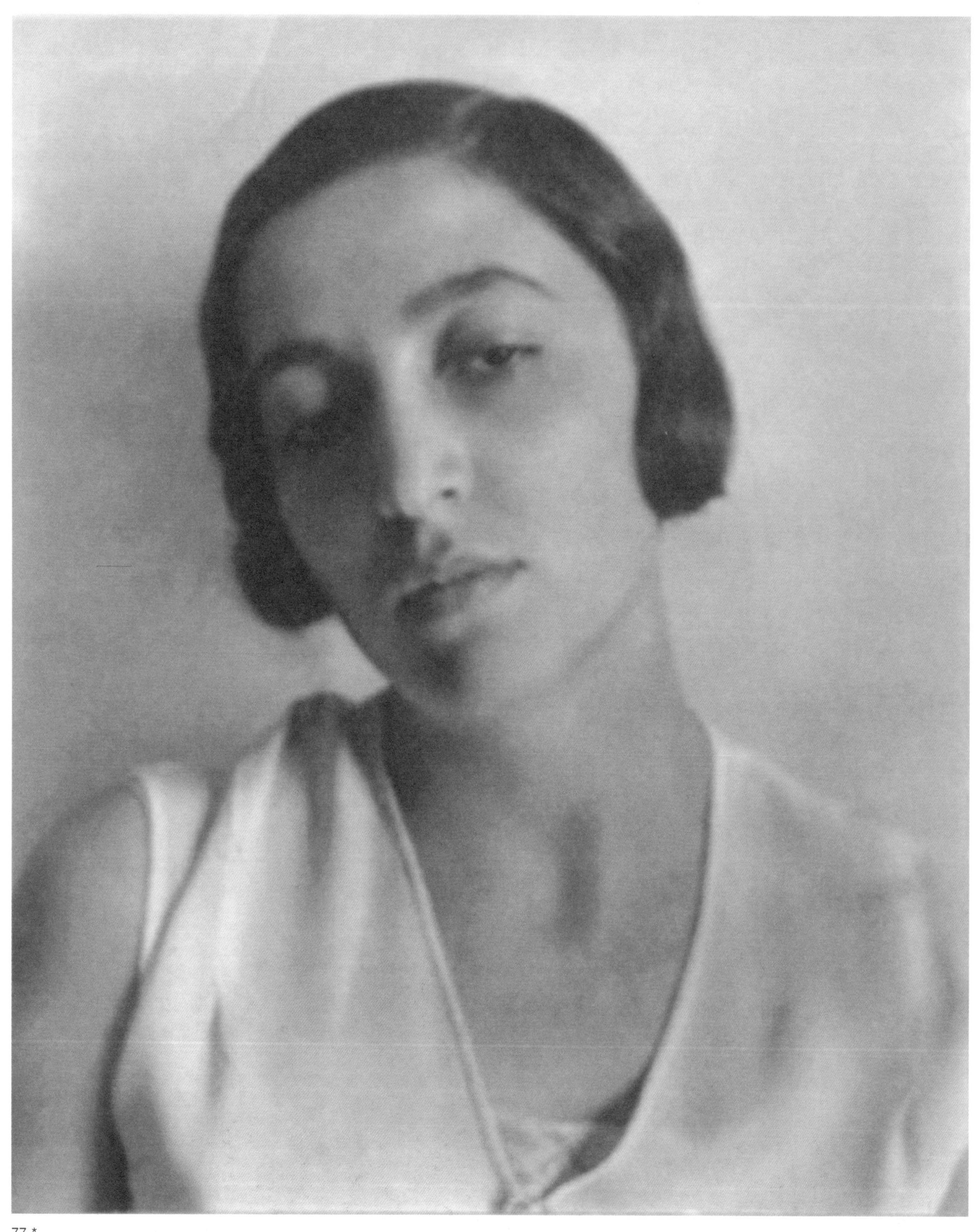

77.*
Tina Modotti, *Carolina Amor*, ca. 1929   black and white photograph / *fotografía blanco y negro*   9 " x 7 1/2" (24 x 19 cm)
Courtesy of Galería de Arte Mexicano

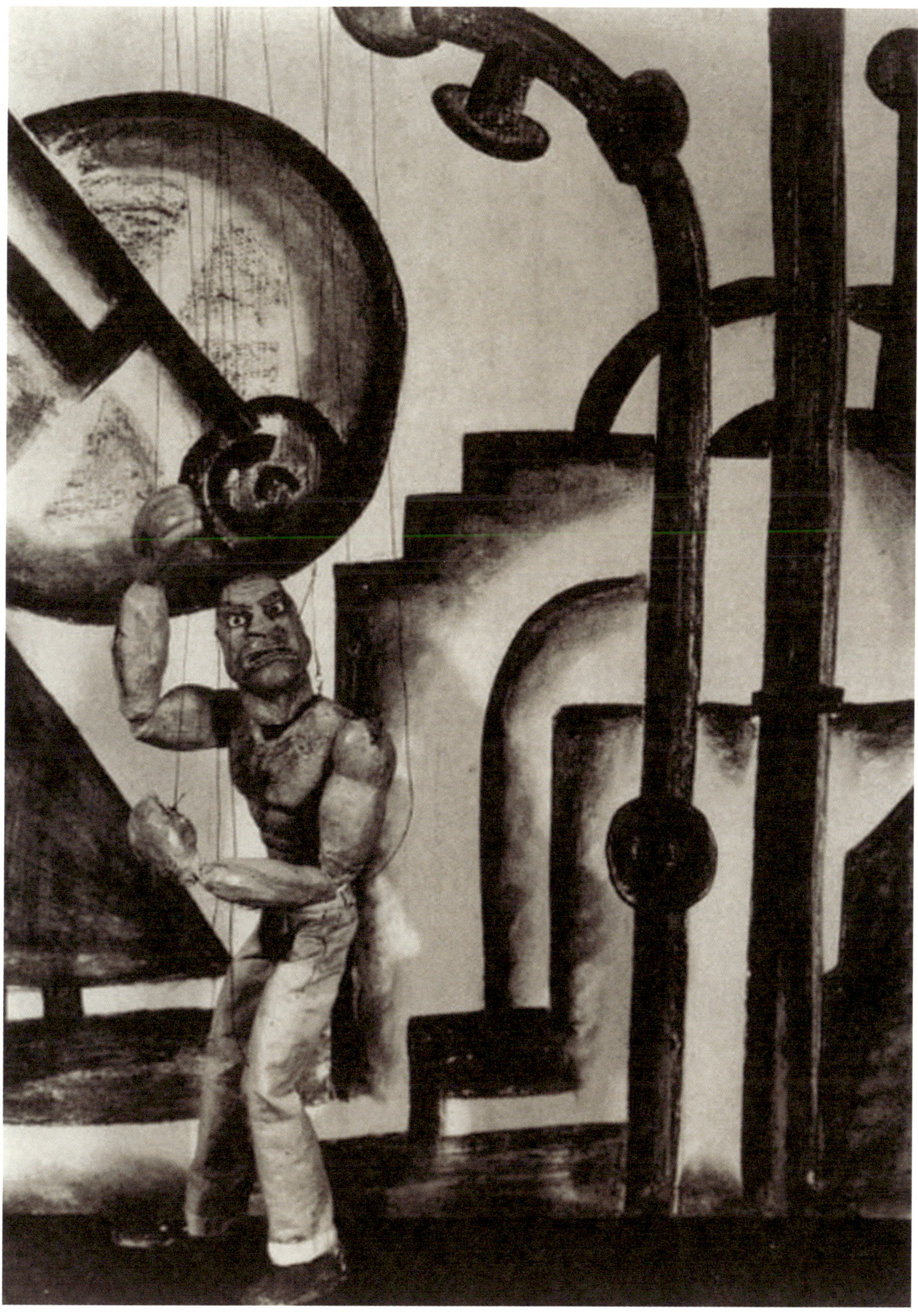

78.*
Tina Modotti, Marionette and Modern Stage Set / *Marioneta y escenografía moderna*, 1929 gelatin silver print / *plata sobre gelatina*
9 1/2" x 6 1/2" (24 x 16.5 cm) Private Collection

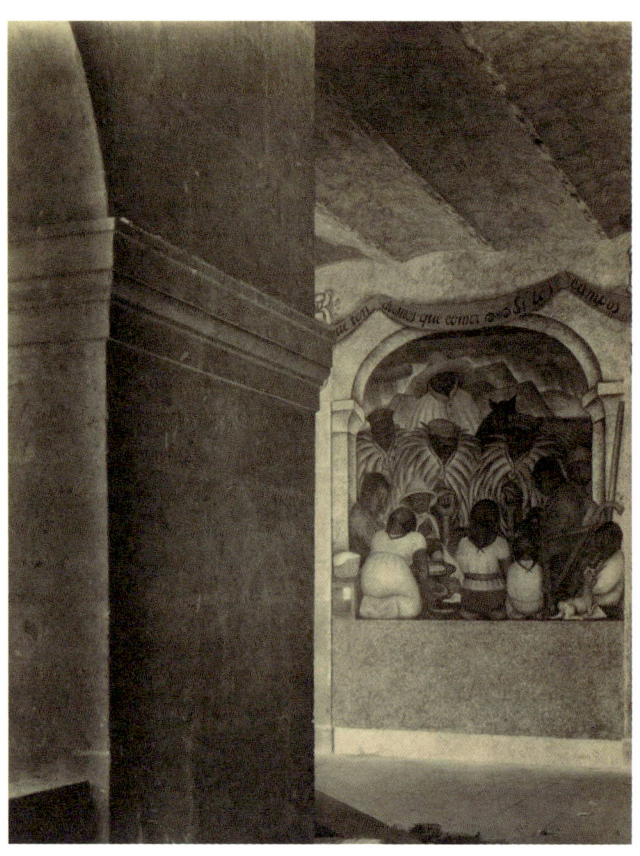

79.
Tina Modotti
Secretariat of Education Building, Mexico City. Fresco by Diego Rivera
Edificio de la Secretaría de Educación. Fresco por Diego Rivera. ca. 1927-28
gelatin silver print / *plata sobre gelatina*
9 5/8" x 7 1/2" (22.8 x 17.7 cm)
Stamped "Photographs-Tina Modotti Mexico, D. F." on reverse.
Private Collection. Courtesy Richard Norton Gallery, Chicago

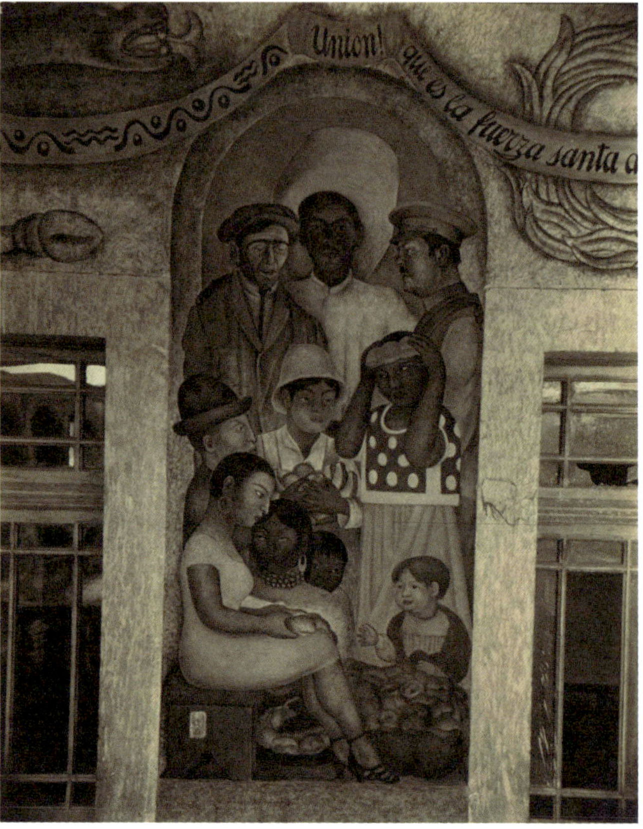

80.
Tina Modotti
Fresco in the Secretariat of Education, Mexico City by Diego Rivera
Fresco por Diego Rivera en la Secretaría de Educación Pública, México, D. F., ca. 1927-28
gelatin silver print / *plata sobre gelatina*
9 1/4" x 7 1/4" (22.8 x 17.7 cm)
Stamped "Photographs-Tina Modotti Mexico, D. F." on reverse.
Private Collection. Courtesy Richard Norton Gallery, Chicago

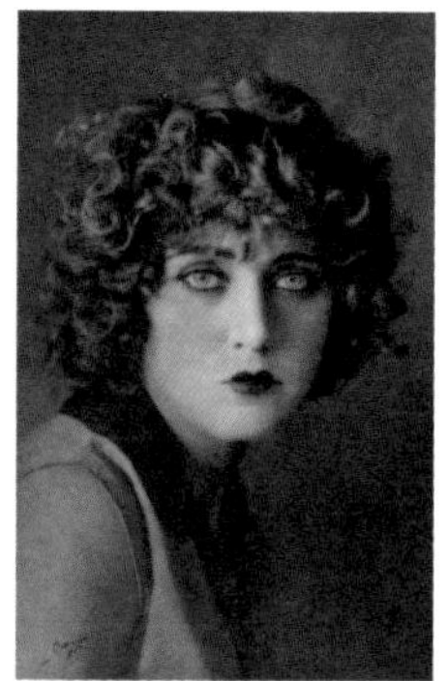
© Antonio Garduño

Nahui Olin

María del Carmen Mondragón Valseca
1893-1978, Mexico / *México*

Carmen Mondragón Valseca was the daughter of General Manuel Mondragón, inventor of the Mondragón rifle. The Mondragón family lived in France from 1897 to 1905, while serving a mission from the government under President Díaz. There, Carmen learned French and received an excellent education. In 1913, she was married to Manuel Rodríguez Lozano and one year later, they moved to San Sebastián, Spain to be reunited with the rest of her family. In 1921, on her way back to Mexico, she exhibited her work with Rodríguez Lozano and other artists. The exhibition was organized by the Director of the Escuela Nacional de Bellas Artes, Alfredo Ramos Martínez. It was Dr. Atl who gave her the name Nahui Olin, which means *the fourth movement of the sun,* and the man that lived with her for several years. Nahui belonged to the Revolutionary Union of Factory Workers, Technicians, and Visual Artists. She also wrote the books: *Óptica cerebral* (1922); *Câlinement: je suis dedans,* with cover design by Dr. Atl (1923); *A dix ans sur mon pupitre* (1924); *Nahui Olin* (1927); and *Energía cósmica* (1937). In 1926, she created a series of caricatures during a trip to Nautla, Veracruz. A series of close to a hundred photographs taken of her by Antonio Garduño were exhibited at the home/studio of Nahui Olin, which caused great controversy. She exhibited her art in many different locations including: Cine Novedades de San Sebastián, Spain in 1933; the Hotel Regis in Mexico City in 1934; Golden Gate International Exposition in San Francisco, California, in 1940; and in the galleries of the Palacio de Bellas Artes in 1944 and 1945. She was immortalized by artists such as Dr. Atl, Rosario Cabrera, Jean Charlot, Antonio Garduño, and Edward Weston. Diego Rivera also included her likeness in a number of his murals including "La Creación", the panel "Día de Muertos" at the Secretariat of Public Education, and "Sueño de una tarde dominical en la Alameda Central", among others. Nahui Olin also taught drawing to children in elementary schools. After years of living in isolation and nearly forgotten, she died in 1978. She was a woman that passionately defended her independence and broke a path into the 20th century for other women to follow.

Carmen Mondragón Valseca fue hija del general Manuel Mondragón -inventor del fusil Mondragón-. Por una misión del gobierno de Díaz, la familia Mondragón vivió en Francia de 1897 a 1905. Carmen aprendió el francés y recibió una esmerada educación. En 1913 casó con Manuel Rodríguez Lozano y un año después la pareja se reunió con el resto de la familia en San Sebastián, España. En 1921 y ya de regreso en México, participó en una exhibición junto con Rodríguez Lozano y varios artistas más; la exhibición fue organizada por el director de la Escuela Nacional de Bellas Artes, Alfredo Ramos Martínez. Carmen conoció al Dr. Atl, quien le dió el nombre náhuatl de Nahui Olin -el cuarto movimiento del sol- y con quien compartiría su vida por varios años. Perteneció al Sindicato Revolucionario de Obreros, Técnicos y Plásticos. Escribió varios libros: " Óptica cerebral" en 1922 ; se editó " Calinement: je suis dedans" (con portada del Dr. Atl) en 1923; publicó " A dix ans sur mon pupitre" en 1924; " Nahui Olin" en 1927; y " Energía cósmica" en 1937. En 1926 realizó una serie de caricaturas de un viaje que hizo a Nautla, Veracruz. Fueron exhibidas en la casa-estudio de Nahui Olin cerca de un centenar de fotografías tomadas por Garduño, las cuales causaron conmoción. Exhibió en el Cine Novedades de San Sebastián, España (1933); Hotel Regis de la ciudad de México (1934), Golden Gate Internacional Exposition en San Francisco, Calif. (1940), en las galerías del Palacio de Bellas Artes (1944 y 45). Fueron varios artistas los que la inmortalizaron: el Dr. Atl, Rosario Cabrera, Jean Charlot, Antonio Garduño, Edward Weston, Diego Rivera la representó en varios de sus murales como en: " La Creación", en el tablero de" Día de Muertos" de la Secretaría de Educación Pública, en " Sueño de una tarde dominical en la Alameda Central" entre otros. Nahui Olin impartió clases de dibujo en escuelas primarias para poder sobrevivir. Después de años de aislamiento y en el más completo olvido muere en 1978 la mujer que defendió apasionadamente su libertad y quien entró al siglo XX abriendo camino para otras mujeres.

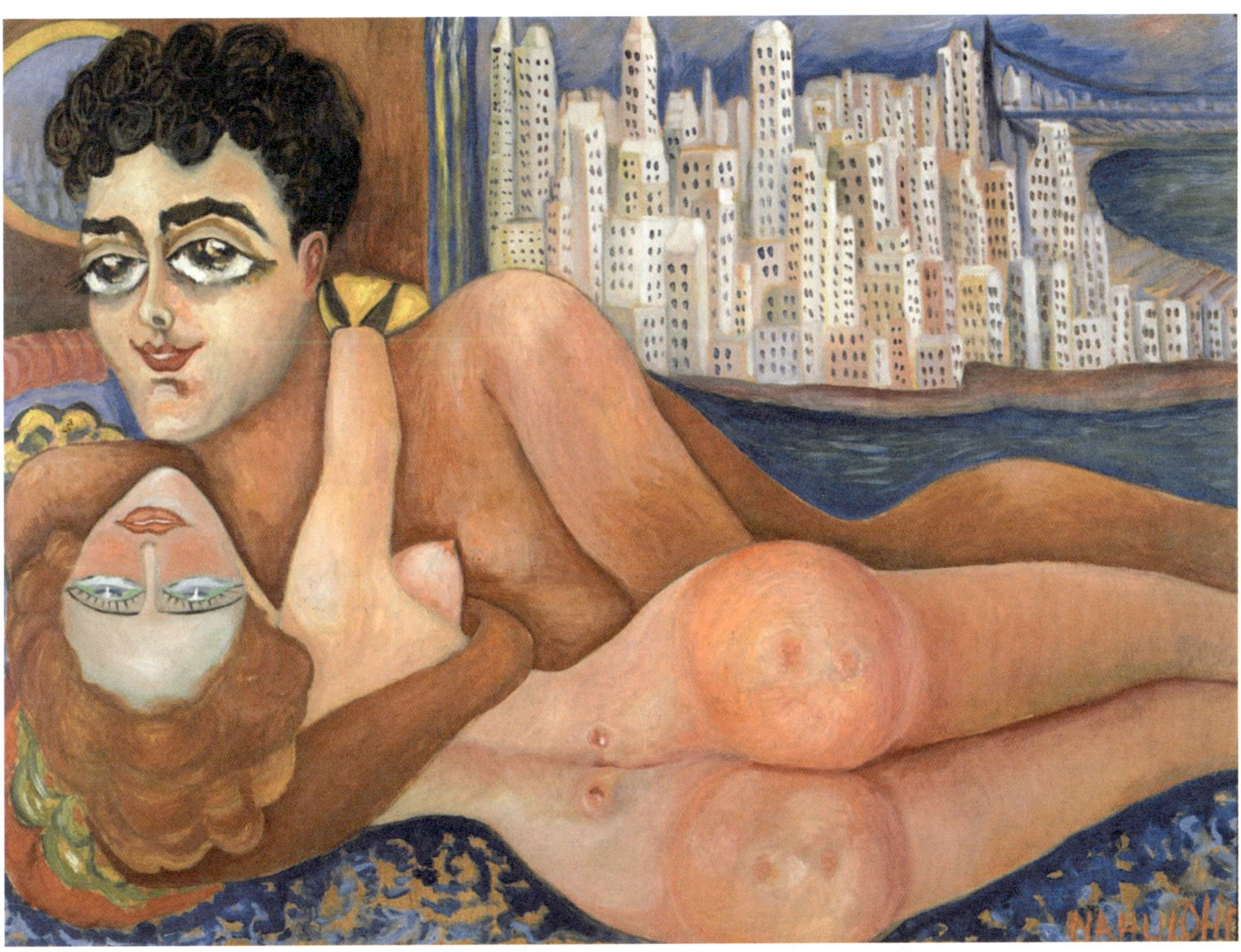

81.*
Nahui Olin, Nahui Olin and Eugenio Agacino in front of Manhattan Island / *Nahui Olin y Eugenio Agacino en frente a la isla de Manhattan,* n.d.
oil on red cedar plywood / *óleo sobre triplay de cedro rojo* Signed Nahui Olin bottom right 6 1/4" x 48 1/4" (92 x 122.5 cm)
Edze Kieft and Gabriel Ruiz Burgos Collection

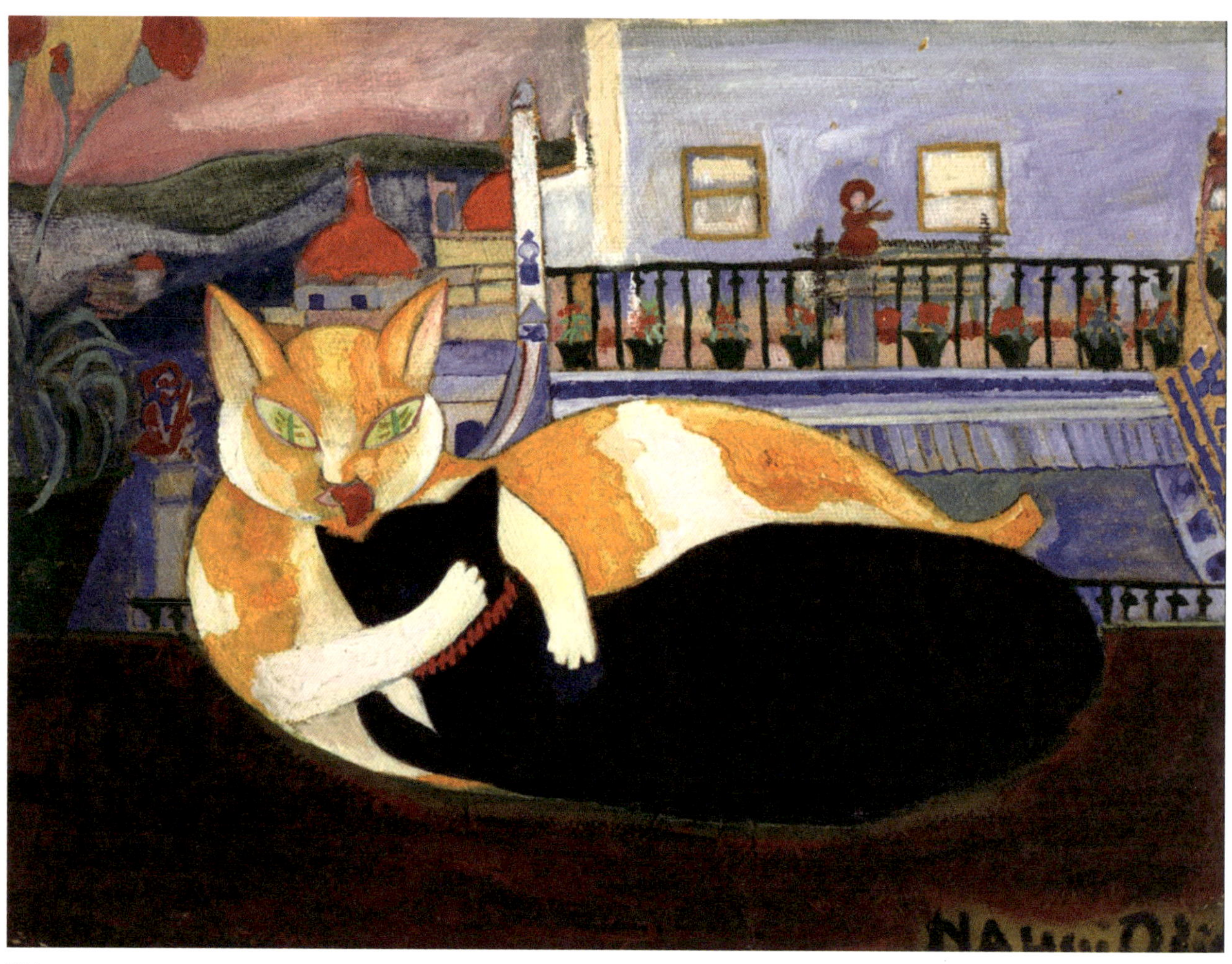

82.*
Nahui Olin, Affectionate Cats / *Gatos amorosos,* n.d. oil on cardboard / *óleo sobre cartón* Signed Nahui Olin bottom right 15" x 18 7/8" (38 x 48 cm)
Courtesy Galería Windsor

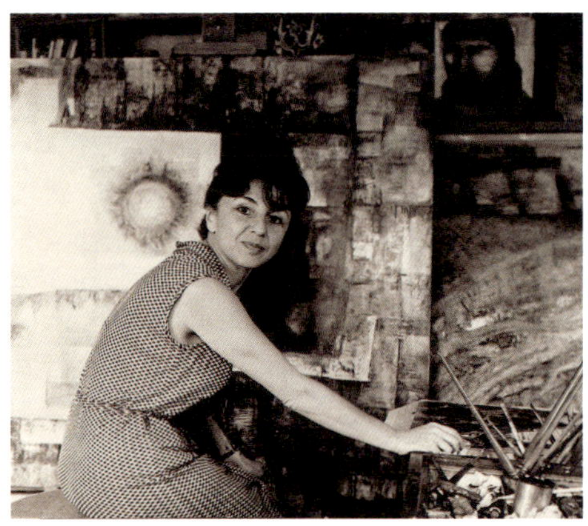

Fanny Rabel

1924, Poland / *Polonia*

Fanny Rabel was born in Poland to a family of Jewish actors. The family later immigrated to France, where she became part of the working class. Rabel has lived in Mexico since 1938, abandoning her interest in theater to dedicate all of her efforts to the visual arts. She began her studies in night school, and went on to study at La Esmeralda, which she attended from 1940 to 1945. She continued her work at the Escuela de las Artes del Libro, where she remained until 1948. Rabel was one of the few pupils of Frida Kahlo, making her a member of the group "los Fridos". Rabel was also an apprentice of numerous important artists while at La Esmeralda, including: Diego Rivera, Francisco Zuñiga, and Carlos Romero. Rabel was Rivera's assistant in the creation of his mural in the Palacio Nacional, and also assisted David Alfaro Siqueiros on his mural for the Mexican Union of Electricians. In 1950, Rabel became a member of the Salón de la Plástica Mexicana and the Taller de Gráfica Popular, where, after nine years of work, she published a collection of twenty-seven original prints entitled "Niños de México" (Children of Mexico). Rabel's works include the murals: "Ronda del tiempo" (Passage of Time) in the Museo Nacional de Antropología, completed in 1964; "Hacia la salud" (Towards Health) in the Hospital Infantil, completed in 1982; and "La familia mexicana" (The Mexican Family), completed in 1984. Rabel's paintings have been exhibited in Mexico and various countries abroad. Her work reflects, as she often says, "a sad and melancholic feeling."

Descendiente de una familia de actores judíos, Fanny Rabel nació en Polonia. La familia se mudo a Francia, lugar en donde Fanny trabajó como obrera. Desde 1938 Fanny ha vivido en México, dejando a un lado el teatro para dedicarse de tiempo completo a las artes visuales. Comenzó sus estudios de arte en una escuela nocturna, de allí pasó a La Esmeralda en donde estudió de 1940 a 1945, para luego, de 1945 a 1948 continuar en la Escuela de las Artes del Libro. Fue alumna de Frida Kahlo y perteneció al grupo de " Los Fridos". A su paso por La Esmeralda también fue alumna de Diego Rivera, Francisco Zúñiga, y Carlos Orozco Romero. Fue asistente de Diego Rivera en el mural del Palacio Nacional así como también de Siqueiros en el mural del Sindicato Mexicano de Electricistas. En 1950 se integró como miembro al Salón de la Plástica Mexicana y al Taller de Gráfica Popular en donde nueve años más tarde publicó la monografía " Niños de México", la cual cuenta con veintisiete grabados originales. Fanny Rabel pintó los murales " Ronda del tiempo" en 1964 para el Museo Nacional de Antropología, " Hacia la salud" en 1982 localizado en el Hospital Infantil y " La familia mexicana" en 1984 entre otros. Además de exhibir su obra en México, lo ha hecho también en Canadá, China, Argentina, Chile, Estados Unidos, Francia, Japón, Israel y Brasil. En su obra siempre ha estado presente -como Fanny Rabel lo menciona-" la melancolía y la tristeza".

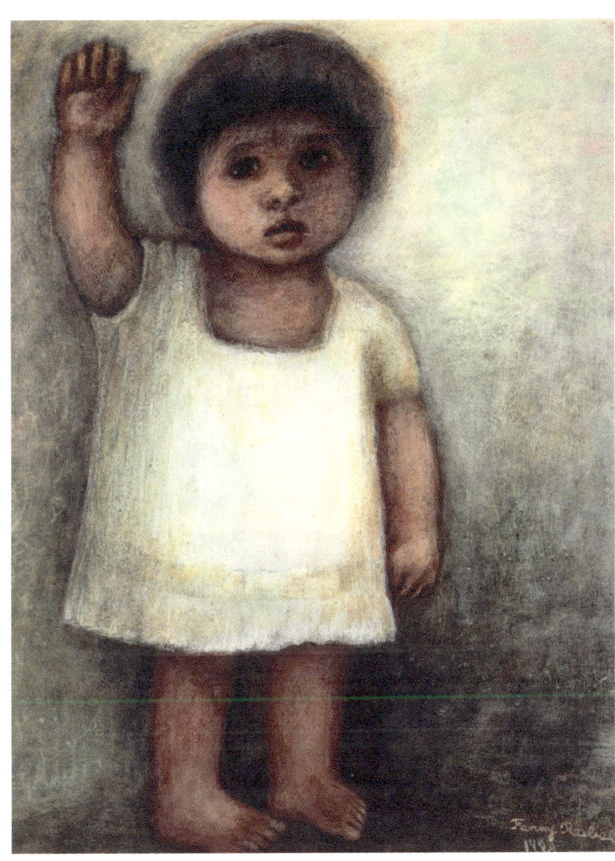

83.*
Fanny Rabel
The greeting / *El saludo*, 1998
acrylic on board / *acrílico sobre fibracel*
20" x 15 3/8" (51 x 39 cm)
Courtesy of the Artist

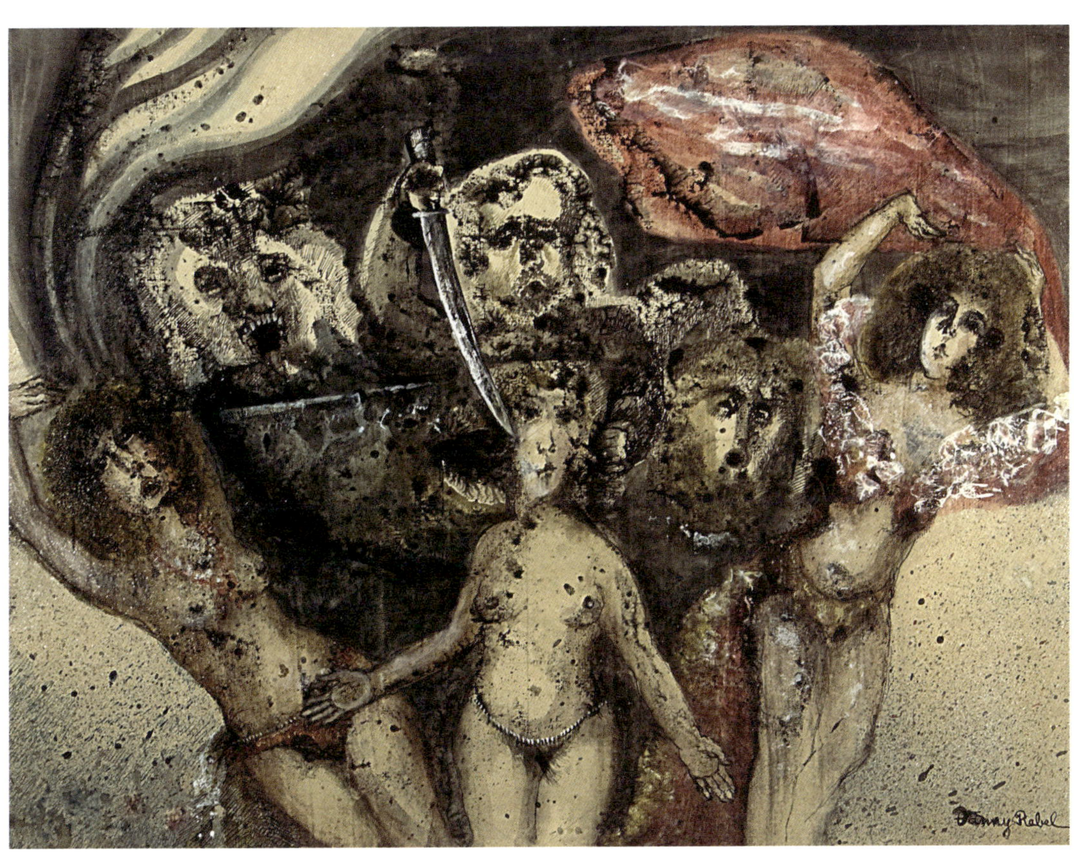

84.
Fanny Rabel, The Goddesses from Bataclán / *Las diosas del Bataclán,* 80's ink on paper / *tinta sobre papel* 19 3/4" x 25 5/8" (50 x 65 cm) Courtesy of the Artist

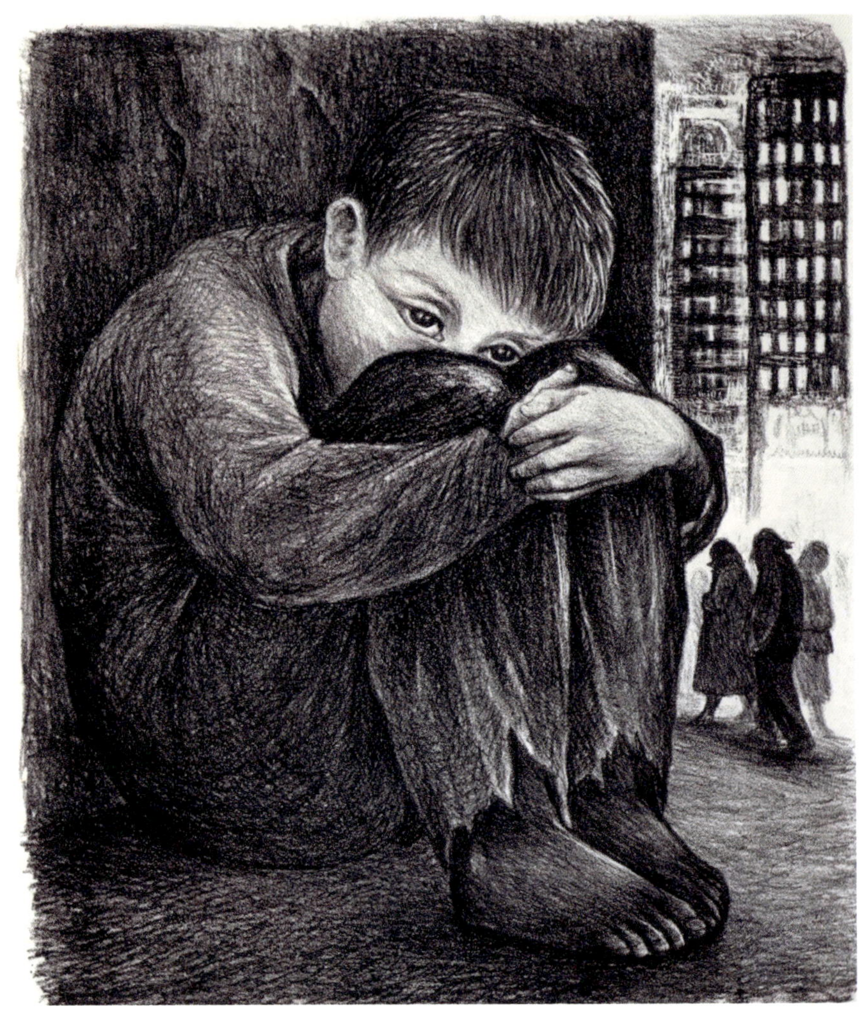

85.
Fanny Rabel
Untitled / *Sin título*, n.d. / s.f.
lithograph / *litografía*, n.n.
12 5/8" x 19" (30.4 x 48.2 cm.) (paper size)
National Museum of Mexican Art Permanent Collection, 2003.7,
Gift of Native American Educational Services

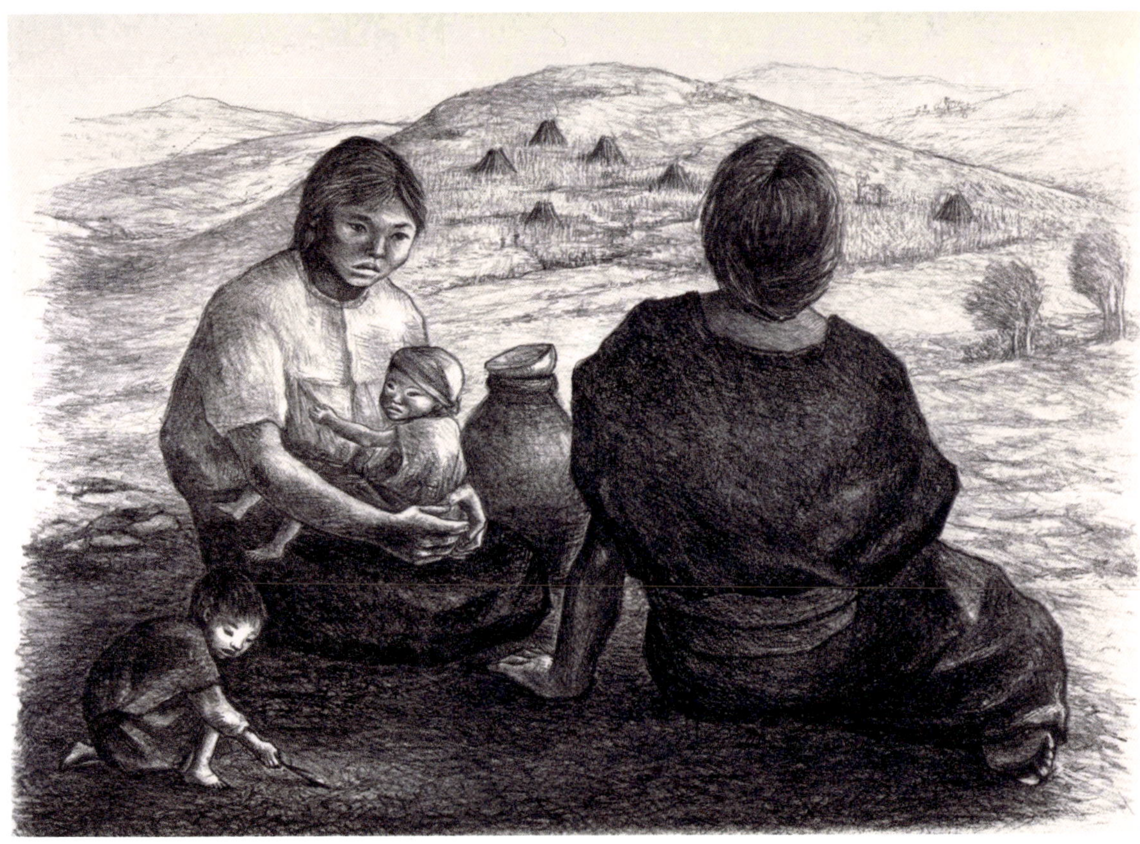

86.
Fanny Rabel, Untitled / *Sin título,* n.d. / s.f. lithograph / *litografía*, n.n. 13 1/4" x 11 1/4" (33 x 27.9 cm.) (paper size)
National Museum of Mexican Art Permanent Collection, 2003.6, Gift of Native American Educational Services

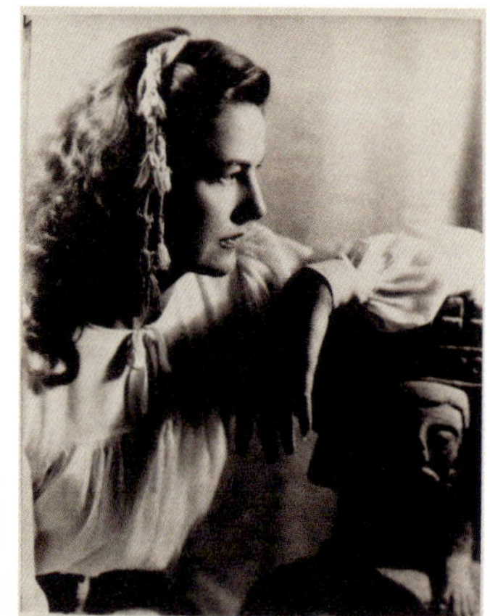

© Walter Reuter. CENIDIAP/INBA

Alice Rahon

Alice Marie Yvonne Philppot
1904, France / *Francia*
1987, Mexico / *México*

Rahon, a member of the surrealist movement along with her husband, Wolfgang Paalen, was an extraordinary being who surrounded herself with cats and shrouded herself in mystery. She always held dear memories of her worldwide travels to Altamira, India, Beirut, Alaska, and Mexico, all of which greatly and profoundly influenced her work. As a girl, Rahon was involved in an accident, which left much of her body in casts and nearly paralyzed for years. During her recovery she spent a great deal of time in her gardens, contemplating nature, and soon became a solitary individual who created her own universe. She met Paalen in 1931 and they were married in 1934. Soon after they were married, they joined the surrealist movement. She went on to publish several books including *Á meme la terre* (1936), *Sablier couché* (1938), and *Noir animal*, published in Mexico in 1945. In 1939, Rahon and Paalen moved to Mexico with Swiss photographer, Eva Sulzer, after being invited by the painter Frida Kahlo. It was in Mexico that Rahon began painting, and also contributing poems and illustrations to *Dyn* magazine. In 1944, Rahon had her first solo exhibition at the Galería de Arte Mexicano, and a year later she was exhibiting her work in California and New York. In 1946, she obtained Mexican citizenship, and the following year she wrote and financed a film with Edward Fitzgerald. Unfortunately, the only existing copy was lost. Throughout her lifetime, Alice Rahon continued exhibiting her art in Mexico and abroad. Her group of friends included: Picasso, Anaïs Nin, Henry Miller, Rufino Tamayo, Octavio Paz, and Henry Moore, among others. Rahon's work reflects a primitive and intensely poetic language; her paintings and collages seem to breathe with an inner life. She spent her last years in complete isolation, visited only by a few of her friends. In 1986, she held a retrospective exhibition of her work at the Palacio de Bellas Artes in Mexico City. Only a year after her exhibition, Alice Rahon passed away in Mexico City.

Integrante del movimiento surrealista junto con su esposo Wolfgang Paalen; Alice fue un ser mágico que se rodeaba de gatos y misterio. Retuvo en su memoria los viajes a Altamira, la India, Beirut, Alaska y México, los cuales influenciaron su obra en una forma poderosa. Siendo niña sufrió un accidente, lo que hizo que permaneciera varios años enyesada y sin poder moverse; pasó mucho tiempo en el jardín en donde contemplaba la naturaleza, lo que la convirtió en un ser solitario que creaba universos propios. Conoció a Paalen en 1931 y en 1934 se casaron. Pronto se unieron al movimiento surrealista. Escribió "Á meme la terre" (1936), "Sablier couché" (1938) y "Noir animal" publicado en México (1945). En 1939, invitada por Frida Kahlo, llegó a México junto con Paalen y Eva Sulzer, fotógrafa suiza. Fue hasta su llegada a este país que Alice Rahon comenzó a pintar, colaborando también con poemas e ilustraciones en la revista Dyn. En 1944 exhibió por primera vez de manera individual en la Galería de Arte Mexicano, y un año después, en California y Nueva York. En 1946 se nacionalizó mexicana. En 1947, junto con Edward Fitzgerald -con quien estuvo casada- realizó un film en donde Alice creó la historia y contribuyó al financiamiento del proyecto. La única copia existente se perdió. Durante su vida, Alice Rahon expuso constantemente en México y el extranjero. Fue amiga de Picasso, Anaïs Nin, Henry Miller, Tamayo, Octavio Paz y Henry Moore, entre otros. Alice fue una viajera incansable. Su obra tiene un lenguaje primitivo y a la vez poético, sus collages y pinturas son seres vivos. Sus últimos años de vida los pasó en completo aislamiento, solamente unos cuantos amigos la visitaban. En 1986 se realizó en el Palacio de Bellas Artes de la ciudad de México una exposición retrospectiva de su obra, un año después de esta exhibición falleció en la ciudad de México.

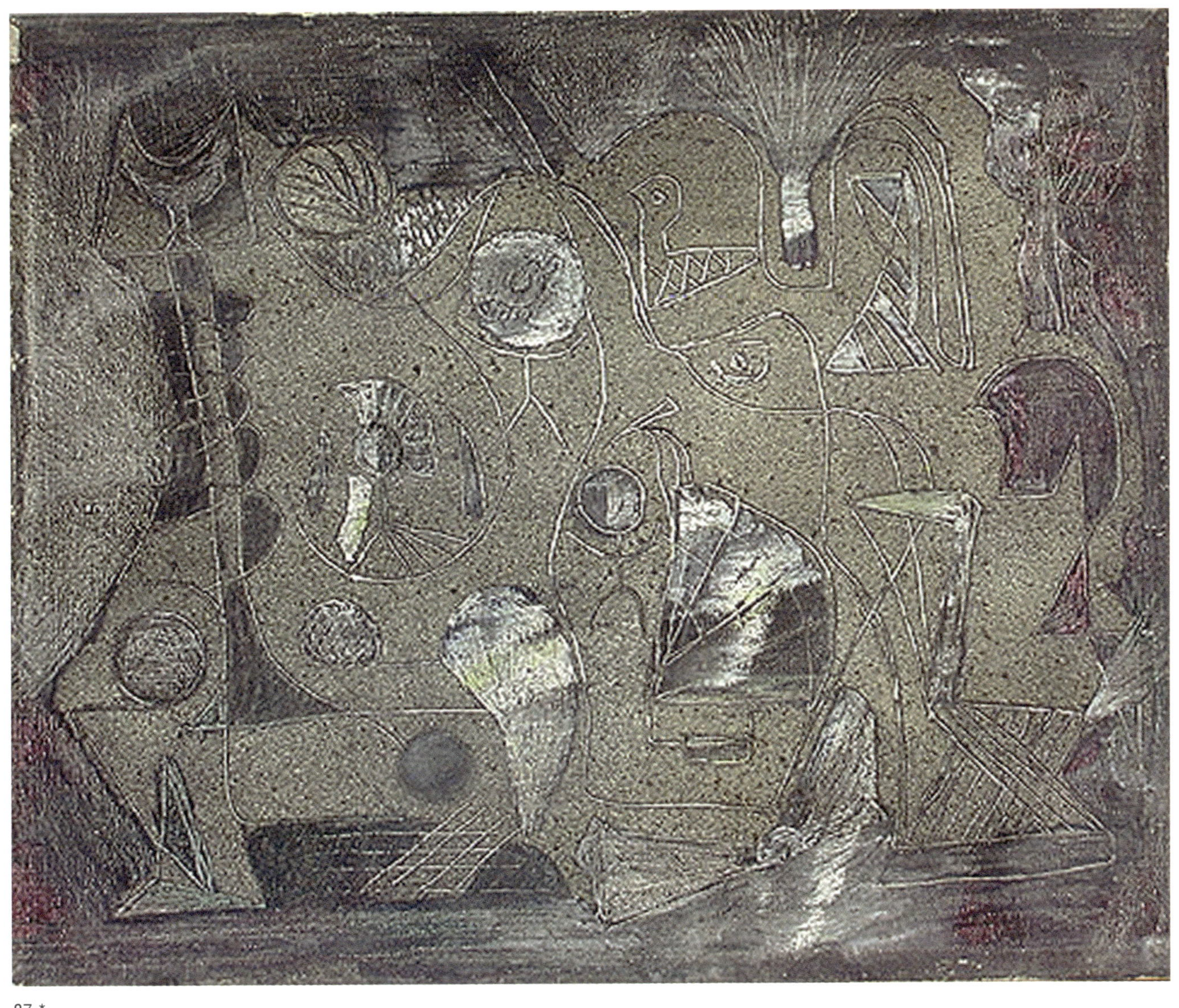

87.*
Alice Rahon, *Boite a Musique*, 1944 oil on canvas / *óleo sobre tela* 13 5/8" x 15 9/16" (34.5 x 39.5 cm) Courtesy of Galería de Arte Mexicano

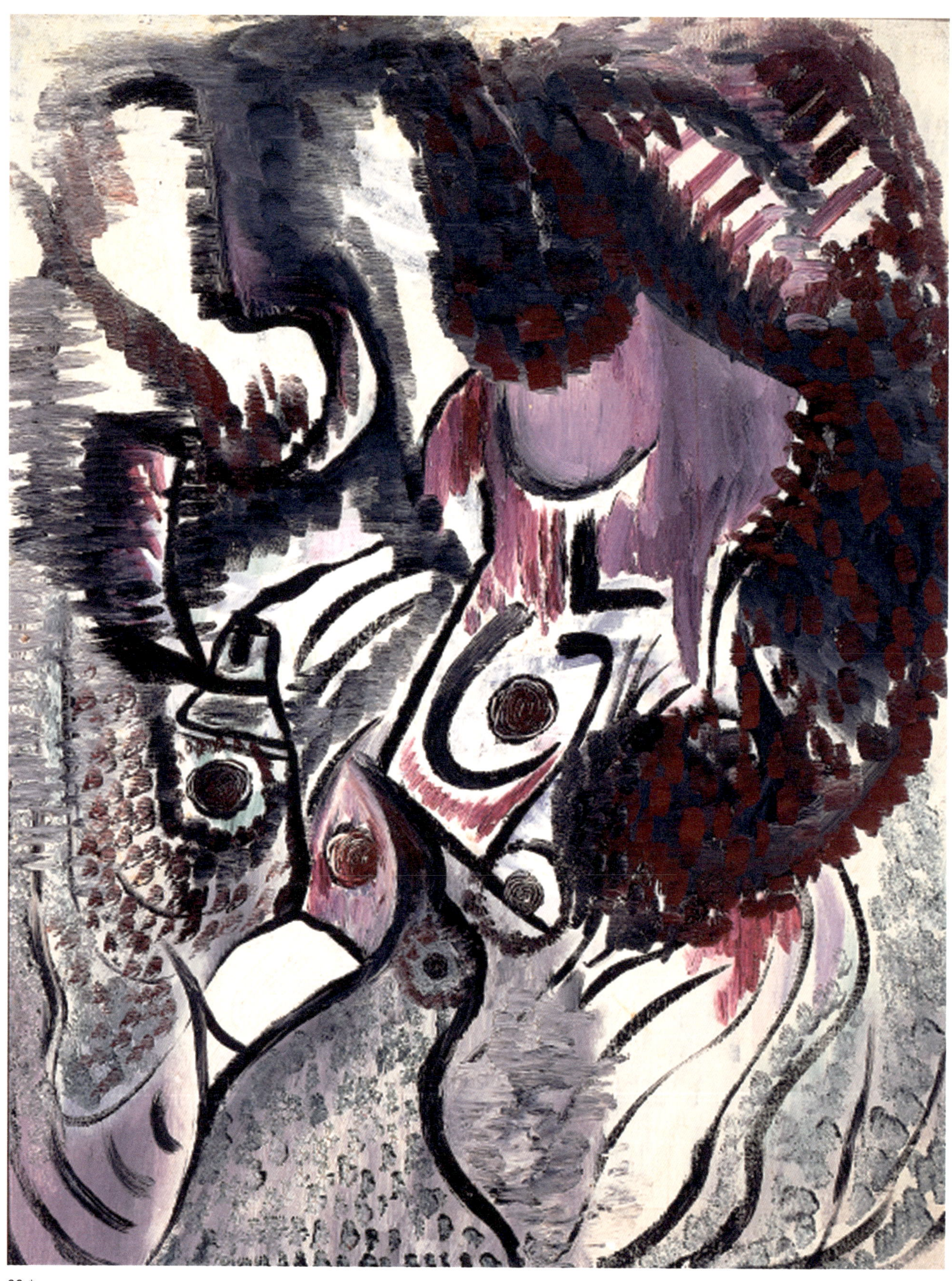

88.*
Alice Rahon, *Dans la Foret No. 6*, 1942 oil on canvas / *óleo sobre tela* Signed Alice Paalen 25 1/2" x 19 3/4" (65 x 50 cm)
Courtesy of Galería Windsor

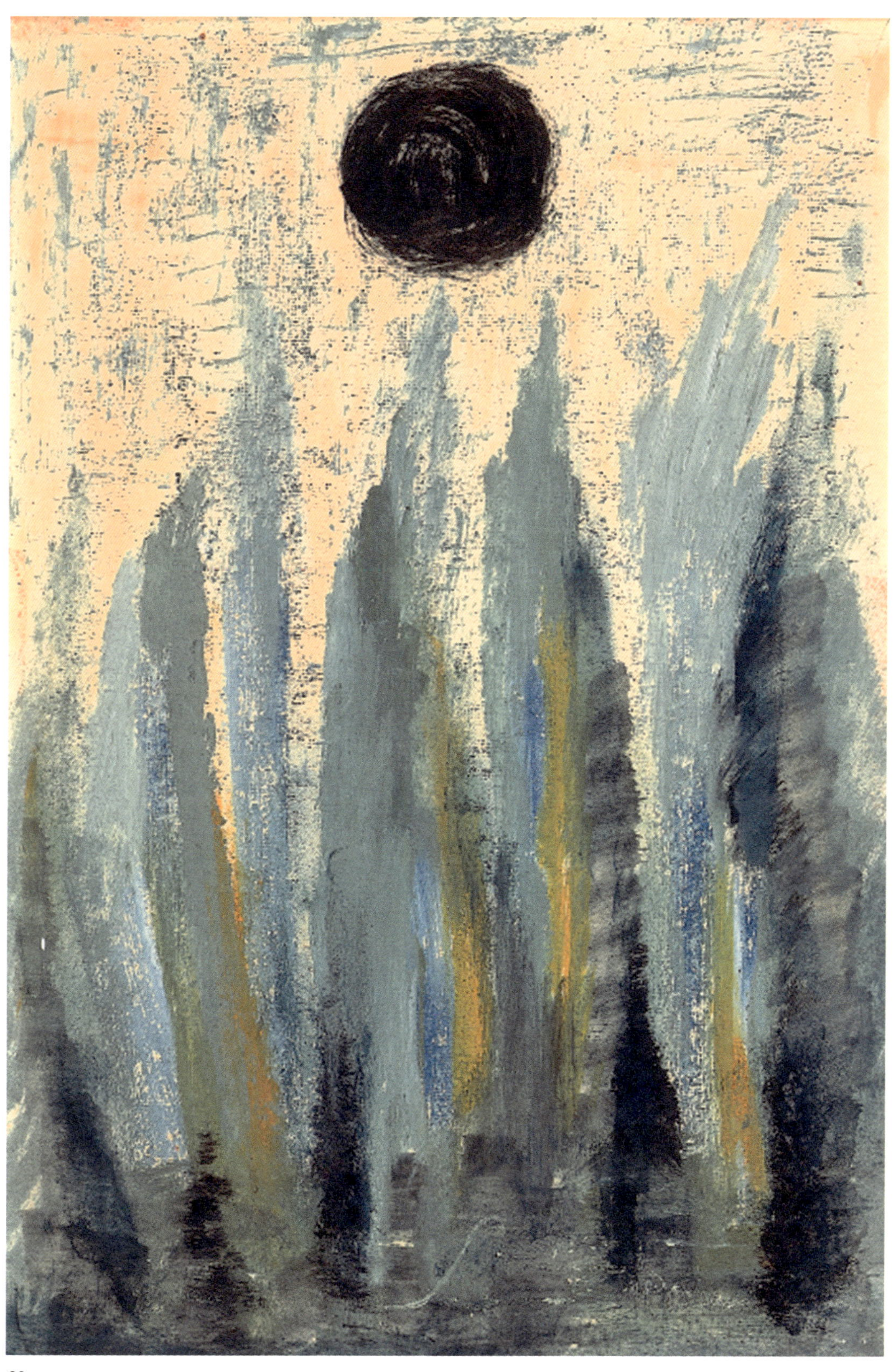

89.
Alice Rahon, The Cypresses / *Los cipreses*, 1961 oil on canvas / *óleo sobre tela* 13 3/8" x 8 7/8" (34 x 22.5 cm)
Courtesy of Galería Windsor

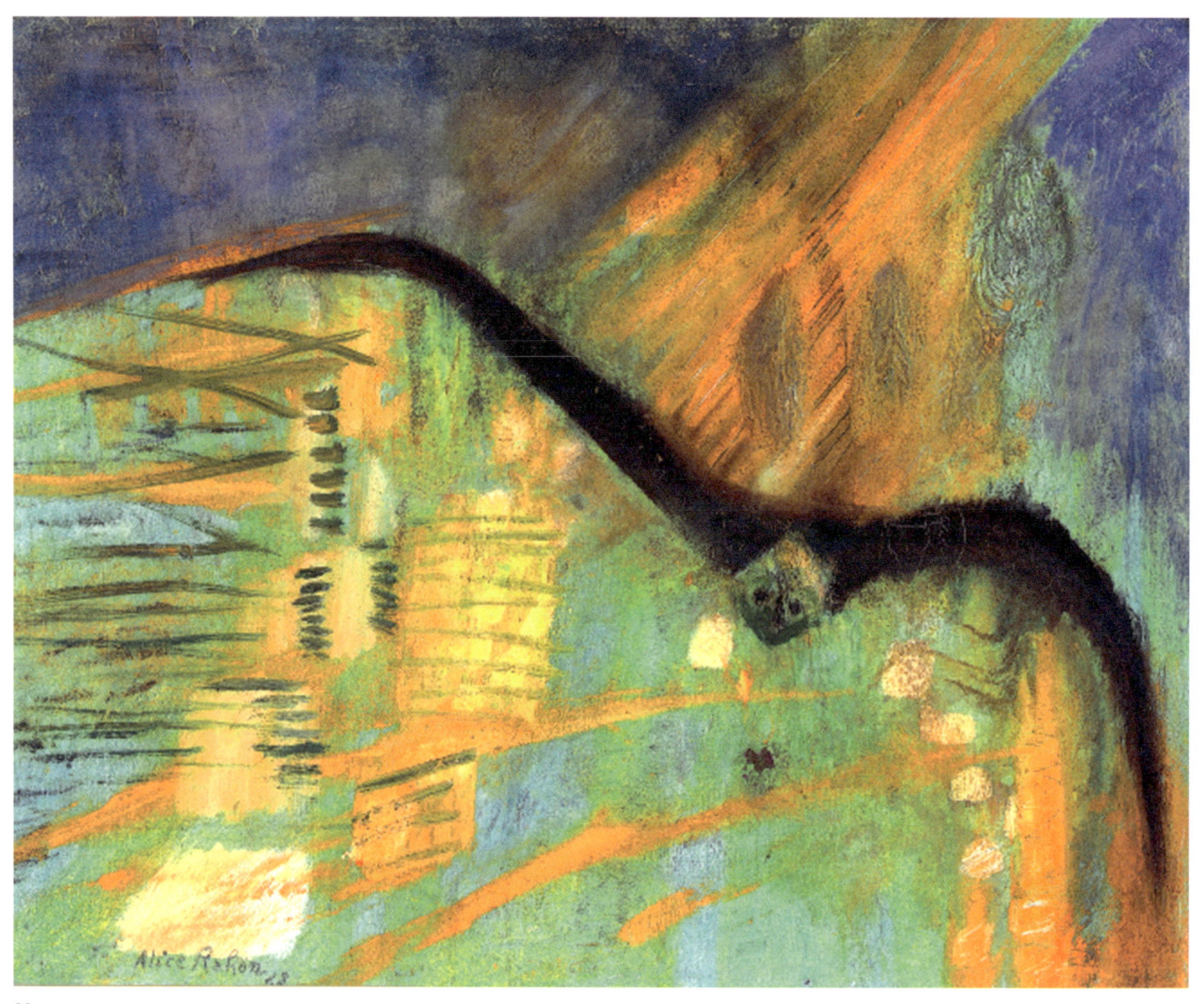

90.
Alice Rahon, Dove of Peace / *Paloma de la paz*, 1968 oil on canvas / *óleo sobre tela* 15 3/4" x 19 5/8" (40 x 50 cm) Courtesy of Galería Windsor

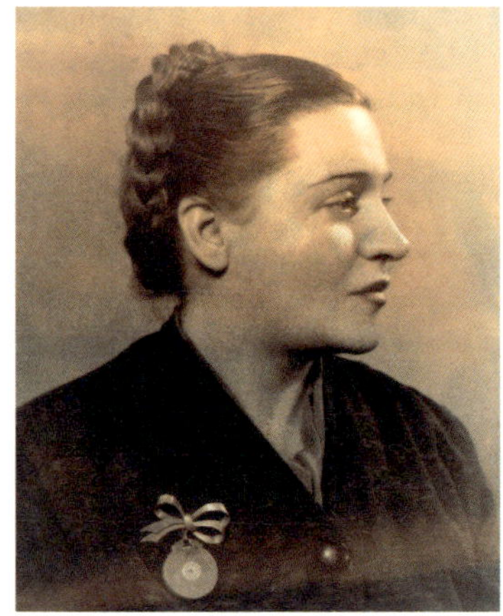

Anonymous

Aurora Reyes

1908-1985, Mexico / *México*

Aurora Reyes, also known as the "Magnolia Iracunda" (Fiery Magnolia), was born in Parral, Chihuahua. She is considered the first female Mexican-born muralist, and was also a distinguished poet. She was the granddaughter of General Bernardo Reyes, and the niece of writer and philosopher Alfonso Reyes. As a child, Reyes' family moved to Mexico City. The family lived in poverty, which, years later, led her to become a member of the Mexican Communist Party, a union leader, a founding member of the League of Revolutionary Writers and Artists, a member of the National Rural Confederation, and promoted the creation of daycare centers for the children of schoolteachers. From 1921 to 1923, Aurora was a student at the Escuela Nacional de Bellas Artes. She presented her first solo exhibition at the Galería ARS in 1925, and in 1927, she began teaching drawing and painting for the Department of Public Education, from which she retired in 1964. In 1936, she completed the mural, "Atentado a los maestros rurales" (Attack on the Rural Schoolteachers), in the school, Centro Escolar Revolución. In her lifetime, she completed seven murals. In 1954, she exhibited her work in the Salón de la Plástica Mexicana. Her work was also included in collective exhibitions in France, Cuba, the United States, and Mexico. Reyes' love interest was the Cuban poet, Nicolás Guillén. Her literary works include: *Nueve estancias en el desierto*, *Humanos paisajes*, and *Espiral en retorno*. In addition, Reyes received awards for her poetry. In 1960, along with other intellectuals, she participated in a hunger strike on behalf of political prisoners in Mexico. In 1968, she participated in a student uprising, which left her in hiding for some time in the psychiatric hospital La Castañeda. Despite her strong works, which display great social content, the Magnolia Iracunda died forgotten, punished for being an outspoken woman.

Conocida también como la "Magnolia iracunda", Aurora Reyes nació en Parral, Chihuahua. Es considerada la primer mujer muralista nacida en México y poeta distinguida. Nieta del general Bernardo Reyes y sobrina del escritor y filósofo Alfonso Reyes. La familia se trasladó a la ciudad de México siendo Aurora una niña. Vivieron en la pobreza, lo cual influyó para que años más tarde fuera miembro del Partido Comunista Mexicano, dirigente sindical, una de los artistas fundadores de la Liga de Escritores y Artistas Revolucionarios (LEAR), miembro de la Confederación Nacional Campesina, y promotora de la creación de guarderías para los hijos de trabajadores del magisterio. De 1921 a 1923 Aurora Reyes fue alumna en la Escuela Nacional de Bellas Artes. Presentó su primera exhibición individual en la Galería ARS en 1925 y en 1927 comenzó a dar clases de dibujo y pintura para la Secretaría de Educación Pública de donde se jubiló en 1964. En 1936 realizó el mural "Atentado a los maestros rurales" en el Centro Escolar Revolución. A lo largo de su vida realizó siete murales. En 1954 expuso en el Salón de la Plástica Mexicana. En forma colectiva expuso en Francia, Cuba, Estados Unidos y México. Aurora Reyes fue compañera sentimental del poeta cubano Nicolás Guillen. Su obra literaria comprende: "Nueve estancias en el desierto", "Humanos paisajes" y "Espiral en retorno". También recibió premios por varios de sus poemas. En 1960, junto con otros intelectuales se declaró en huelga de hambre en apoyo a los presos políticos en México. En 1968, ayudó en la lucha estudiantil, teniendo que esconderse por un tiempo en el Hospital Siquiátrico La Castañeda. Su obra es fuerte, de gran contenido social, pero la "Magnolia iracunda" murió en el olvido, castigada por tener voz propia.

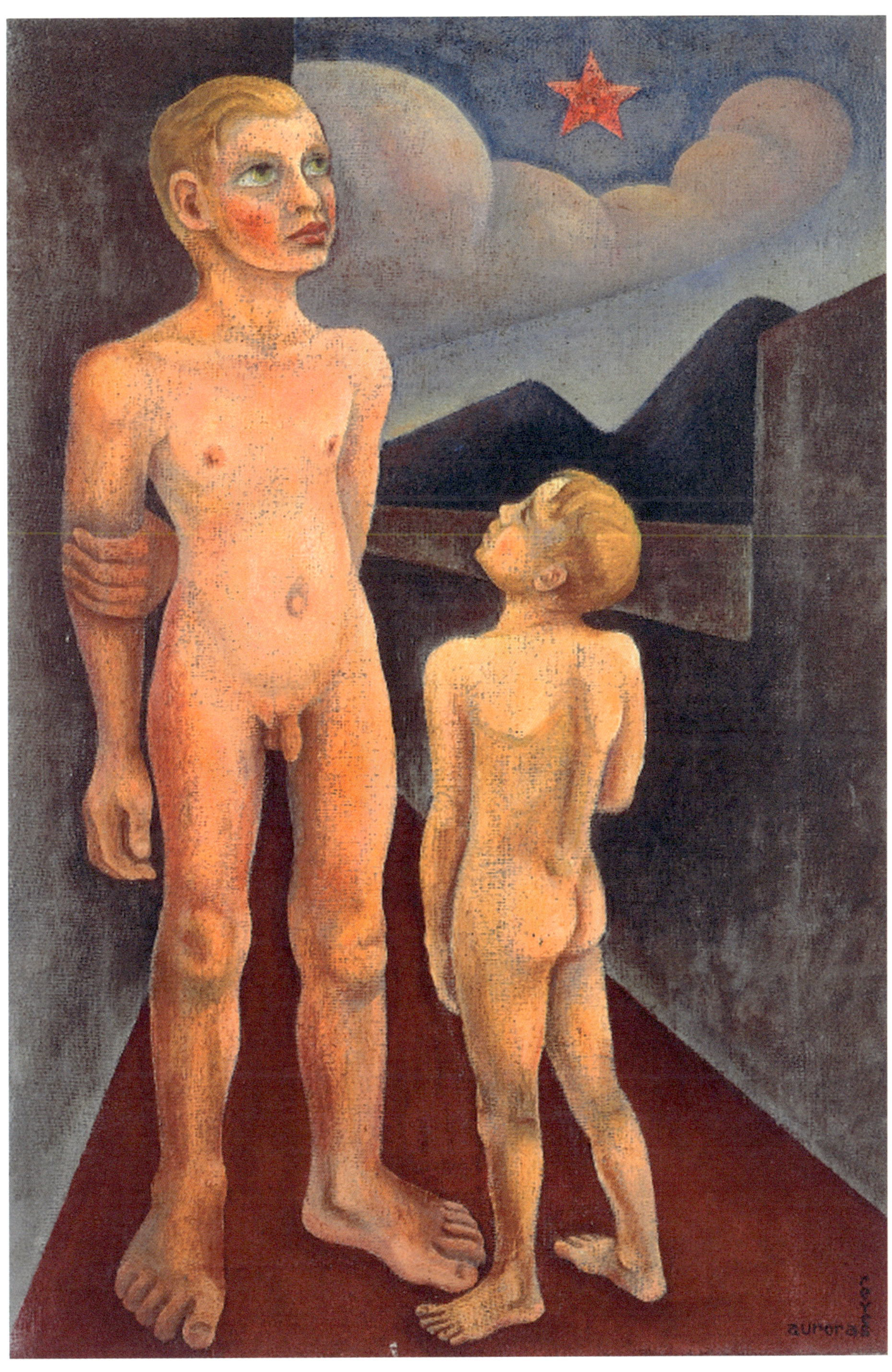

91.*
Aurora Reyes, Boys and Star / *Niños y estrella*, 1938 oil on canvas / *óleo sobre tela* 23 7/8" x 16" (60.5 x 40.5 cm)
Héctor y Ernesto Godoy Lagunes Collection

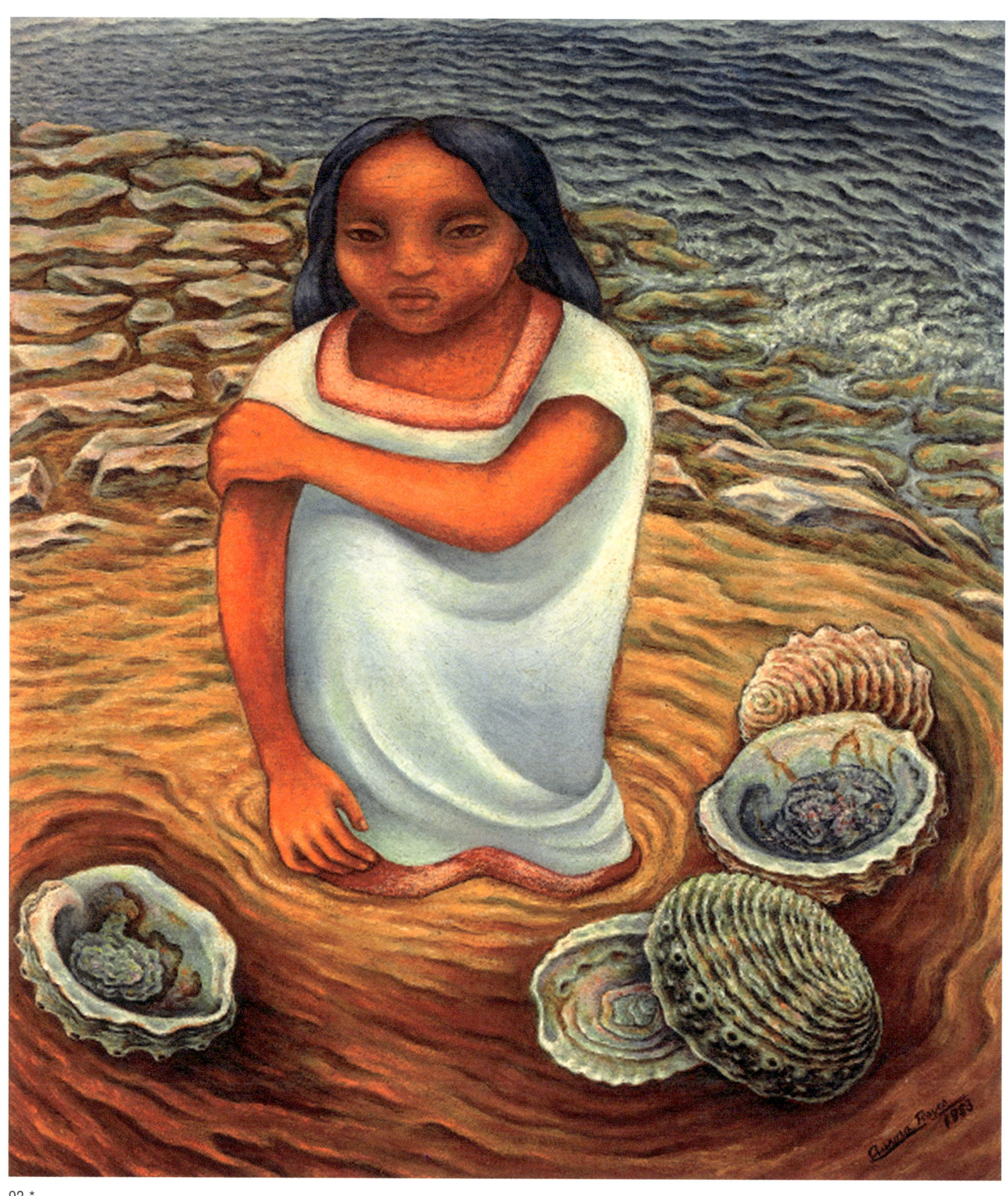

92.*
Aurora Reyes, Girl with Shells / *Niña de las conchas*, 1953 oil on canvas / *óleo sobre tela* 29 1/2" x 26" (75 x 66 cm)
Héctor y Ernesto Godoy Lagunes Collection

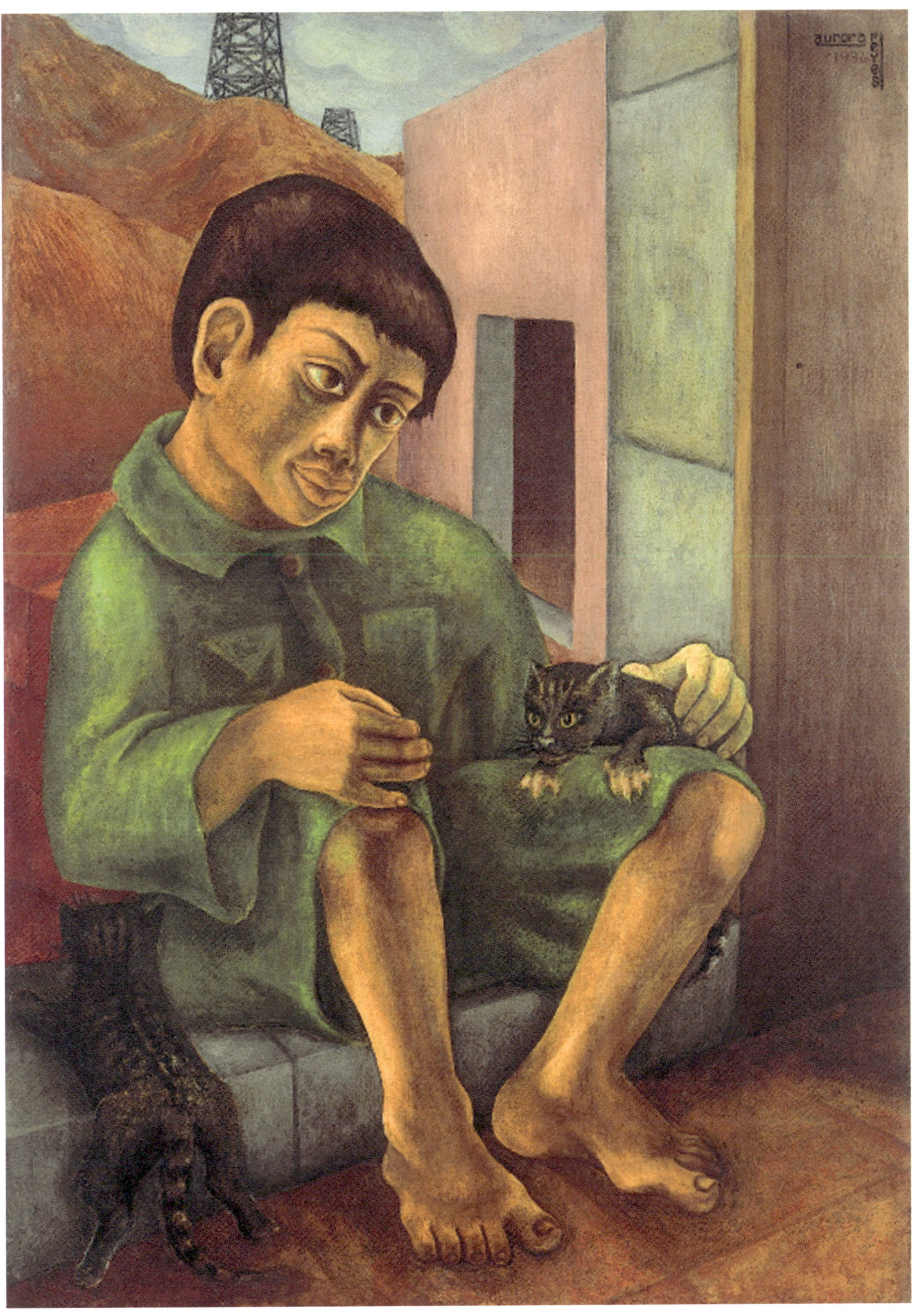

93.
Aurora Reyes, Sick Boy / *Niño enfermo*, 1936 oil on canvas / *óleo sobre tela* 33 7/8" x 24" (86 x 61 cm)
Héctor y Ernesto Godoy Lagunes Collection

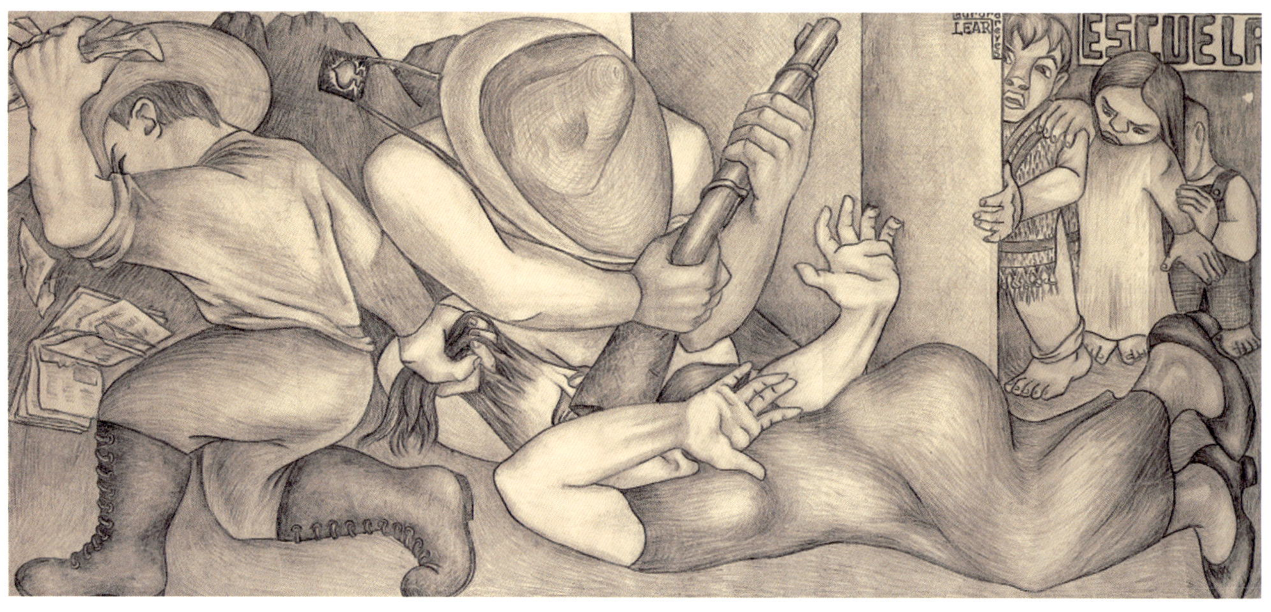

94.
Aurora Reyes, Attack on Rural Teachers (Sketch for the Revolución School Building) / *Ataque a maestros rurales (Boceto para el mural del Centro Escolar Revolución)*, 1936 pencil on paper / *lápiz sobre papel* 14 1/2" x 30 3/8" (37 x 77 cm) Héctor y Ernesto Godoy Lagunes Collection

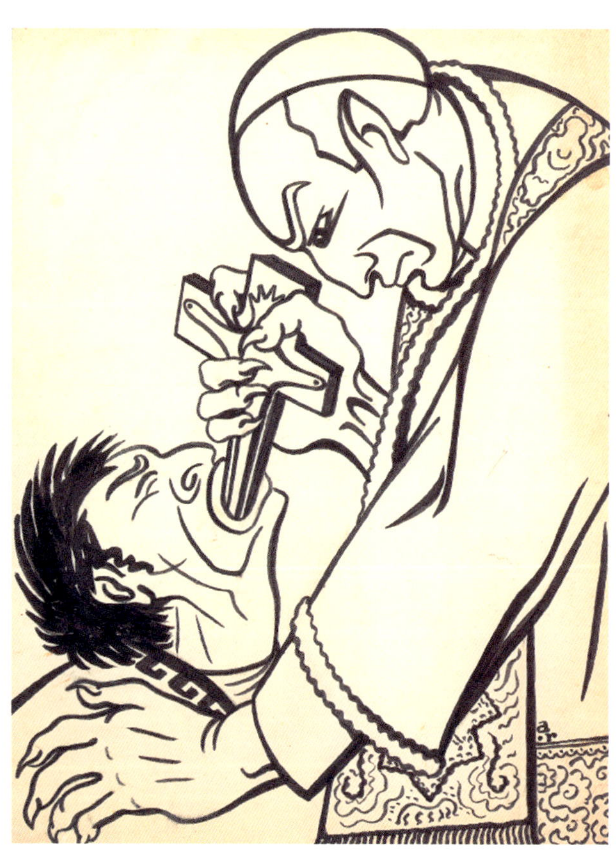

95.
Aurora Reyes
Gospel / *Evangelio*, 1958
ink on paper / *tinta sobre papel*
12" x 8 7/8" (30.3 x 22.4 cm)
Héctor y Ernesto Godoy Lagunes Collection

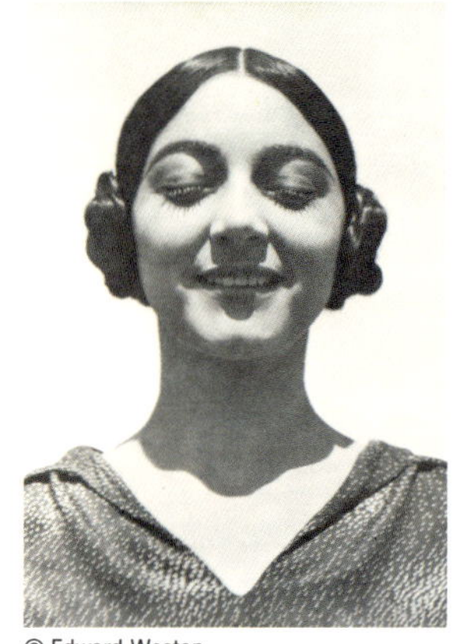

© Edward Weston

Rosa Rolanda

Rosemonde Cowan
1895, United States / *Estados Unidos*
1970, Mexico / *México*

Rosa Rolanda was born in Los Angeles, California in 1895 to an American father and a Mexican American mother. She attended the Manual Arts High School, where she studied sculpture, fashion design, and dance. Immediately after graduation she joined the Marion Morgan Dancers and made her stage debut with the group in New York in 1916. It was at this time that she decided to change her name from Rosemonde Cowan to Rose Roland. In New York she joined the Irvine Berlin's Music Box Review and in 1923, joined the Ziegfeld Follies, which gave her the opportunity to travel to Europe. One year later, she met the Mexican artist and caricaturist, Miguel Covarrubias. The two were married in 1930. Both were avid fans of the theater, dance, and the visual arts, and they soon became important collectors of Mexican art. In 1936, the couple moved to Mexico, having visited the country previously. They traveled extensively, visiting such countries as: Bali, China, Japan, Europe, Mexico, and the United States. Several of these trips were made for specific projects that Covarrubias was commissioned to complete, and in which Rolanda participated as photographer. Rolanda began painting under the tutelage of her husband and learned photography under Tina Modotti. In 1950, Covarrubias was named Director of the Escuela de la Danza of the Palacio de Bellas Artes in Mexico. Rolanda acted as an advisor to the group based on her extensive experience as a dancer. Rosa died in Mexico in 1970.

Hija de padre americano y madre méxico-americana, Rosa Rolanda nació en los Ángeles, California. Asistió a la escuela Manual Arts High School en donde estudió escultura, diseño de modas y danza. Inmediatamente después de graduarse, se integró al grupo de Marion Morgan Dancers con quienes se presentó en Nueva York en 1916 -es en este periodo que cambió su nombre de Rosemonde Cowan a Rose Roland-. Fue en esta misma ciudad donde formó parte del Music Box Revenue de Irving Berlín y del The Ziegfeld Follies, viajando con éste último grupo a Europa en el año 1923. Un año después conoció al artista y caricaturista mexicano Miguel Covarrubias con quien se casó en 1930. Los dos fueron grandes aficionados del teatro, del baile y de las artes visuales, llegando a ser unos de los más importantes coleccionistas de arte mexicano. En 1936 llegaron a México en donde hacen su lugar de residencia. Viajaron extensamente por varios países del mundo: Bali, China, Japón, Europa, México y los Estados Unidos. Varios de estos viajes fueron para realizar proyectos específicos que se le comisionaron a Miguel, pero en los que Rosa participó como fotógrafa. Rosa Rolanda comenzó a pintar bajo la tutela de Miguel Covarrubias y es con Tina Modotti con quien se inició en la fotografía. En 1950, Miguel fue nombrado Director de la Escuela de Danza del Palacio de Bellas Artes, participando Rosa como consejera, por la experiencia que tenía en la danza. En 1970 muere en México.

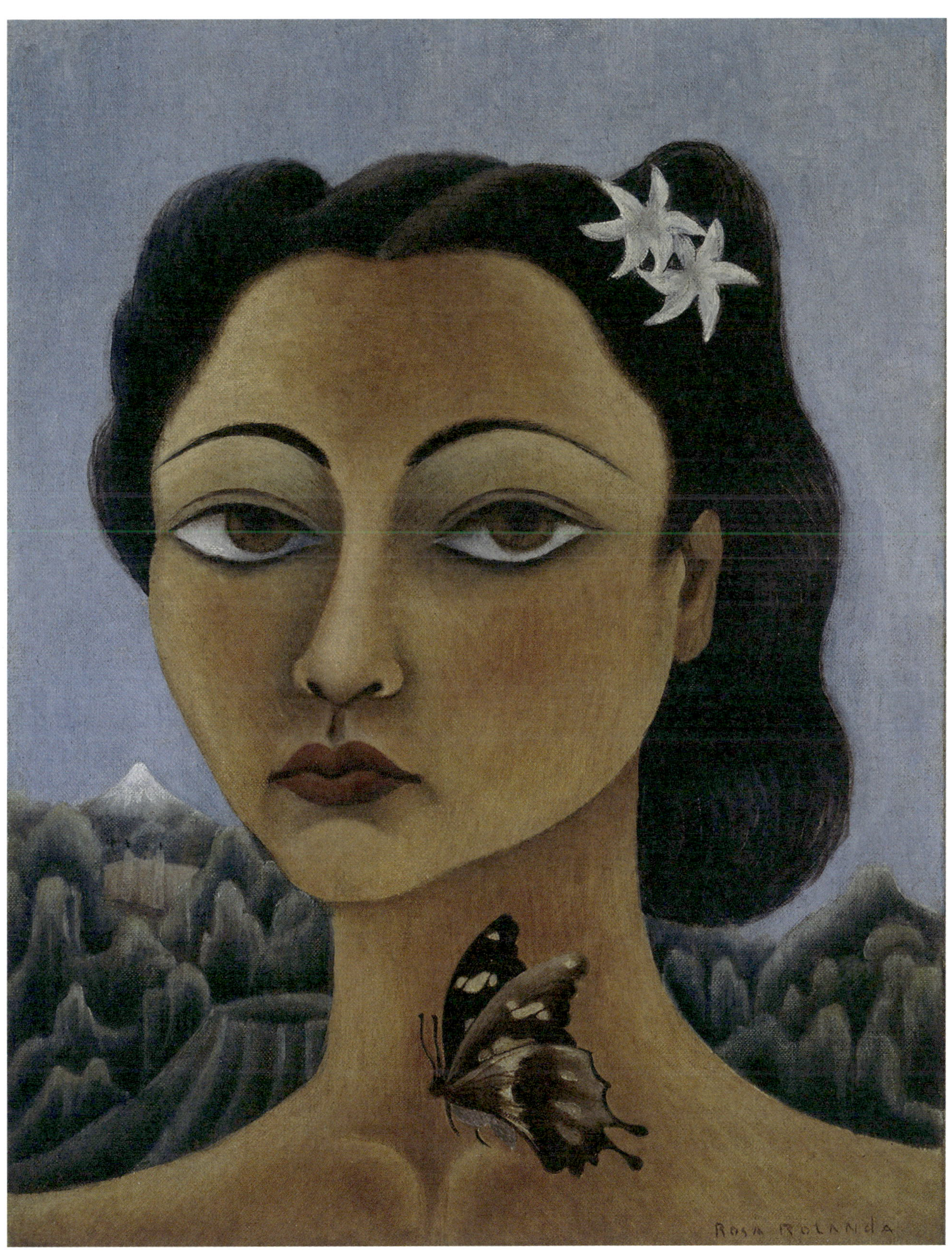

96.
Rosa Rolanda, Self-portrait / *Autorretrato*, 1939 oil on canvas / *óleo sobre tela* 15 3/4" x 11 7/8" (40 x 30 cm) Andrés Blaisten Collection

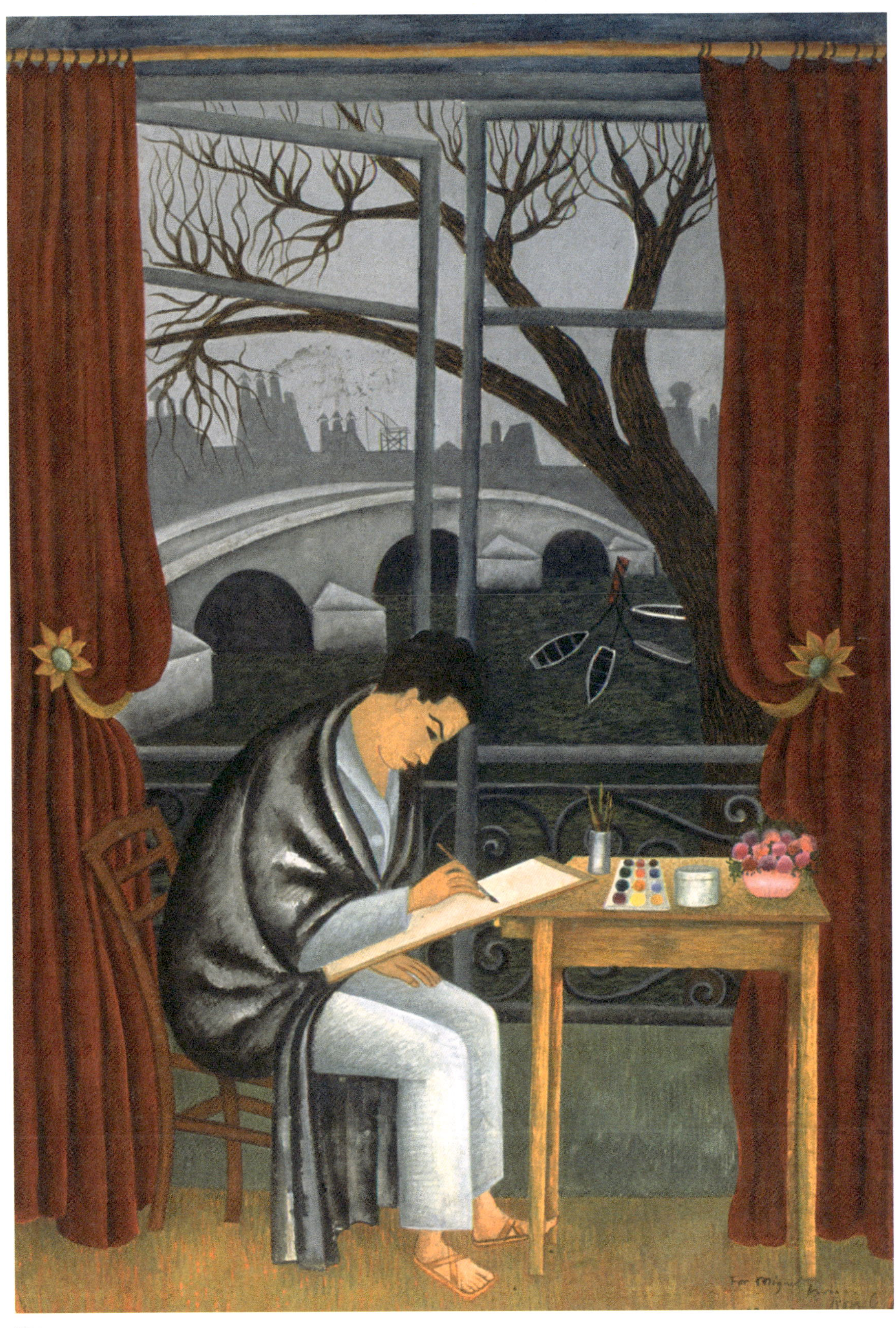

97.*
Rosa Rolanda, Untitled (Miguel in Paris) / *Sin título (Miguel en París)*, 1931- 45 gouache on paper / *gouache sobre papel*
22" x 15" (55.8 x 83.8 cm) The Mexican Museum in San Francisco Collection, Gift of Adriana and Thomas Williams
1982/2.72

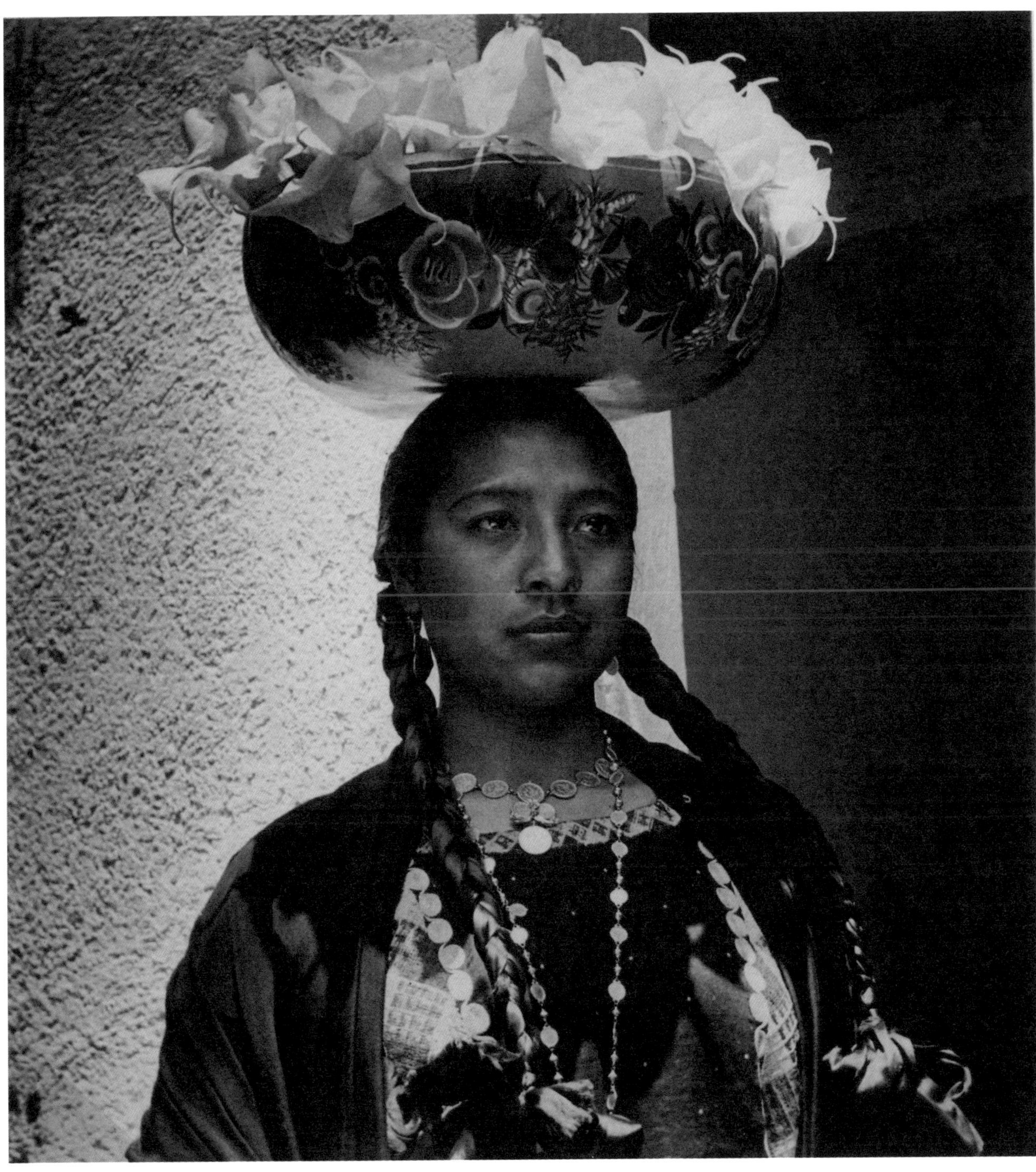

98.*
Rosa Rolanda, Woman Carrying Xicalpextle with Floripondio Flowers / *Mujer llevando xicalpextle con flores de floripondios*, ca. Early / *principios de* 1940's gelatin silver print / *plata sobre gelatina* 7 5/8 " x 6 3/4" (17.7 x 15.2 cm) The Mexican Museum in San Francisco Collection, Gift of Adriana and Thomas Williams (1982/2.1553)

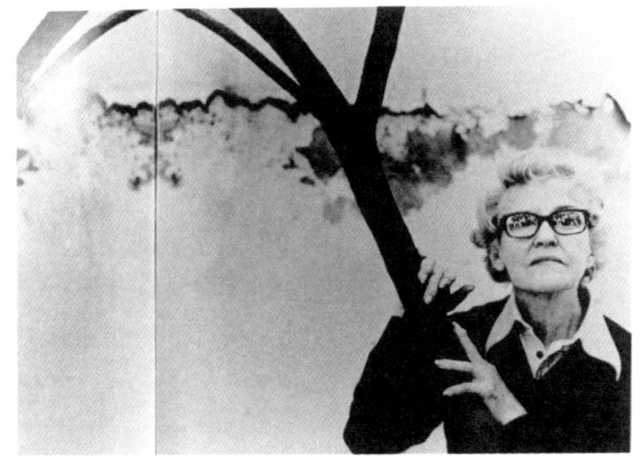
Anonymous CENIDIAP/INBA

Cordelia Urueta

1908-1995, Mexico / *México*

Cordelia Urueta was born into a family of intellectuals. Her father, José Urueta, was a writer, a congressman, and the Minister of Foreign Relations. Her great-uncle was poet, writer, and politician, Justo Sierra. Urueta traveled to Argentina with her family in 1919, when her father was named Minister Plenipotentiary of Mexico to Argentina and Uruguay. Shortly thereafter, José Urueta died, whereupon his family returned to Mexico. This was a very difficult time for the family, and especially for Urueta, who became ill with a virulent strain of anemia. At the urging of Dr. Atl, a family friend, Urueta began studying at the Escuela de Pintura al Aire Libre in the former convent of Churubusco. She enjoyed painting portraits from a very young age. In 1929, she traveled to New York with her mother seeking treatment for a vision problem. While she was in NY, she exhibited some of her drawings in the Delfín Estudios gallery along with artists, Tamayo and Orozco. Journalist Alma Reed, a strident supporter of Mexican artists, founded the gallery. In 1932, Urueta acquired a teaching position at the Secretariat of Public Education. She was appointed chancellor in 1938 and was sent to the Parisian consulate. Urueta lived in Paris with her husband, the painter, Gustavo Montoya, until the tensions that would develop into World War II forced them to flee to New York. When the couple returned to Mexico in 1945, Urueta arrived with the conviction to continue painting. She exhibited her work in numerous regions of Mexico and abroad. Throughout her career, her work evolved from realist to abstract, which led to a great deal of experimentation with color and texture. Urueta's work expresses her concerns about dehumanization, war, alienation, violence, repression, and the destruction of nature.

Cordelia Urueta nació en el seno de una familia de intelectuales. Su padre, José Urueta, fue literato, diputado y Ministro de Relaciones Exteriores; su tío abuelo fue el poeta, escritor y político Justo Sierra. Junto con su familia viajó a la Argentina en 1919, cuando su padre fue nombrado Ministro Plenipotenciario de México en Argentina y Uruguay. Al poco tiempo, José Urueta murió, lo que hizo que la familia regresara a México. Fue una época difícil para toda la familia, pero sobre todo para Cordelia, quien enfermó de una anemia difícil de controlar. A sugerencias del Dr. Atl. -amigo de la familia- Cordelia entró a estudiar a la Escuela de Pintura al Aire Libre en el ex convento de Churubusco. Desde niña le gustaba hacer retratos. Por problemas de la vista viajó con su madre a Nueva York en 1929; en esa ciudad expuso varios de sus dibujos en la Galería Delfín Estudios -junto con Tamayo y Orozco-. Dicha galería fue fundada por la periodista Alma Reed, quien apoyaba a los artistas mexicanos. Cordelia Urueta obtuvo un puesto de maestra en la Secretaria de Educación Pública en 1932, lo que le ayudó a sobrevivir. Pocos años después se le otorgó el nombramiento de canciller, siendo ubicada en el consulado de París en 1938. Ahí vivió con su esposo el pintor Gustavo Montoya, hasta que fueron reubicados en Nueva York, puesto que ya se hablaba de otra guerra mundial. Cuando la pareja regresó a México en 1945, Cordelia llegó con la convicción de continuar pintando. Expuso en diferentes lugares de México y el extranjero. Su obra se fue transformando poco a poco, de lo realista se fue sintetizando hasta llegar a lo abstracto, lo cual la llevó a mundos de colores y texturas. La obra de Cordelia Urueta muestra una marcada preocupación por la deshumanización, las guerras, la enajenación, la violencia, la represión y la destrucción de la naturaleza.

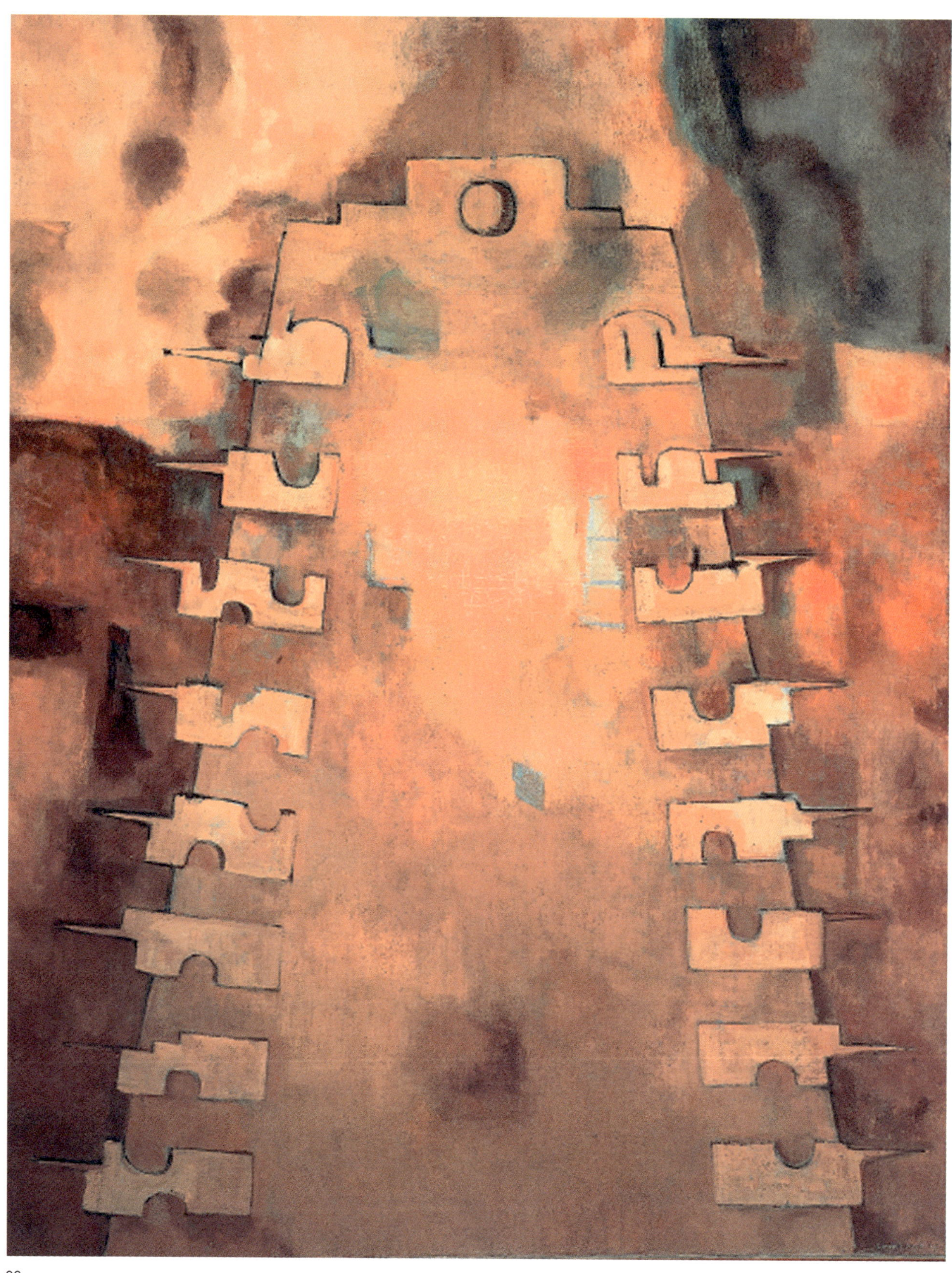

99.
Cordelia Urueta, Tower of Aggression / *Torre de agresión*, 1975 oil on canvas / *óleo sobre tela* 67" x 51 1/4" (170 x 130 cm)
Colección Pago en Especie, SHCP Recaudación 1979, (681 CUS)

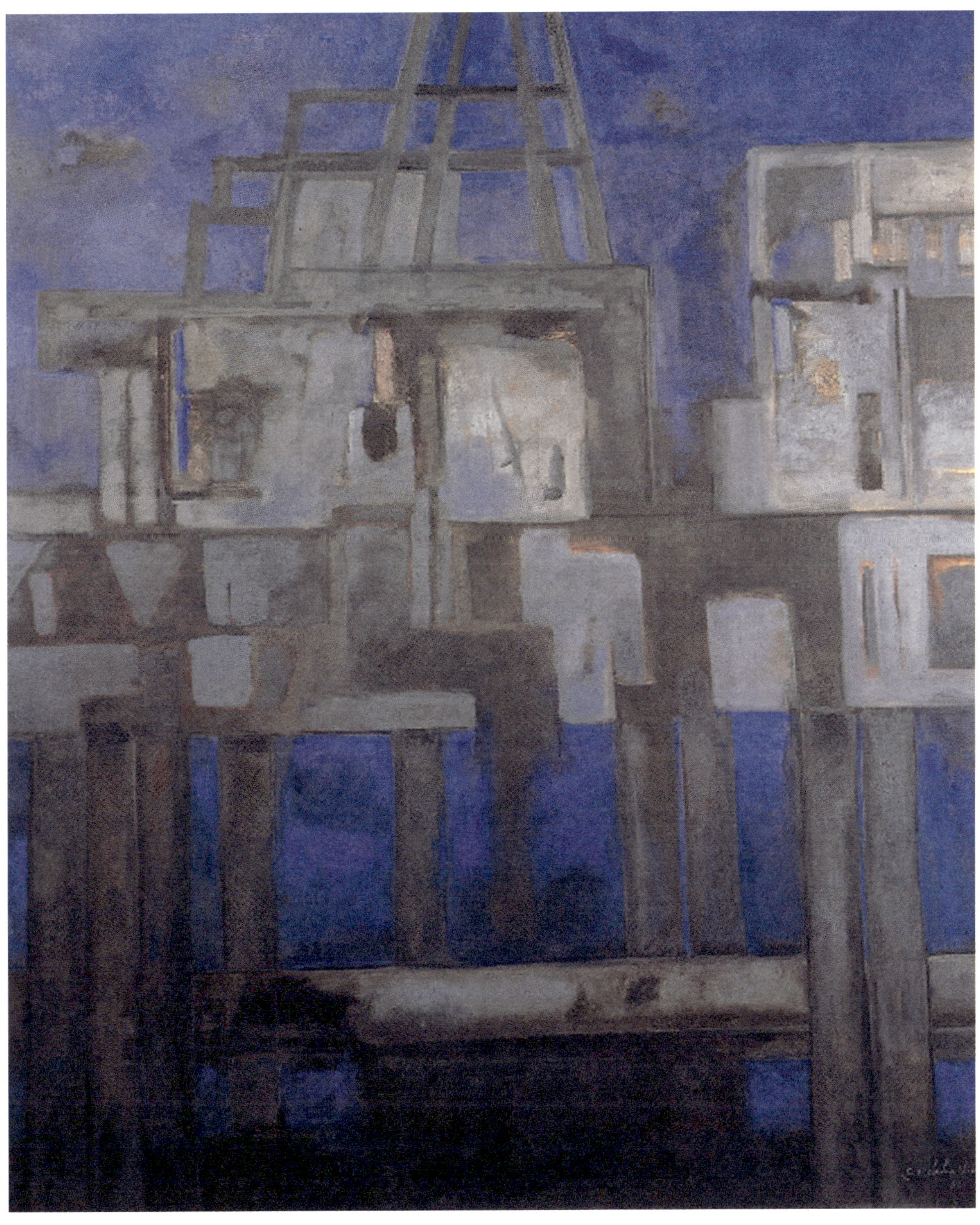

100.*
Cordelia Urueta, Marine Fort / *Fortaleza marina*, 1980 oil on canvas / *óleo sobre tela* 65 3/4" x 54" (167 x 137 cm) Colección pago en especie de la SHCP, Recaudación 1983, (576 CUS)

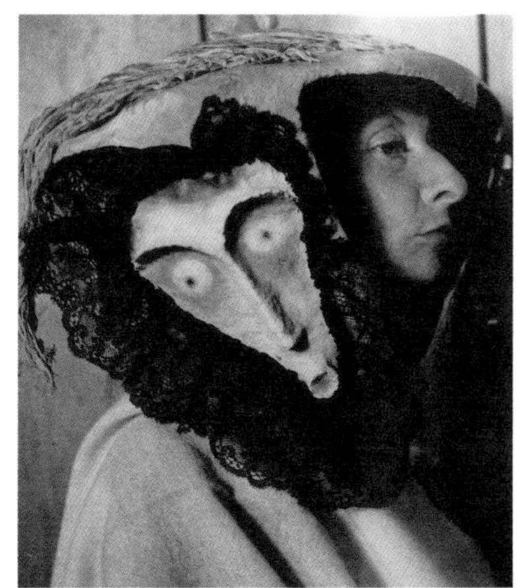

© Kati Horna

Remedios Varo

María de los Remedios Varo Uranga
1908, Spain / *España*
1963, Mexico / *México*

Remedios Varo was born in Anglés, a province of Gerona, Spain. Because of her father's profession as a hydraulic engineer, the family traveled through Spain and North Africa. She began her study of drawing and math under the tutelage of her father. In Madrid she studied at the Escuela de Artes y Oficios, and in 1924 she enrolled in the Academia de San Fernando. In 1930, Varo exhibited in a collective exhibition. At the outbreak of the Spanish Civil War in 1936, Varo, settled in France along with poet Benjamín Péret, where she became integrated into the Surrealist Movement. There she met important artists such as André Breton, Joan Miró, Salvador Dalí, Wolfgang Paalen, Leonora Carrington, and Marx Ernst among others. In 1938, she participated in the International Exposition of Surrealism in Paris, and two years later in the International Exposition of Surrealism at the Galería de Arte Mexicano. In 1941, fleeing war once more, she arrived in Mexico with Péret. Once she was established, Varo would meet regularly with a group of artists from Paris including Leonora Carrington, Gunther Gerzso, Kati and José Horna, and Wolfgang Paalen. Varo assisted the artist, Marc Chagall, with the design of the wardrobe for the production of the ballet Aleko, which premiered in Mexico City in 1942. To earn a living, Varo took jobs in publicity and decorating. In 1947, Péret returned to Paris while Varo traveled to Venezuela, where she remained for two years. Upon her return to Mexico, she began a relationship with Walter Gruen, and his support allowed her to focus exclusively on painting. In 1955, Varo inaugurated her first solo exhibition at the Galería Diana, which met with great critical acclaim. Seven years later she exhibited at the Galería Juan Martín. Varo also expressed herself through writing and designing costumes for the theater. In 1963, Remedios Varo died of a heart attack. Upon her death, André Breton described Varo as "the sorceress who left too soon."

Remedios Varo nació en Anglés, provincia de Gerona, España. Debido a la profesión de su padre, quien era ingeniero hidráulico, la familia viajó por todo España y el norte de África. Inició sus estudios de dibujo y matemáticas bajo la tutela de su padre. En Madrid estudió en la Escuela de Artes y Oficios y en 1924 ingresó a la Academia de San Fernando. En 1930 participó en una exhibición colectiva. En 1936, al estallar la Guerra Civil en España, se estableció en Francia junto con el poeta Benjamín Péret integrándose al núcleo surrealista. Ahí conoció a André Breton, Joan Miró, Dalí, Wolfgang Paalen, Leonora Carrington y Marx Ernst entre otros. El año de 1938 participó en la Exposición Internacional del Surrealismo en París, y en 1940 en la Exposición Internacional del Surrealismo en la Galería de Arte Mexicano. En 1941 huyendo una vez más de la guerra llegó a México junto con Benjamín Péret. Ya establecida en México, se reunía con un grupo de amigos ya conocidos desde París: Leonora Carrington, Gunther Gerzso, Kati y José Horna, Wolfgang Paalen. En 1942 se estrenó en la ciudad de México el ballet "Aleko" en donde Remedios ayudó a Marc Chagall con los diseños del vestuario. Para subsistir, Remedios Varo se dedicó a hacer trabajos publicitarios y de decoración. En 1947, Péret regresó a París mientras que Remedios viajó a Venezuela en donde permaneció dos años. De regreso en México se unió a Walter Gruen, dedicándose a la pintura de tiempo completo. En 1955 exhibió individualmente y con gran éxito en la Galería Diana y siete años después en la Galería Juan Martín. Otra forma de expresión para Remedios fue la producción literaria y el diseño de vestuario para teatro. En 1963 Remedios Varo murió de un infarto, a su muerte, fue señalada por André Breton como..." La hechicera que se fue demasiado pronto".

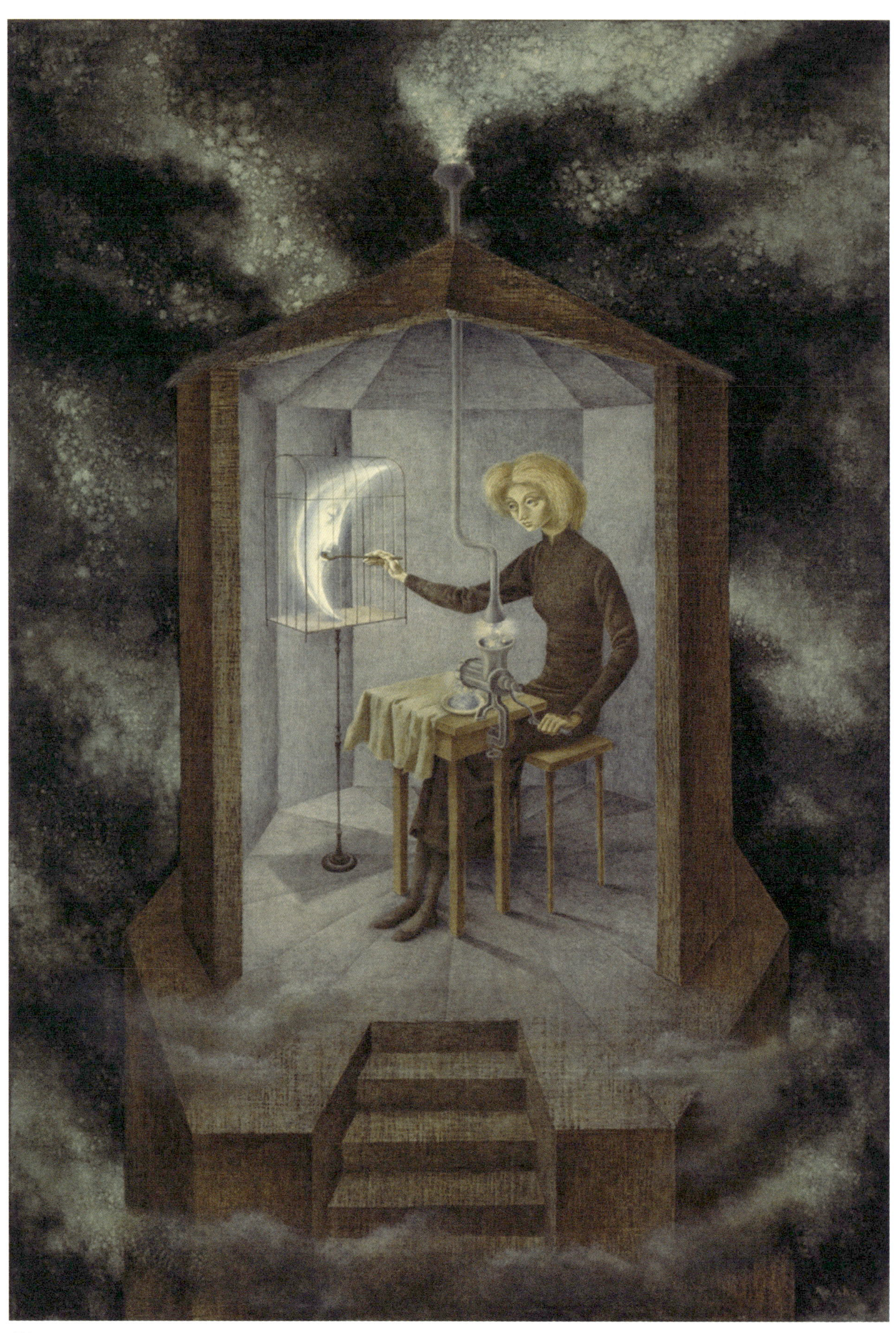

101.
Remedios Varo, Stellar Pablum / *Papilla estelar*, 1958 oil on masonite / *óleo sobre masonite* 36 1/4" x 24 3/8" (92 x 62 cm)
Courtesy of Gary and Kathie Heidenreich and Frey Norris Gallery

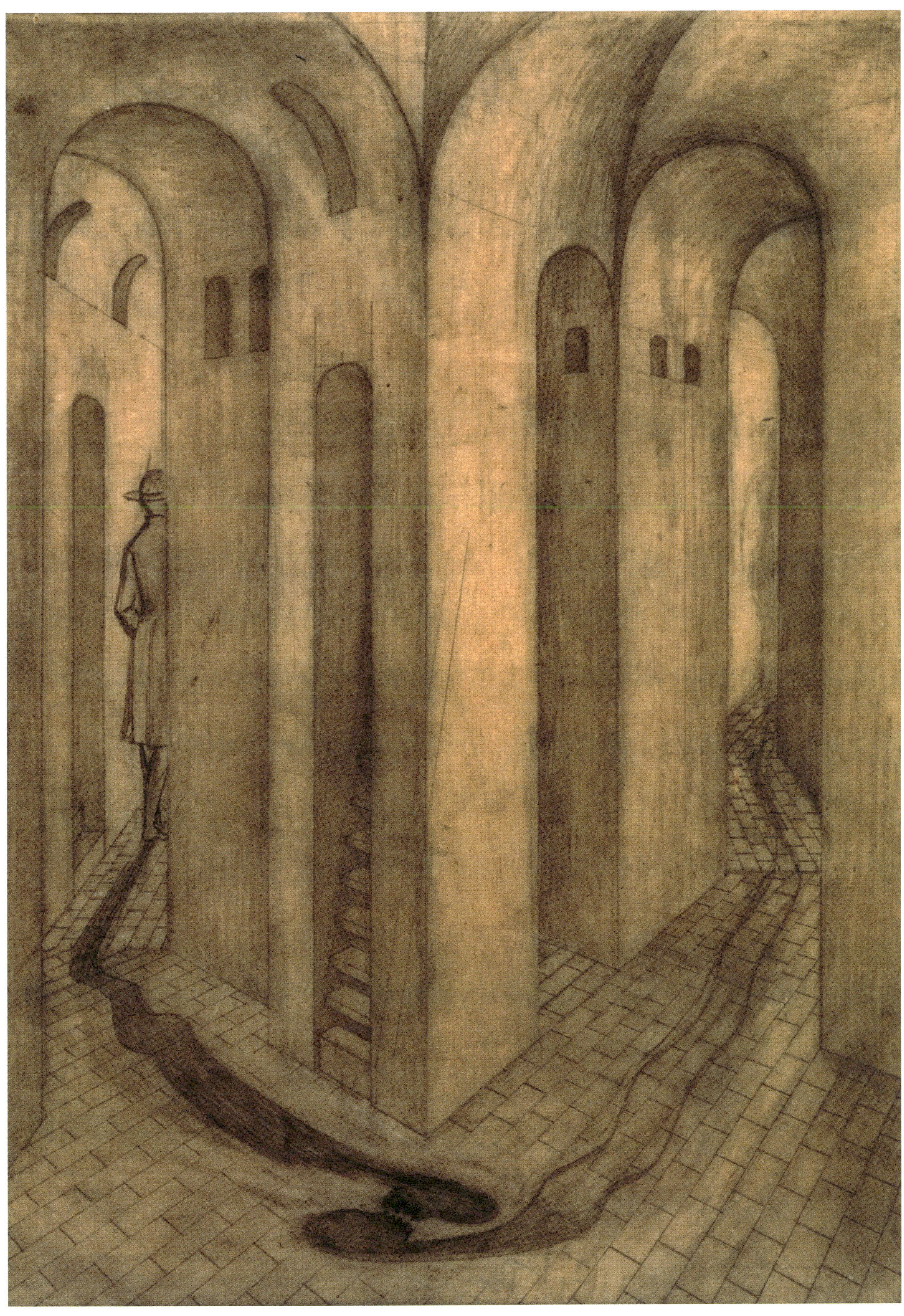

102.
Remedios Varo, The Departure / *La despedida,* 1958 pencil on tracing paper / *lápiz sobre papel mantequilla* 13 3/4" x 9 5/8" (35 x 24.5 cm)
Private Collection

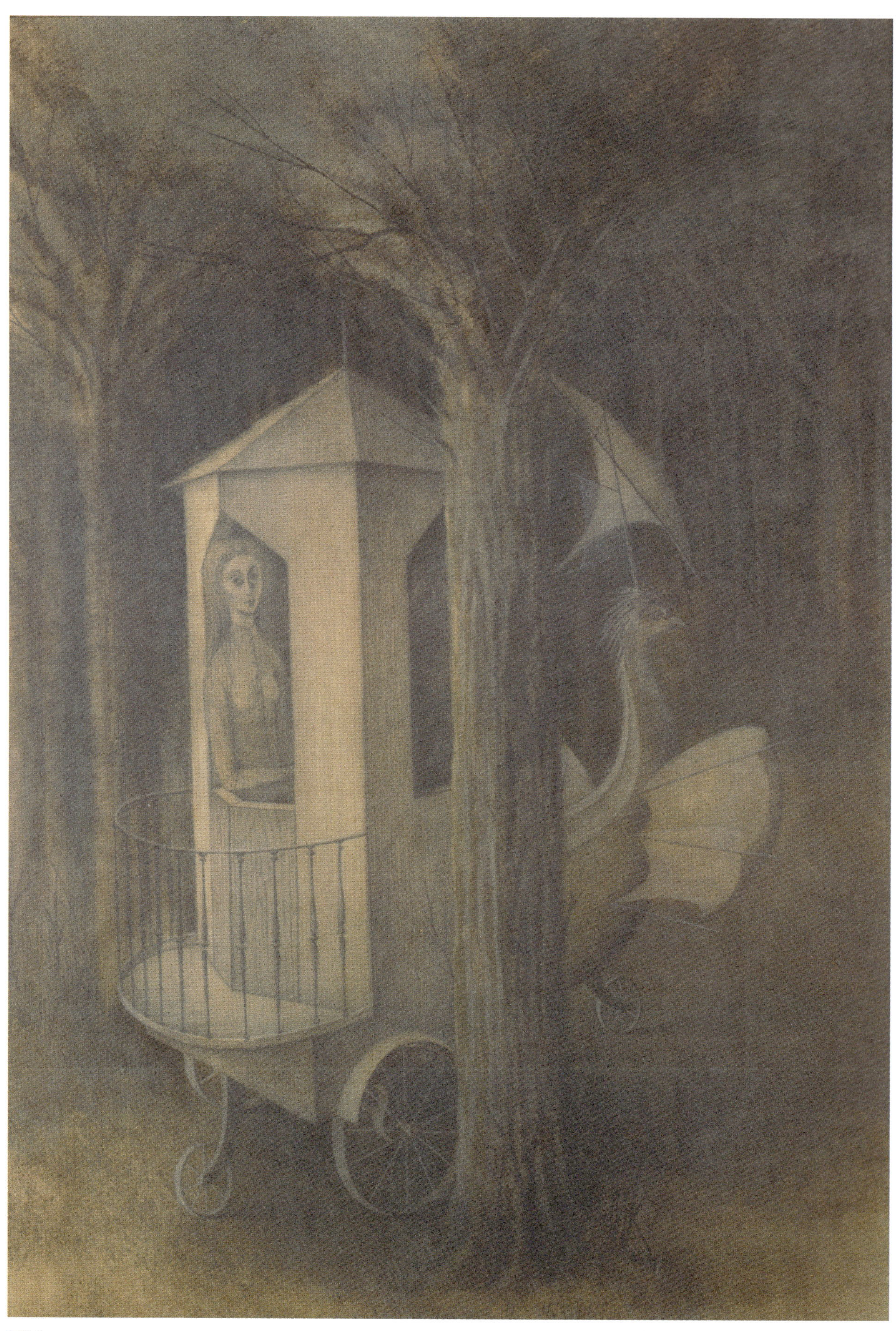

103.*
Remedios Varo, Plant Cathedral / *Catedral Vegetal,* n.d. / s.f. Gouache on paper / *Gouache sobre papel* 15 3/8" x 10 7/8" (39 x 27.5 cm)
Banco Nacional de México Collection

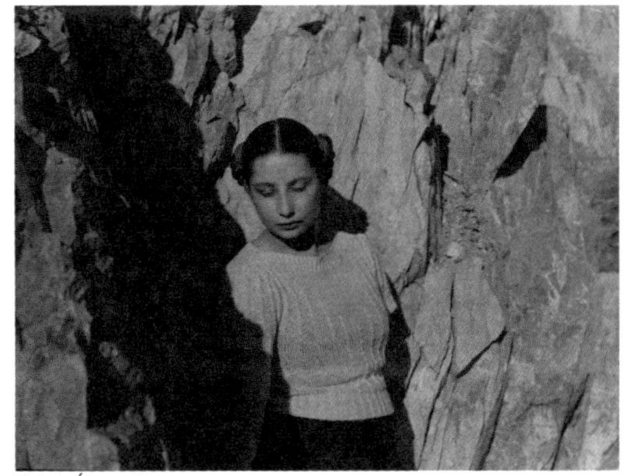

© Lola Álvarez Bravo

Isabel Villaseñor

1909-1953, Mexico / *México*

Isabel Villaseñor was born in Guadalajara, Jalisco. Years later, her family moved to Mexico City, where she studied art. In 1928, she enrolled at the Centro Popular de Pintura de San Pablo. Later she attended the San Antonio Abad, directed by the artist, Gabriel Fernández Ledesma, whom she would later marry. Villaseñor inherited her love for popular music from her grandmother, Mamá Ballita, and she dedicated her time to writing, illustrating, and with her lovely voice, singing *corridos*. Villaseñor also wrote stories and screenplays. In addition, she produced woodcuts, drawings, aquatints, gouaches, and pyroxylins. She was a member of the group "¡30-30!" and participated in her first exhibition with them in Spain, where she was awarded the gold medal for a series of woodcut prints. In 1929, she decorated a mural with colored cement, along with Alfredo Zalce. In 1930, she had her first solo exhibition in the Biblioteca Nacional de México. Shortly after, she met the Russian filmmaker, Eisenstein, who invited her to take the role of María in the movie "¡Qué viva México!" She worked as a teacher aide at the Academia de San Carlos and was a missionary teacher in 1932. Isabel also plotted the script for the ballet "El maleficio," and wrote the screenplay for "Elena la traicionera," which premiered at the Palacio de Bellas Artes in Mexico shortly after her death. She exhibited her work in Havana, Paris, New York, and San Francisco. During this time her work reflected the sadness she felt for the loss of her first son, who died before birth. She often depicted scenes of mothers and children without faces. In 1953, Isabel Villaseñor died a beloved artist, a sensitive woman, a muse, and friend to intellectuals and artists.

Isabel Villaseñor nació en Guadalajara, Jalisco. Años más tarde la familia se trasladó a la ciudad de México, lugar en donde Isabel estudió arte. En 1928 ingresó al Centro Popular de Pintura de San Pablo y posteriormente al de San Antonio Abad, dirigido por el artista Gabriel Fernández Ledesma, quien luego sería su esposo. Isabel heredó de su abuela Mamá Ballita, el amor por la música popular, se dedicó a escribir corridos y a ilustrarlos, además de cantarlos con su bella voz. Así mismo, escribió cuentos y guiones para teatro, creó xilografías, dibujos, aguatintas, gouaches y piroxilinas. Fue miembro del grupo ¡30-30! y como parte del mismo participó en la que fue su primera exposición colectiva en España, lugar en donde le otorgaron medalla de oro por un grupo de grabados en madera. En 1929, junto con Alfredo Zalce, realizó la decoración de un mural con cemento coloreado. En 1930, tuvo su primera exposición individual en la Biblioteca Nacional de México. Poco después conoció al cineasta ruso Eisenstein, quien la invitó a hacer el personaje de "María" en la película ¡Que viva México! Fue maestra auxiliar en la Academia de San Carlos. En 1932 trabajó como maestra misionera. Escribió el argumento para el ballet "El maleficio" y el guión para teatro "Elena la traicionera", el cual se estrenó en el Palacio de Bellas Artes poco después de su muerte. Exhibió colectivamente en La Habana, París, Nueva York y San Francisco. Perdió al primer hijo antes de nacer y de esta época se aprecia en su obra escenas de madres e hijos sin rostro. Muere en 1953 Isabel Villaseñor, la artista, la mujer sensible, la más querida, la musa y la amiga de intelectuales y artistas.

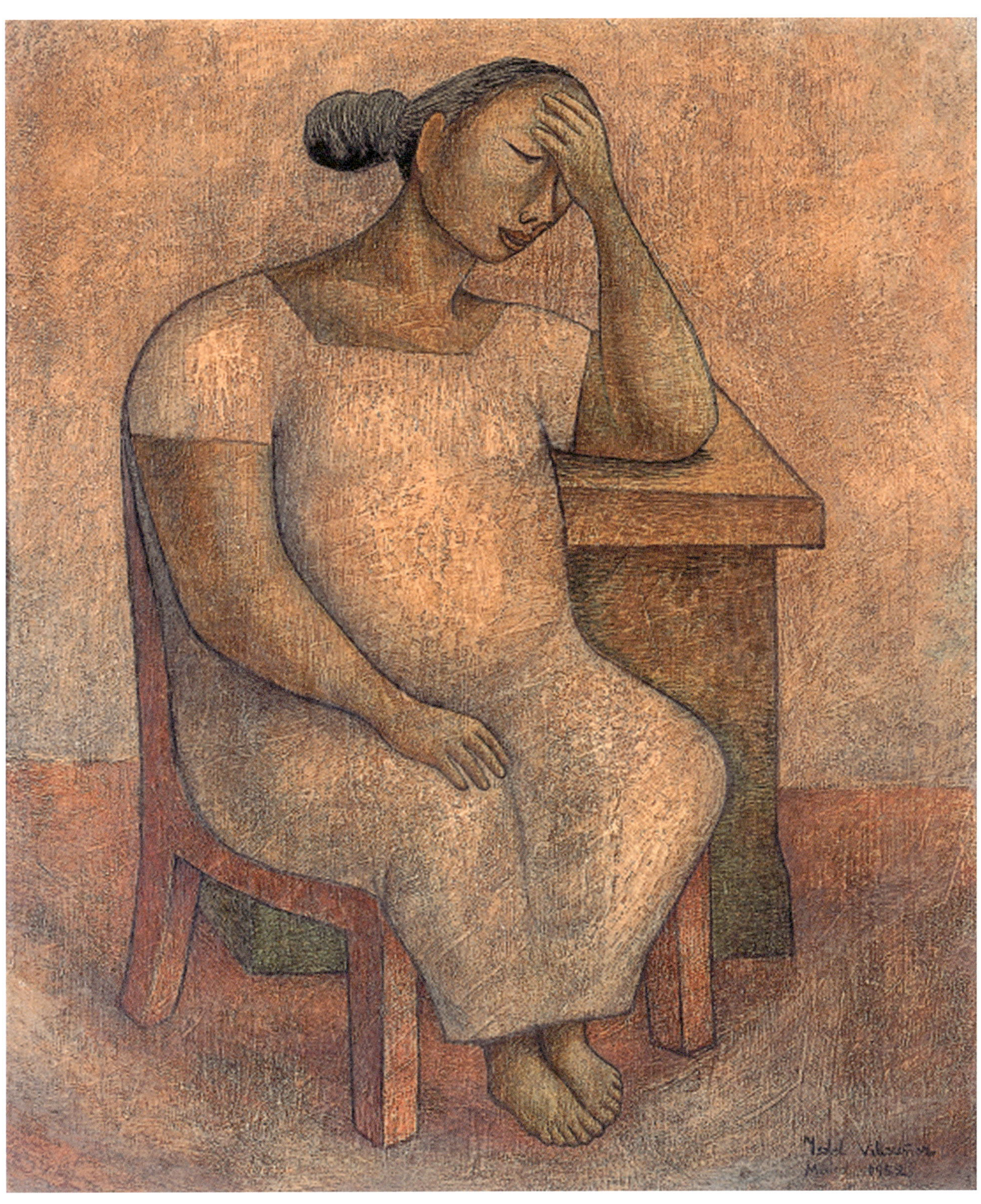

104.*
Isabel Villaseñor, Mestiza from Tahmek / *Mestiza de Tahmek*, 1952 pyroxylin on masonite / *piroxilina sobre masonite* 27 5/8" x 24 5/8" (71 x 61 cm) (Reg. D116) Private Collection

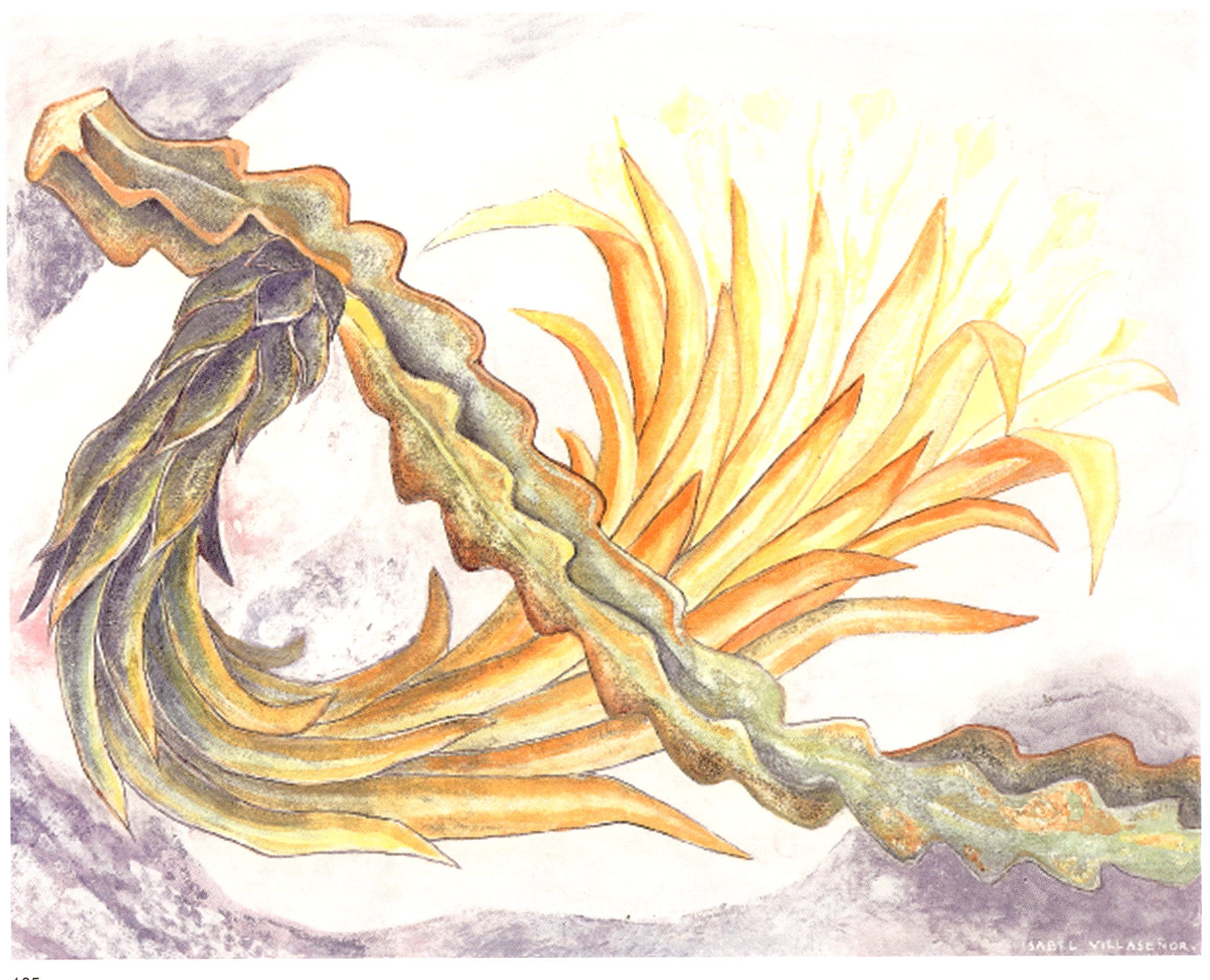

105.
Isabel Villaseñor, Feathered Serpent / *Serpiente emplumada*, 1945 gouache on paper / *gouache sobre papel* 19 5/16" x 24 1/64" (49 x 61 cm)
(Reg. D109) Private Collection

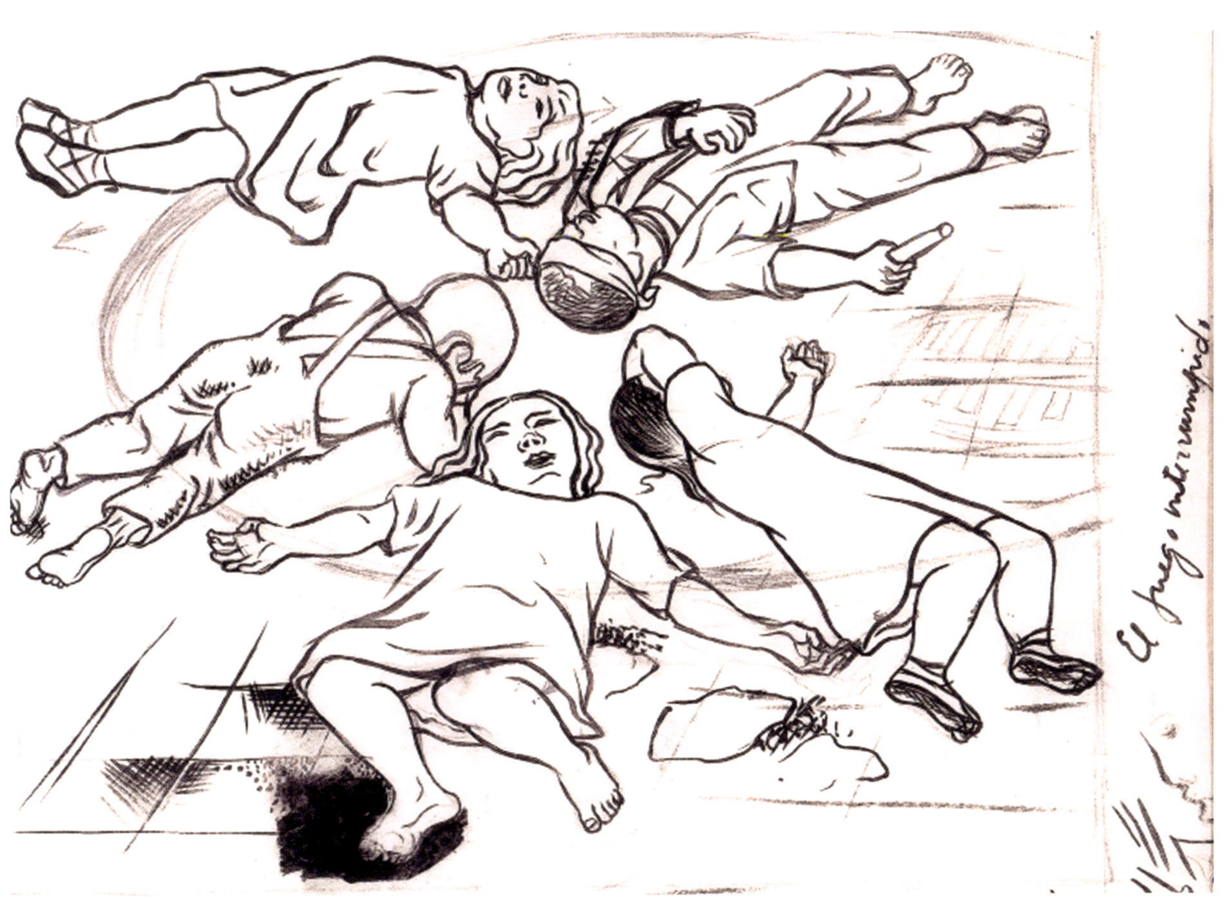

106.
Isabel Villaseñor, The Game that Death Interrupted / *El juego que interrumpió la muerte*, 1934   ink on paper / *tinta sobre papel*
9 15/16" x 14 9/16" (25.2 x 37 cm) (Reg. DO85)   Private Collection

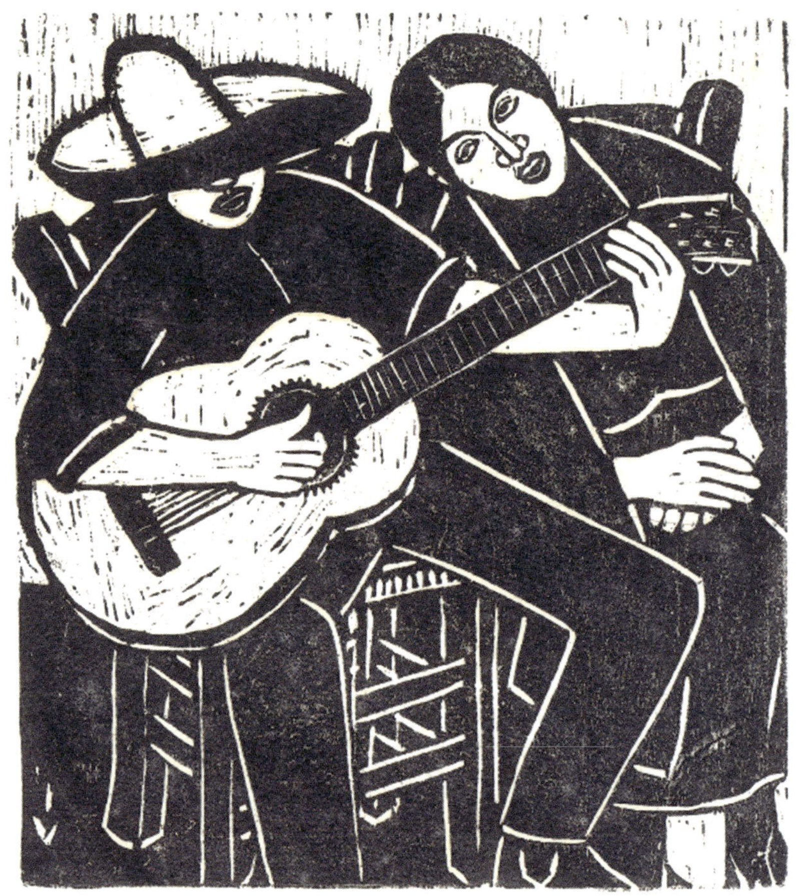

107.*
Isabel Villaseñor
Corrido, 1929
wood-cut on paper
grabado en madera sobre papel
8 15/32" x 7 9/32" (21.5 x 18.5 cm)(Reg. GO43)
Private Collection

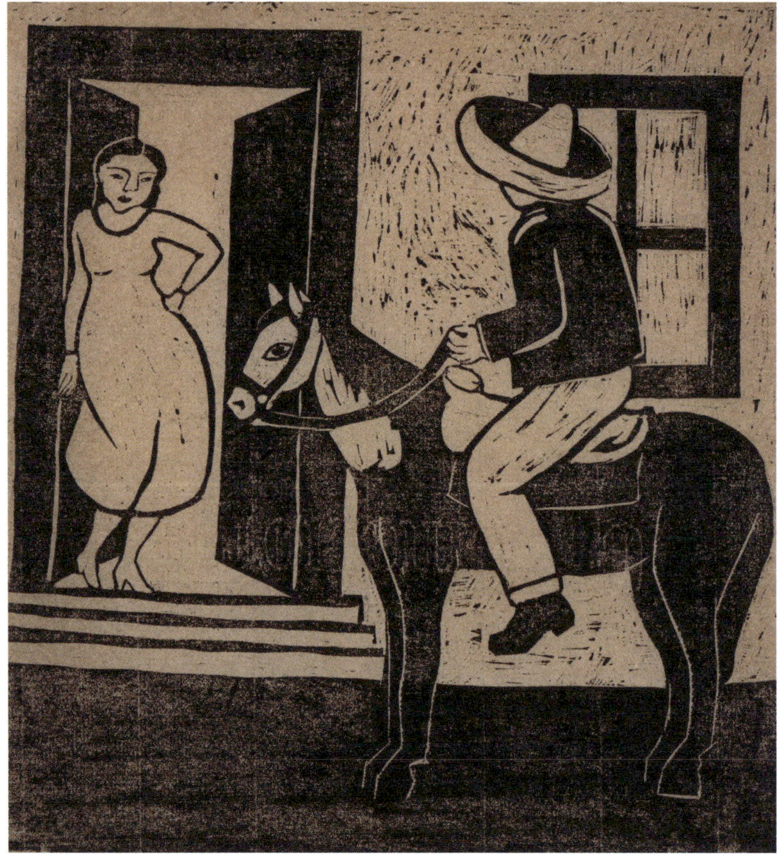

108.*
Isabel Villaseñor
Corrido of Elena the Betrayer
Corrido de Elena la traicionera, ca. 1929
wood-cut on paper
grabado en madera sobre papel
8 5/16" x 7 11/16" (21 x 19.5 cm)
(Reg. G027) Private Collection

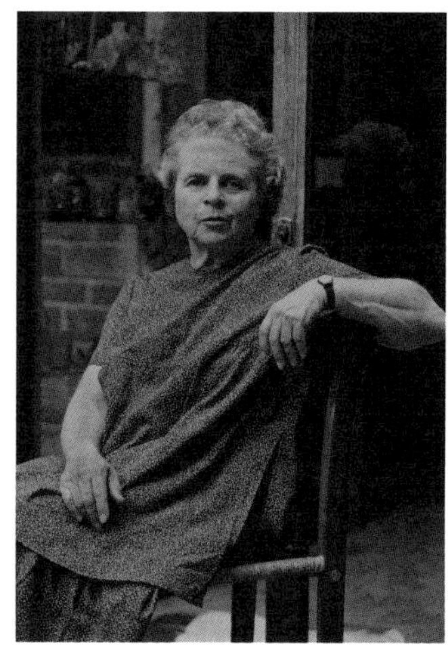

© Alicia Ahumada

Mariana Yampolsky

1925, United States / *Estados Unidos*
2002, Mexico / *México*

Mariana was the daughter of a Russian father and a German mother, and was born in Chicago, Illinois. She moved to Mexico in 1945, after studying Social Sciences at the University of Chicago. That same year, she enrolled at the art school, La Esmeralda, in Mexico City. In 1951, she became a founding member of the Salón de la Plástica Mexicana. She was also a member of the Taller de Gráfica Popular (TGP) until 1958. Yampolsky began experimenting with photography in 1948, when she entered the Academia de San Carlos and had the famed photographer, Lola Álvarez Bravo, as an instructor. Yampolsky also worked as an illustrator for several newspapers, helped organize national and international exhibitions, and taught printmaking and literature for the TGP. Her photographic work has been published in several books including *La casa en la tierra*, *La casa que canta*, *La raíz y el camino*, and *Estancias del olvido*, with introductions by the famed author, Elena Poniatowska. Yampolsky also coordinated and edited children's books for such publishers as the Secretariat of Public Education. In 1960, Yampolsky held the first public showcase of her photography. Since then her photographs have been exhibited in numerous galleries in Mexico and abroad. Yampolsky's photography is part of many private and public collections. She was recognized by the Sistema Nacional de Creadores de CONACULTA for her contributions to Mexican art and culture, and was given the Miguel Othón de Mendizábal award from Instituto Nacional de Antropología e Historia.

Hija de padre ruso y madre alemana, Mariana Yampolsky nació en Chicago, Illinois. Llegó a México en 1945 después de haber estudiado la licenciatura en Ciencias Sociales en la Universidad de Chicago. Ese mismo año ingresó a la escuela de arte La Esmeralda. En 1951 fue miembro fundador del Salón de la Plástica Mexicana. Y hasta 1958, miembro también del Taller de Gráfica Popular (TGP). Mariana comenzó a experimentar con la fotografía en 1948, por lo que decidió inscribirse en la Academia de San Carlos en donde tuvo por maestra a Lola Álvarez Bravo. Trabajó como ilustradora en varios periódicos. Organizó exhibiciones nacionales e internacionales para el Taller de Gráfica Popular. Impartió clases de grabado y literatura en el TGP. Su obra fotográfica ha sido publicada en varios libros como: " La casa en la tierra", " La casa que canta", " La raíz y el camino", y" Estancias del olvido", algunos de estos libros con introducciones por Elena Poniatowska. Trabajó además en varios proyectos infantiles, coordinando y editando libros para diferentes casas editoriales así como para la Secretaría de Educación Pública. En 1960 exhibió por primera vez su trabajo fotográfico y desde entonces expuso su obra en México y el extranjero. Su fotografía forma parte de numerosas colecciones públicas y privadas. Fue reconocida por sus aportaciones al arte y la cultura mexicana por el Sistema Nacional de Creadores de CONACULTA, además le fue otorgado el premio Miguel Othón de Mendizábal del Instituto Nacional de Antropología e Historia.

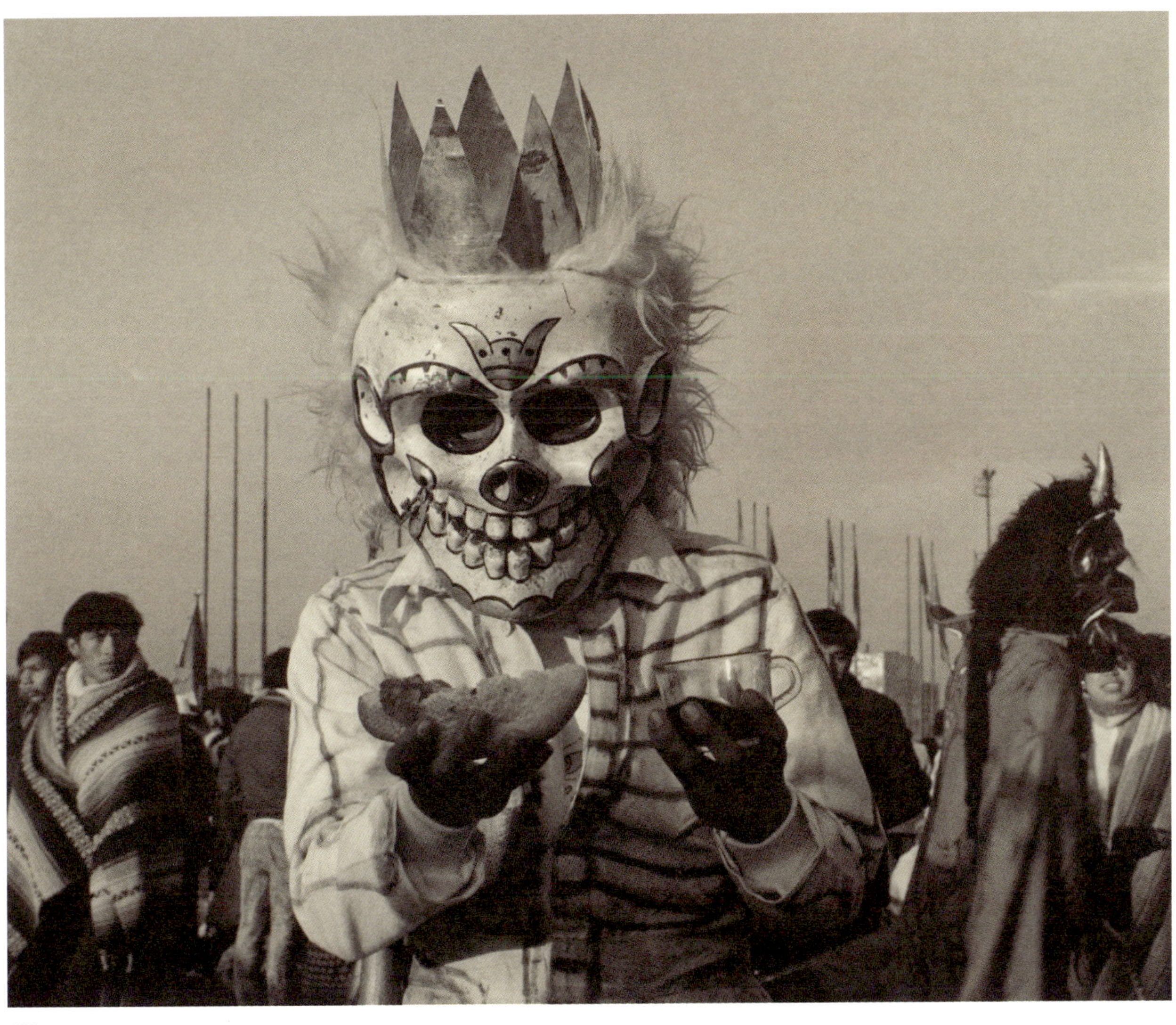

109.
Mariana Yampolsky, The Dead Also Drink Coffee / *La muerte bebiendo café*, 1989 neg. c. 1992 print gelatin silver print / *plata sobre gelatina*
13 1/8" x 15 7/8" (33 x 38.1 cm) LaSalle Bank Photography Collection

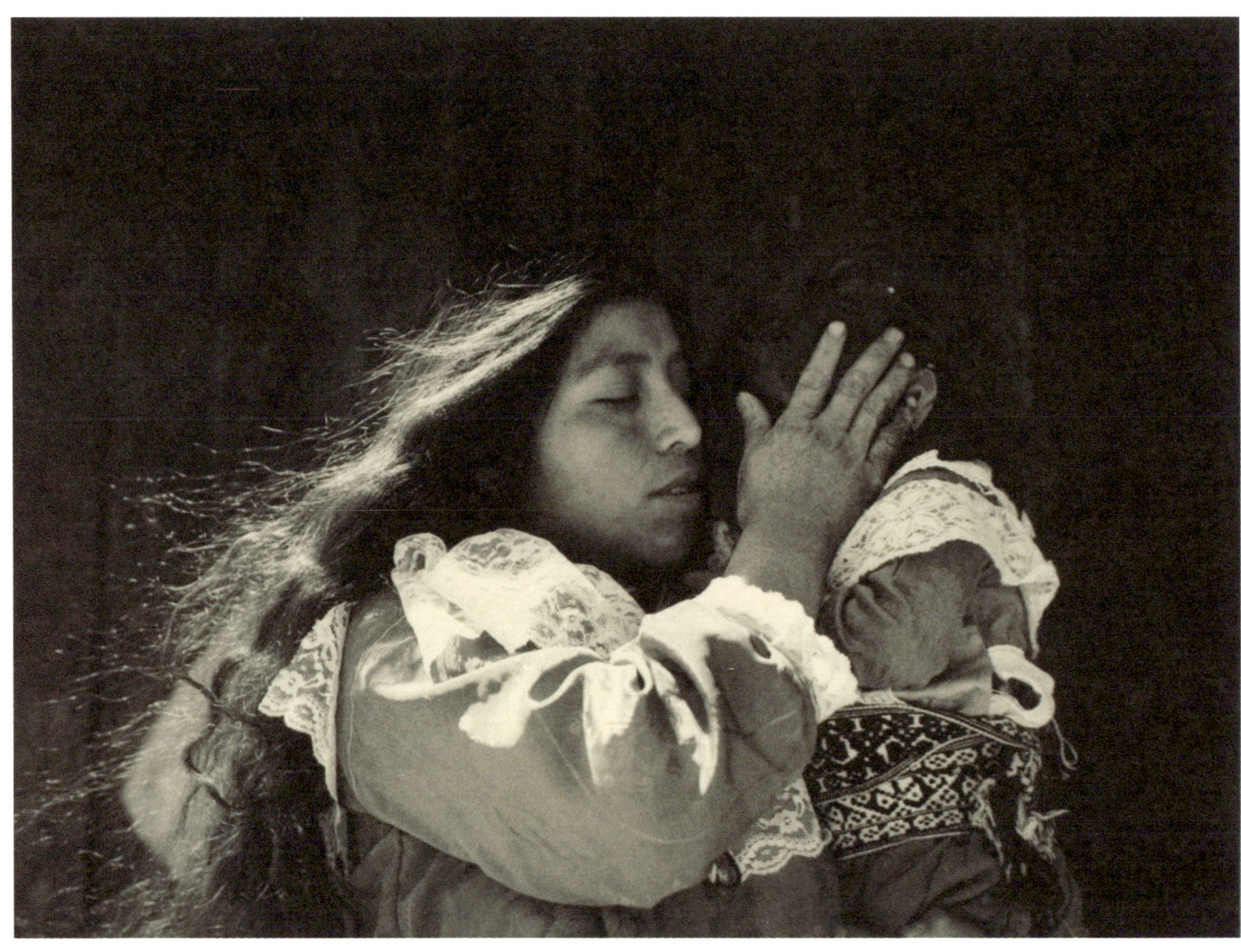

110.
Mariana Yampolsky, Caress / *Caricia*, 1989 gelatin silver print / *plata sobre gelatina* 9 1/4" x 12 1/4" (22.8 x 30.4 cm) LaSalle Bank Photography Collection

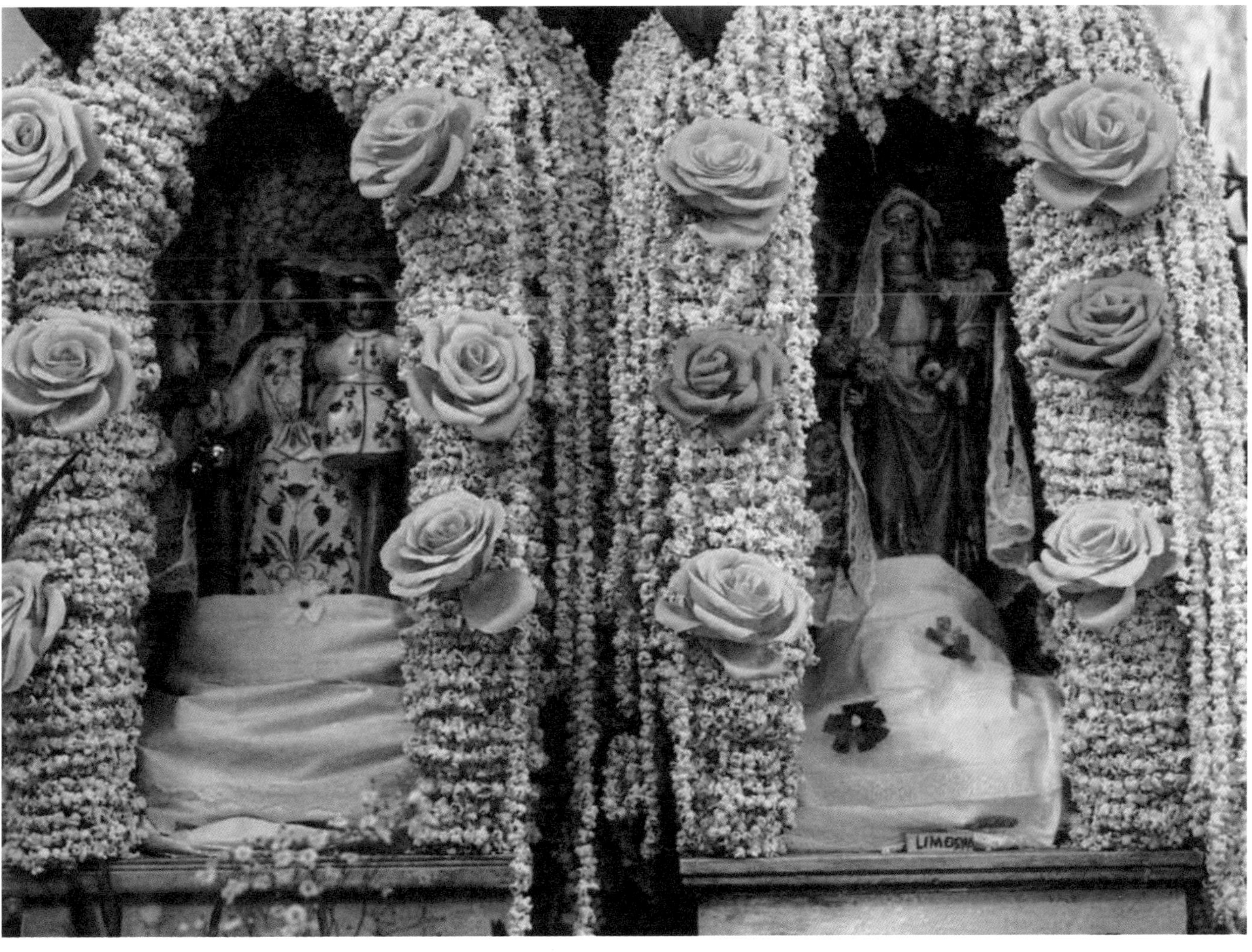

111.*
Mariana Yampolsky, Saints and Popcorn / *Santos y palomitas*, n.d. / s.f. silver gelatin print / *plata sobre gelatina* 11" x 14" (27.9 x 35.5 cm) (paper size)
National Museum of Mexican Art Permanent Collection, 1999.264, Gift of the artist for the Mexican Community in Chicago

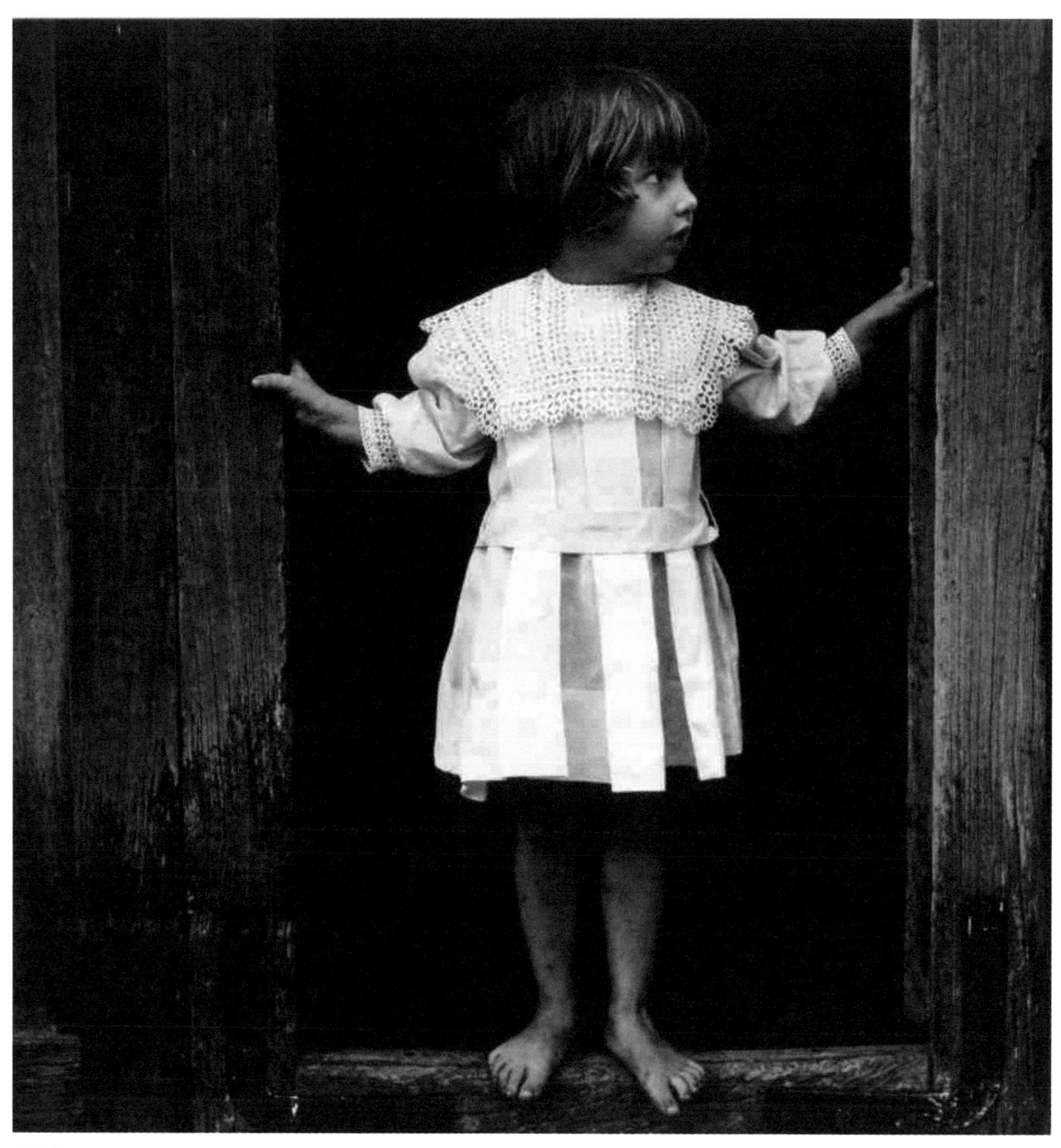

112.*
Untitled (Paula, Elena Poniatowska's Daughter) *Sin título (Paula, la hija de Elena Poniatowska)*, ca. 1977 silver gelatin print / *plata sobre gelatina* 11 5/8" x 14" (27.9 x 35.5 cm) (paper size), National Museum of Mexican Art Permanent Collection, 1999.85, Gift of Juana Guzmán in honor of Mariana Yampolsky

Bibliography *Bibliografía*

Alanís Figueroa, Judith. *Chabela Villaseñor. Exposición Retrospectiva.* Guadalajara, Jalisco: Gobierno de Jalisco, Secretaría de Cultura. Dirección General de Patrimonio Cultural. Instituto Cultural Cabañas, 1998.

Albers, Patricia. *Shadows, Fire, Snow: The Life of Tina Modotti.* London: University of California Press, 1999.

Americas Society Art Gallery. *The True Poetry: The Art of María Izquierdo.* New York, NY: Americas Society, 1997.

Andrade, Lourdes. *Alice Rahon: magia de la mirada.* México, D.F.: Círculo de Arte. Consejo Nacional para la Cultura y las Artes, 1998.

Andrade, Lourdes. *Leonora Carrington: historia en dos tiempos.* México, D.F.: Círculo de Arte. Consejo Nacional para la Cultura y las Artes, 2002.

Andrade, Lourdes. *Remedios Varo: las metamórfosis.* México, D.F.: Círculo de Arte. Consejo Nacional para la Cultura y las Artes, 1996.

Barreiro, Juan José y Marcela Guijosa. *Títeres Mexicanos: memoria y retrato de autómatas, fantoches y otros artistas ambulantes.* México, D.F.: Grupo Roche-Syntex, 1997.

Cabrera, Sonia Iglesias y Guillermo Murray Prisant. *Piel de papel, manos de palo: Historia de los títeres en México.* México, D.F.: Espasa-Calpe, 1995.

Carrington, Leonora. *The Hearing Trumpet.* Cambridge, MA: Exact Change. 1996.

The Caribbean Cultural Center. *Struggle and Serenity: The Visionary Art of Elizabeth Catlett.* New York: The Caribbean Cultural Center, 1996.

Castells, Isabel. *Remedios Varo: Cartas, sueños y otros textos.* México, D.F.: Ediciones Era, 1997.

Córdova, Carlos A. "*Gisèle Freund: la escritura fotográfica*" *Alquimia: Fotógrafas en México, 1880-1955.* Año 3, No. 8 (ene-abr/ 2000). México, D.F.: CONACULTA-INAH.

Covantes, Hugo, Rodríguez, María Eugenia, and Vázquez Ramos Esther. *El grabado mexicano en el siglo XX: 1922-1981.* México, D. F.: [S.l:s.n.], 1982.

Debroise, Olivier. *Angelina Beloff.* México, D.F.: CONACULTA, Instituto Nacional de Bellas Artes, Instituto Francés de América Latina, 1989.

Debroise, Olivier. *Figuras en el trópico, plástica mexicana 1920-1940.* Barcelona: Océano, 1984.

García Barragán, Elisa. *Cordelia Urueta y el color.* México, D.F.: Universidad Nacional Autónoma de México, 1985.

García Krinsky. *Kati Horna: Recuento de una obra.* México, D.F.: CENIDIAP-INBA, 1995.

Herrera, Heyden. *Frida: A Biography of Frida Kahlo.* New York, NY: Harper Colophon Books, 1983.

Herrera, Hayden. *Frida Kahlo: The Paintings.* New York, NY: HarperCollins, 1991.

Herzog, Melanie Anne. *Elizabeth Catlett: An American Artist in Mexico.* Seattle: University of Washington Press, 2000.

Herzog, Melanie Anne. *Elizabeth Catlett: In the Image of the People.* Chicago: The Art Institute of Chicago, 2005.

Hooks, Margaret. *Tina Modotti.* New York: Aperture Foundation, Inc., 1999.

Hooks, Margaret. *Tina Modotti: Fotógrafa y revolucionaria.* Barcelona: Plaza & Janés Editores, S.A., 1998.

Hooks, Margaret. *Tina Modotti: Master of Photography.* New York: Aperture Foundation, Inc., 1999.

Kaplan, Janet A. *Viajes inesperados: El arte y la vida de Remedios Varo.* México, D.F.: Ediciones Era, 1998.

Lara Elizondo, Lupina. *Visión de México y sus Artistas. Siglo XX. 1901 - 1950 Tomo 1.* México, D.F.: Quálitas Compañía de Seguros, 2001.

López Moreno, Roberto, and Leticia Ocharán. *Aurora Reyes: La sangre dividida.* México, D.F.: Gobierno del Estado de Chihuahua, CONACULTA, Programa Cultural de las Fronteras, 1990.

Lowe, Sarah M. *Tina Modotti: Photographs 1923-1929.* New York: Throckmorton Fine Art, Inc., 1995.

Magaña Toledano, José Carlos. “Sistema Nacional de Fototecas.” *Alquimia: Fotógrafas en México, 1880-1955.* Año 3, No. 8 (ene-abr/ 2000). México, D.F.: CONACULTA-INAH.

Mérida, Carlos. “Notas artísticas: Retratistas mexicanos.” *Alquimia: Fotógrafas en México, 1880-1955.* Año 3, No. 8 (ene-abr/ 2000). México, D.F.: CONACULTA-INAH.

Mexican Fine Arts Center Museum. *María Izquierdo.* Chicago: Mexican Fine Arts Center Museum, 1996.

The Mexican Museum in San Francisco. *Leonora Carrington: The Mexican Years.* San Francisco: The Mexican Museum in San Francisco, 1991.

Milwaukee Art Museum. *Latin American Women Artists 1915-1995 Artistas Latinoamericanas.* Milwaukee Art Museum, 1995.

Monroy Nasr, Rebeca. “Mujeres en el proceso fotográfico: 1880-1950.” *Alquimia: Fotógrafas en México, 1880-1955.* Año 3, No. 8 (ene-abr/ 2000). México, D.F.: CONACULTA-INAH.

Museo Nacional de Arte. *María Asúnsolo.* México, D.F.: Museo Nacional de Arte y CONACULTA, 1993.

Museo Nacional de Arte. *Modernidad y modernización en el arte mexicano: 1920-1960.* México, D.F.: Instituto Nacional de Bellas Artes, 1991.

National Gallery of Australia. *Frida Kahlo, Diego Rivera and Mexican Modernism. The Jacques and Natasha Gelman Collection.* Australia, 2001.

National Academy of Design, Centro Cultural / Arte Contemporáneo, Museo de Monterrey. *La Mujer en México.* México, D.F.: Editorial A Todo Color, 1990.

Noriega, Jorge. “Soportes e imágenes.” *Alquimia: Fotógrafas en México, 1880-1955.* Año 3, No. 8 (ene-abr/ 2000). México, D.F.: CONACULTA-INAH.

Poniatowska, Elena. *Las siete cabritas.* México, D.F.: Ediciones Era, 2000.

Poniatowska, Elena. *Mariana Yampolsky y la Buganvillia.* México, D.F.: Plaza & Janés, 2001.

Oles, James. *Las hermanas Greenwood en México.* México, D.F.: Consejo Nacional para la Cultura y las Artes, 2000.

Oles, James. *South of the Border: Mexico in the American Imagination, 1914-1947.* Washington: Smithsonian Institution Press, 1993.

Ovalle, Ricardo, et al. *Remedios Varo: Catálogo razonado.* México, D.F.: EDICIONES ERA, 1994.

Rodríguez, José Antonio. “*Nuevas razones para una añeja historia.*” *Alquimia: Fotógrafas en México, 1880-1955.* Año 3, No. 8 (ene-abr/ 2000). México, D.F.: CONACULTA-INAH.

Rodríguez, José Antonio. “*Aurora Eugenia Latapí: Una intuicón vanguardista.*” *Alquimia: Fotógrafas en México, 1880-1955.* Año 3, No. 8 (ene-abr/ 2000). México, D.F.: CONACULTA-INAH.

Saborit, Antonio. “*Algunas fotógrafas extranjeras y u sus sorprendentes imagenes mexicanas.*” *Alquimia: Fotógrafas en México, 1880-1955.* Año 3, No. 8 (ene-abr/ 2000). México, D.F.: CONACULTA-INAH.

Sánchez Mejorada, Alicia. “*La fuerza evocadora de la Castañeda.*” *Alquimia: Fotógrafas en México, 1880-1955.* Año 3, No. 8 (ene-abr/ 2000). México, D.F.: CONACULTA-INAH.

Santiago, Abel. *Rina Lazo: Sabiduría de manos.* México, D.F.: Gobierno del Estado de Oaxaca, Instituto Oaxaqueño de las Culturas, y la Asociación de Escritores Oaxaqueños, 1998.

Tibol, Raquel. *Ser y ver: Mujeres en las artes visuales.* México, D.F.: Plaza & Janes Editores, S.A., 2002.

Tibol, Raquel. *Frida by Frida.* Selection of Letters and Text, Forward and Notes by Raquel Tibol. México: Editorial RM, 2003.

Weston, Cole and Susan Morgan. *Edward Weston: Portraits.* Aperture Foundation.

Zamora Betancourt, Lorena. *Olga Costa: un espíritu sensible.* México, D.F.: Consejo Nacional para la Cultura y las Artes, 1996.

Zurian, Tomás. *Nahui Olin: Una mujer de los tiempos modernos.* México, D.F.: Museo Estudio Diego Rivera, Instituto Nacional de Bellas Artes, CONACULTA, 1993.

Zurian, Tomás. *Rosario Cabrera: La creación entre la impaciencia y el olvido.* México, D.F.: Instituto Nacional de Bellas Artes, CONACULTA, Museo Casa Estudio Diego Rivera y Frida Kahlo, Museo Mural Diego Rivera, 1998.

Exhibition Credits *Créditos de la Exhibición*

CHICAGO

Exhibition Curator
Curadora
Dolores Mercado

Curatorial Assistant
Asistente Curatorial
Tomás Zurián

Exhibition Coordinator
Coordinadora de la Exhibición
Dolores Mercado

Exhibition Design
Diseño de la Exhibición
Dolores Mercado
Cesáreo Moreno
Angelina Villanueva

Registration
Registro
Raquel Aguiñaga-Martínez
Tómas Zurián
Claudia Vela Martínez
María del Refugio Cárdenas Ruelas

Permanent Collection Registration
Registro de la Colección Permanente
Rebecca Meyers
Andy Rebatta

Panel and Label Production
Producción de Didácticas y Rótulos
Angelina Villanueva
Claudia Herrera-Morales
Marilyn Lara Corral

Translation
Traducción
Argelia Morales
Eduardo Farias

Editors
Edición
Alejandro García Nelo
Argelia Morales
Samantha Castro
Alejandra Guajardo
Rocío Aguiñaga
Óscar Guzmán

Installation Crew
Instalación
Oscar Sánchez
Jim Perry
Frank García
Raúl López
Einard Corral
Fernando Macías
Luís Tubens
Joe Rodríguez
Matt Selsor

MÉXICO

CONSEJO NACIONAL PARA LA CULTURA Y LAS ARTES
President
Presidente
Sergio Vela

INSTITUTO NACIONAL DE BELLAS ARTES
General Director
Directora General
María Teresa Franco

Associate Director
Subdirector General
Ricardo Calderón Figueroa

National Coordinator of Visual Arts
Coordinador Nacional de Artes Plásticas
Santiago Espinosa de los Monteros

Director of Media and Public Relations
Director de Difusión y Relaciones Públicas
José Manuel Rueda Smithers

MUSEO MURAL DIEGO RIVERA
Director
Directora
Carmen Gaitán Rojo

Associate Director
Subdirectora
Ana Carpizo González

Educational Department
Servicios Educativos
Ariadna Patiño Guadarrama

Research
Investigación
Julián Martínez González

Media
Prensa
Gabriela Torres

Administration
Administración
Miguel Acuña

Administrative Team
Equipo secretarial
Rocio Camiruaga
Norma Carillo

Installation Crew
Equipo museográfico
Agustín Estrada
Víctor Manuel Galván
Noé Legazpi
Luis López
Josue Ramírez

Exhibition Sponsors *Patrocinadors de la Exhibición*

CHICAGO

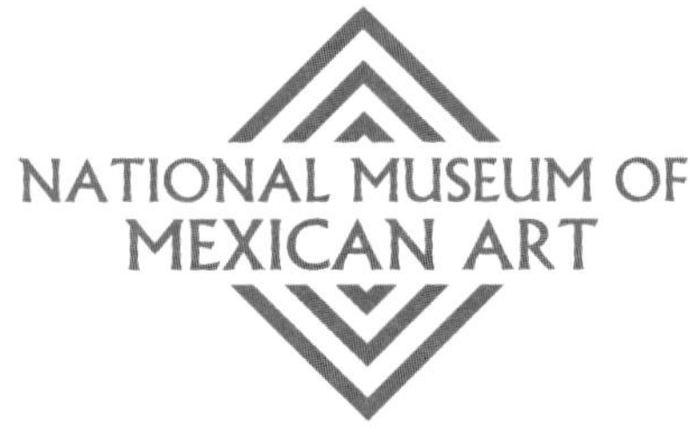

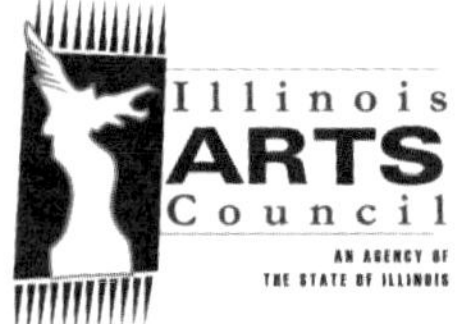

Governor's International
Art Exchange Program

Albert Pick, Jr. Fund

Institute for Museum &
Library Services

Chicago Park District

Chicago Department of
Cultural Affairs

MÉXICO

MUSEO MURAL
Diego Rivera

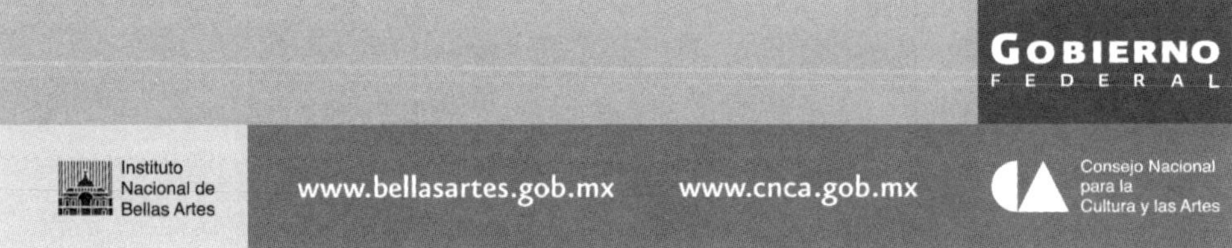

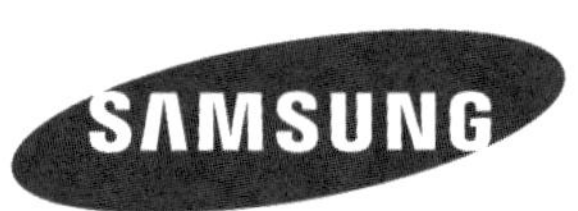

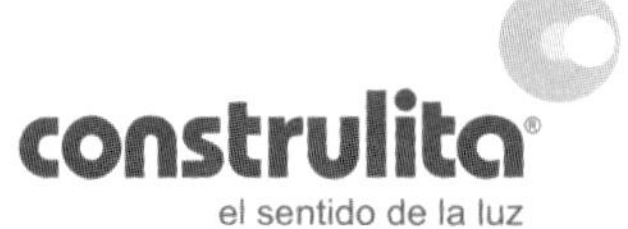

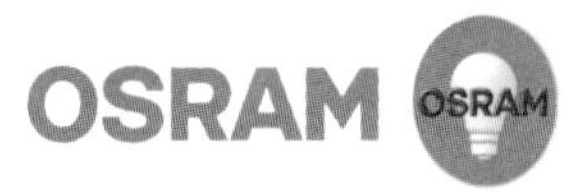

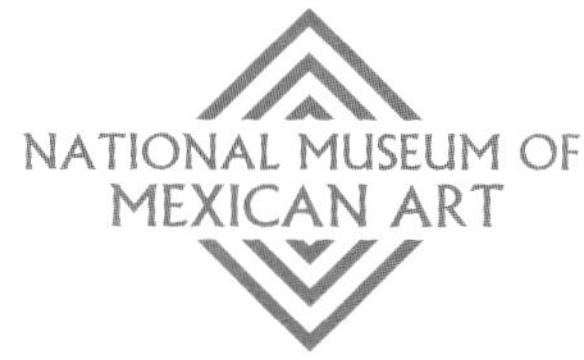